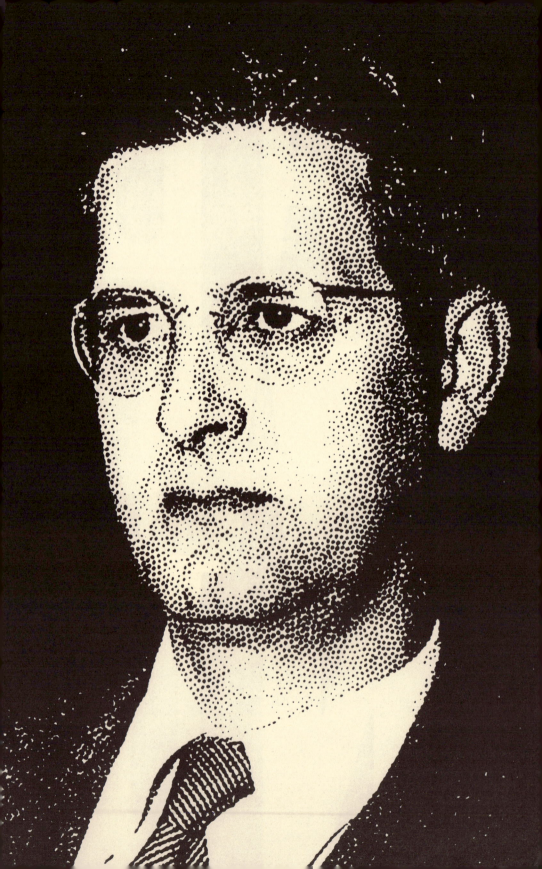

CAIO PRADO JÚNIOR

URSS,
UM NOVO MUNDO
e O MUNDO
DO SOCIALISMO

© desta edição, Boitempo, 2023

Direção-geral Ivana Jinkings
Coordenação da coleção Luiz Bernardo Pericás
Edição Thais Rimkus
Coordenação de produção Livia Campos
Assistência de produção João Cândido Maia
Preparação Silvia Balderama Nara
Revisão Thaís Nicoleti de Camargo
Capa Maikon Nery
Diagramação Antonio Kehl
Imagens cartazes soviéticos das décadas de 1930 e 1960

Equipe de apoio Elaine Ramos, Erica Imolene, Frank de Oliveira, Frederico Indiani, Higor Alves, Isabella Meucci, Ivam Oliveira, Kim Doria, Lígia Colares, Luciana Capelli, Marcos Duarte, Marina Valeriano, Marissol Robles, Maurício Barbosa, Pedro Davoglio, Raí Alves, Tulio Candiotto, Uva Costriuba

---

CIP-BRASIL. CATALOGAÇÃO NA PUBLICAÇÃO
SINDICATO NACIONAL DOS EDITORES DE LIVROS, RJ

P917u

Prado Júnior, Caio 1907-1990
 URSS, um novo mundo ; O mundo do socialismo / Caio Prado Júnior ; [apresentação: Luiz Bernardo Pericás]. - 1. ed. - São Paulo : Boitempo, 2023.

 ISBN 978-65-5717-202-5

 1. Comunismo. 2. Socialismo. 3. União Soviética - Aspectos políticos. 4. União Soviética - Aspectos sociais. 5. China - Aspectos políticos. 6. China - Aspectos sociais. I. Pericás, Luiz Bernardo. II. Título: O mundo do socialismo. III. Título.

22-81416 CDD: 320.53
CDU: 329.15

Meri Gleice Rodrigues de Souza - Bibliotecária - CRB-7/6643

É vedada a reprodução de qualquer
parte deste livro sem a expressa autorização da editora.

1ª edição: fevereiro de 2023

BOITEMPO
Jinkings Editores Associados Ltda.
Rua Pereira Leite, 373
05442-000 São Paulo SP
Tel.: (11) 3875-7250 | 3875-7285
editor@boitempoeditorial.com.br
boitempoeditorial.com.br | blogdaboitempo.com.br
facebook.com/boitempo | twitter.com/editoraboitempo
youtube.com/tvboitempo | instagram.com/boitempo

SUMÁRIO

Apresentação – *Luiz Bernardo Pericás* 7

URSS, UM NOVO MUNDO 43

Organização política 47

    A ditadura do proletariado 47

    Estrutura política da urss 53

    O partido comunista da urss 60

Organização econômica 67

    Caracteres gerais da economia soviética 67

    Indústria 78

    Agricultura 88

    Comércio 98

Organização social 105

    Vida e relações sociais 105

    Família 112

    Religião 118

Realizações 125

    Realizações materiais 125

    Realizações culturais 140

Conclusões 145

O MUNDO DO SOCIALISMO 153

1. À GUISA DE INTRODUÇÃO 157

2. O PROBLEMA DA LIBERDADE 175

3. O ESTADO SOCIALISTA 209

4. O PARTIDO COMUNISTA.. 227

5. A MARCHA PARA O COMUNISMO 239

6. CONCLUSÃO 269

BIBLIOGRAFIA 279

SOBRE O AUTOR 285

APRESENTAÇÃO

Luiz Bernardo Pericás

Desde o triunfo da Revolução de Outubro, em 1917, o interesse do público ocidental pela Rússia soviética cresceu constantemente ao longo dos anos, com leitores ávidos por mais informações e detalhes sobre as características e as particularidades do sistema político e econômico implantado pelos bolcheviques naquela parte do planeta. Clássicos como *Dez dias que abalaram o mundo*[1], de John Reed, *Seis meses na Rússia vermelha*[2], de Louise Bryant, e *Through the Russian Revolution* [Através da Revolução Russa][3], de Albert Rhys Williams, são apenas alguns exemplos pioneiros desse tipo de bibliografia, que se espalhou por todos os continentes[4]. O desejo de se inteirar sobre os desdobramentos do processo revolucionário e suas especificidades era, sem dúvida, imenso, assim

---

[1] John Reed, *Ten Days that Shook the World* (Nova York, Boni and Liveright, 1919) [ed. bras.: *Dez dias que abalaram o mundo*, trad. Bernardo Ajzenberg, 7. ed., São Paulo, Penguin-Companhia das Letras, 2010].

[2] Louise Bryant, *Six Red Months in Russia* (Nova York, George H. Doran, 1918) [ed. bras.: *Seis meses na Rússia vermelha*, trad. Alexandre Barbosa de Souza, São Paulo, LavraPalavra, 2022].

[3] Albert Rhys Williams, *Through the Russian Revolution* (Londres, Labour, 1923).

[4] Ver, por exemplo, Fernand Corcos, *Uma visita à Nova Rússia* (Rio de Janeiro, Americana, 1931); Paul Marion, *O paraíso moscovita* (Rio de Janeiro, Companhia Editora Nacional, 1931); Henri Béraud, *O que vi em Moscou* (Porto Alegre, Globo, 1931); Álvarez del Vayo, *A nova Rússia* (São Paulo, Pax, 1931); e Diego Hidalgo, *Impressões de Moscou* (São Paulo, Pax, 1931), entre outros

8 Luiz Bernardo Pericás

como o de conhecer seus principais personagens, como Lênin, Trótski, Bukhárin, Zinoviev e, mais tarde, Stálin, entre outros. Por isso, não só correspondentes estadunidenses e europeus afluíram para a "pátria do socialismo". Muitos latino-americanos também iriam para lá a partir dos anos 1920. Jornalistas, escritores e políticos veriam de perto a realidade da União Soviética (constituída em dezembro de 1922) e, depois de retornarem a seus respectivos países, escreveriam livros e artigos sobre o que haviam testemunhado *in loco*.

Os relatos são abundantes, contundentes e emblemáticos. Julio Antonio Mella, César Vallejo, Aníbal Ponce, José Penelón, Rodolfo Ghioldi, León Rudnitzky, Elías Castelnuovo e Alfredo Varela são alguns nomes que podem ser lembrados aqui.

Os brasileiros, por certo, não ficariam para trás. De militantes e dirigentes do Partido Comunista do Brasil (PCB), como Astrojildo Pereira, Heitor Ferreira Lima e Leôncio Basbaum, a artistas, intelectuais e periodistas, entre os quais Maurício de Medeiros[5], Osório César[6], Gondin da Fonseca[7] e Claudio Edmundo[8], foram vários os compatriotas que viajaram

---

[5] Maurício de Medeiros, *Rússia* (Rio de Janeiro, Calvino Filho, s.d.). Segundo Edgard Carone, este livro teve seis edições consecutivas em poucos meses. Ver Edgard Carone, *O marxismo no Brasil: das origens a 1964* (Rio de Janeiro, Dois Pontos, 1986), p. 66.

[6] Osório César, *Onde o proletariado dirige: visão panorâmica da URSS* (São Paulo, Brasileira, 1932).

[7] Gondin da Fonseca, *Bolchevismo* (Rio de Janeiro, Edição do Autor, 1935).

[8] Claudio Edmundo, *Um engenheiro brasileiro na Rússia* (Rio de Janeiro, Calvino Filho, 1934). No prefácio, assinado por "H. N." e finalizado em julho de 1933, Edmundo é apontado como filho do jornalista Luiz Edmundo, que trabalhara para o *Correio da Manhã*. Ver ibidem, p. ix. Muitos desses livros acabavam exercendo alguma influência entre os leitores. Victor Márcio Konder, por exemplo, comenta: "Sei de um fato bem marcante. Meu irmão Alexandre, deve ter sido em 1935, ou mesmo antes, emprestou a ela [a mãe de Konder] um livro escrito por um filho de Luís Edmundo, o historiador Luís Edmundo. Creio que o nome dele era Claudio Edmundo. Ele tinha estado na União Soviética, onde trabalhou de alguma forma naqueles planos de urbanização e construção de cidades. Não sei se em Odessa, creio que em Odessa. Escreveu um pequeno livro despretensioso, mas que teve grande influência em certos espíritos absolutamente desprevenidos para essas coisas. [...] Esse livro se intitulava *Um engenheiro brasileiro na Rússia*. Pintava um quadro

para a terra de Lênin e depois produziram narrativas sobre suas experiências (tanto na época em que estiveram lá como em decênios futuros). Isso para não falar dos conterrâneos que continuaram afluindo para a URSS (e as democracias populares da Europa oriental) nas décadas seguintes, de romancistas, contistas e editores, como Jorge Amado[9], Graciliano Ramos[10], Nestor de Holanda[11], Marques Rebelo[12], Afonso Schmidt[13] e Ênio Silveira[14], a ativistas, sindicalistas e membros de comitivas e delegações oficiais (além, é claro, de autores que lançaram livros bastante críticos à "pátria do socialismo", textos pejorativos, estereotipados e tendenciosos que também podiam ser encontrados no mercado editorial nacional).

---

esquematizado da União Soviética, ressaltando que ali todos eram iguais. As pessoas recebiam um salário igual. O próprio Stálin ganhava tanto quanto um operário. Todo mundo era igual. Todo mundo trabalhava fraternalmente. Enfim, um sistema igualitário. […] Só me lembro que minha mãe leu, passou para mim e eu li. Um dos primeiros livros sérios que eu li na vida. E minha mãe me disse: 'Isso é justo!'. Esse julgamento da mamãe bastou para mim. Foi decisivo". Ver Victor Márcio Konder, *Militância* (São Paulo, Arx, 2002), p. 32-3). O mesmo ocorreu com o dirigente João Amazonas, que se teria interessado pela causa comunista ao ler aquele mesmo livro; ver Lincoln Secco, *A batalha dos livros: formação da esquerda no Brasil* (Cotia, Ateliê Editorial, 2017), p. 74. Em sua tese de doutorado, Raquel Mundim Tôrres, por sua vez, põe em dúvida a autoria desse livro, afirmando que Claudio Edmundo pode ter sido um autor fictício, ou seja, um nome inventado. Ver Raquel Mundim Tôrres, *Transpondo a cortina de ferro: relatos de viagem de brasileiros à União Soviética na Guerra Fria (1951-1963)*. Tese de doutorado, Departamento de História, USP, São Paulo, 2018, p. 45.

[9] Jorge Amado, *O mundo da paz: União Soviética e democracias populares* (4. ed., Rio de Janeiro, Vitória, 1953 [1951]).

[10] Graciliano Ramos, *Viagem (Tchecoslováquia-URSS)* (Rio de Janeiro/São Paulo, Record, 1980 [1954]).

[11] Nestor de Holanda, *Diálogo Brasil-URSS* (Rio de Janeiro, Civilização Brasileira, 1960) e *O mundo vermelho: notas de um repórter na URSS* (Rio de Janeiro, Irmãos Pongetti, 1962).

[12] Marques Rebelo, *Cortina de ferro* (Rio de Janeiro, José Olympio, 2014 [São Paulo, Livraria Martins Editora, 1956]). Viagem realizada em 1954.

[13] Afonso Schmidt, *Zamir (viagem ao mundo da paz)* (São Paulo, Brasiliense, 1956).

[14] Ênio Silveira, "A URSS hoje: rumo ao cosmos e ao conforto pessoal", *Revista Civilização Brasileira*, caderno especial: *A Revolução Russa: cinquenta anos de história*, ano 3, n. 1, nov. 1967, p. vii-xviii.

Títulos como *Um brasileiro na União Soviética: impressões de viagem*[15], de José Campos; a obra coletiva *Operários paulistas na União Soviética*[16], dos metalúrgicos Constantino Stoiano, José Pedro Pinto e João Sanches, do tecelão Antônio Chamorro e do portuário Lázaro Moreira; *Visão atual da Rússia: observações de um jornalista brasileiro*[17], de Freitas Nobre; *União Soviética: inferno ou paraíso?*[18], de Rubens do Amaral; *Juízes brasileiros atrás da cortina de ferro*[19], de Osny Duarte Pereira; *Moscou, ida e volta*[20], do periodista Edmar Morél; *Quatro semanas na União Soviética*[21], de Jurema Yari Finamour; *Moscou, Varsóvia, Berlim: o povo nas ruas*[22], de José Guilherme Mendes; *Viagem à União Soviética*[23], de Branca Fialho; *Visões da Rússia e do mundo comunista*[24], de Silveira Bueno; *Um engenheiro brasileiro na Rússia*[25], de John R. Cotrim; *A sombra do Kremlin*[26], de Orlando Loureiro; e *URSS, a grande advertência*[27], de João Pinheiro Neto, são só alguns que podem ser citados aqui.

É nesse contexto mais amplo, portanto, que se devem incluir os dois livros de Caio Prado Júnior sobre aquele país. Em um momento em que

---

[15] José Campo, *Um brasileiro na União Soviética: impressões de viagem* (São Paulo, Livraria Martins, 1953).

[16] Constantino Stoiano, Antônio Chamorro, José Pedro Pinto, João Sanches e Lázaro Moreira, *Operários paulistas na União Soviética* (São Paulo, Fundamentos, 1952).

[17] Freitas Nobre, *Visão atual da Rússia: observações de um jornalista brasileiro* (São Paulo, Saraiva, 1957).

[18] Rubens do Amaral, *União Soviética: inferno ou paraíso?* (São Paulo, Livraria Martins, 1953). O livro terminou de ser escrito em agosto de 1952.

[19] Osny Duarte Pereira, *Juízes brasileiros atrás da cortina de ferro* (Rio de Janeiro, José Konfino, s.d.). O livro terminou de ser escrito em março de 1952.

[20] Edmar Morél, *Moscou, ida e volta* (Rio de Janeiro, Irmãos Pongetti, 1953 [1952]).

[21] Jurema Yari Finamour, *Quatro semanas na União Soviética* (Rio de Janeiro, Edições Contemporâneas, s.d. [1954]).

[22] José Guilherme Mendes, *Moscou, Varsóvia, Berlim: o povo nas ruas* (Rio de Janeiro, Civilização Brasileira, 1956).

[23] Branca Fialho, *Viagem à União Soviética* (Rio de Janeiro, Vitória, 1952).

[24] Silveira Bueno, *Visões da Rússia e do mundo comunista* (São Paulo, Saraiva, 1961).

[25] John R. Cotrim, *Um engenheiro brasileiro na Rússia* (Rio de Janeiro, s.e., 1962).

[26] Orlando Loureiro, *A sombra do Kremlin* (Porto Alegre, Globo, 1954).

[27] João Pinheiro Neto, *URSS, a grande advertência* (Rio de Janeiro, Irmãos Pongetti, 1961).

Apresentação   11

os leitores buscavam fontes variadas sobre a URSS e, ao mesmo tempo, era possível encontrar uma série de publicações que atacavam duramente os direcionamentos de Moscou (de matérias em jornais a trabalhos literários carregados de preconceitos contra o "comunismo"), intelectuais progressistas muitas vezes se incumbiam de divulgar suas experiências de viagem e de falar sobre aquele país como forma de contrapor as investidas que este sofria por parte da imprensa e das autoridades da época. Caio Prado Júnior, portanto, seria mais um a cumprir o papel de divulgador daquela experiência que tanto admirava.

O jovem intelectual paulista, que pouco antes ingressara no PCB[28], decidiu ir para a União Soviética[29] pela primeira vez em fevereiro de 1933 (no mesmo ano em que publicou *Evolução política do Brasil*)[30], com apenas 26 anos de idade, realizando sua viagem entre maio e junho, acompanhado da esposa Hermínia Ferreira Cerquinho da Silva Prado (mais conhecida como Baby). O casal entrou na URSS de trem pela fronteira polonesa e seguiu diretamente a Leningrado (atual São Petersburgo). Depois, eles visitariam Moscou, Kiev, Kharkov, Ialta, Kazan, Kislovodsk, Saratov, Rostov do Don, assim como outras localidades da Rússia, da Ucrânia, da Geórgia e do Cáucaso do Norte, acompanhados de guias e visitantes estrangeiros[31]. Ainda que posteriormente, em seu livro, ele

---

[28] Mesmo que em entrevista Caio Prado Júnior tenha afirmado que ingressou no PCB em 1931, todas as evidências documentais indicam que ele entrou no partido no primeiro semestre de 1932. Ver Luiz Bernardo Pericás, *Caio Prado Júnior: uma biografia política* (São Paulo, Boitempo, 2016, p. 29-48). Ver também Edgard Carone, "Caio Prado Júnior", *Revista do Instituto de Estudos Brasileiros*, n. 32, 31 set. 1991, p. 214; disponível on-line.

[29] Caio Prado Júnior expressou sua decisão de ir à URSS pela primeira vez em carta ao irmão Carlos. Ver carta de Caio Prado Júnior a Carlos Prado, São Paulo, 15 fev. 1933, Fundo Caio Prado Júnior, IEB/USP, CPJ-CA014.

[30] Caio Prado Júnior, *Evolução política do Brasil: ensaio de interpretação materialista da história brasileira* (São Paulo, Revista dos Tribunais, 1933). A segunda edição daquela obra, de 1947, ganharia o título *Evolução política do Brasil: ensaio de interpretação dialética da história brasileira*, sendo considerada por ele esgotada. Em 1953, ele publicaria *Evolução política do Brasil e outros estudos* ("primeira" edição), ou seja, como um livro novo, incluindo outros ensaios.

[31] Luiz Bernardo Pericás, *Caio Prado Júnior*, cit., p. 82.

afirmasse que o percurso tivesse se prolongado por dois meses[32], a visita, em realidade, durou um pouco menos que isso, em torno de um mês e meio[33]. Vale ressaltar que as rotas, em geral, eram previamente preparadas pelos soviéticos (em 1933, a Intourist, a agência de viagens local, constituída em 1929, possuía 36 itinerários pelo país)[34].

Tudo naquelas terras impressionou o intelectual marxista brasileiro. Durante sua estada, Caio viu manifestações de rua; conversou com trabalhadores (com a ajuda de intérpretes); esteve no Kremlin, no Palácio de Inverno, na praça Sverdlov e no parque Górki; visitou fazendas coletivas; navegou pelo Volga; presenciou um julgamento e uma cerimônia religiosa na Catedral de Santa Sofia; foi a museus (como o museu antirreligioso de Leningrado, instalado na antiga Catedral de Santo Isaac), a um clube ferroviário, a um *profilactorium* de prostitutas na capital, ao Palácio de Livadia (na Crimeia), à comuna *Seattle*, à usina de construção de máquinas agrícolas Selmachstroi, ao sovcoz Verblud e ao Grand Théâtre (Bolshoi), assim como a fábricas, livrarias e bibliotecas populares[35]. Uma experiência, sem dúvida, muito rica, que renderia dezenas de fotografias, além de descrições daquela realidade em cartas a familiares[36], apresentações públicas e um livro.

Ao retornar a São Paulo, o rapaz proferiria, em setembro de 1933, duas palestras para auditórios lotados no Clube dos Artistas Modernos (CAM), fundado em novembro do ano anterior na capital paulista por nomes como Antônio Gomide, Di Cavalcanti, Flávio de Carvalho e Carlos Prado. Vale lembrar que no salão da entidade cabiam em torno de 120 indivíduos, mas aparentemente 600 pessoas teriam ficado apinhadas

---

[32] Ver Caio Prado Júnior, *URSS, um novo mundo* (São Paulo, Companhia Editora Nacional, 1934), p. 7. Nesta edição, p. 46.

[33] Ver carta de Caio Prado Júnior a Antonieta Penteado da Silva Prado e Caio da Silva Prado, Paris, 23 jun. 1933, Fundo Caio Prado Júnior, IEB/USP, CPJ-AAP207.

[34] Ver Raquel Mundim Tôrres, *Transpondo a cortina de ferro*, cit., p. 128.

[35] Ibidem, p. 83.

[36] Ver, por exemplo, carta de Caio Prado Júnior a Antonieta Penteado da Silva Prado e Caio da Silva Prado, Paris, 23 jun. 1933, cit.; e carta de Caio Prado Júnior a Antonieta Penteado da Silva Prado e Caio da Silva Prado, Paris, 1º jul. 1933, Fundo Caio Prado Júnior, IEB/USP, CPJ-AAP208.

do lado de fora na primeira apresentação por não haver espaço suficiente nas instalações[37] (neste dia, estavam presentes no público Tarsila do Amaral, Osório César e Orestes Ristori, enquanto na segunda palestra, à qual supostamente compareceram quinhentas pessoas, prestigiaram o evento Flávio de Carvalho, Jaime Adour da Câmara, Mário Pedrosa, Hermínio Saccheta e Octávio Barbosa, entre outras personalidades conhecidas)[38]. Sua conferência[39] seria a base de seu livro *URSS, um novo mundo*, publicado em 1934.

Já em 9 de setembro de 1933, o diretor da Companhia Editora Nacional (empresa encabeçada por Octalles e Themistocles Marcondes Ferreira) escreveu para Caio dizendo se interessar na publicação de um livro que contivesse suas impressões sobre a Rússia e perguntando se ele estaria disposto a preparar tal relato. Também indagava quais seriam as condições do autor[40]. No dia seguinte, o historiador responderia que já pensara naquilo, mas que não poderia adiantar nenhuma posição no momento. Ainda assim, teria "o maior prazer em oportunamente tratar do caso"[41]. Pouco tempo depois, Caio concordaria em publicar a obra. A proposta era uma tiragem de 3 mil exemplares, que deveriam ser vendidos a Rs. 6$000, com o pagamento de Rs. 1:800$000 na data da publicação do livro[42]. O diretor, então, por nova missiva de 17 de janeiro de 1934, confirmaria ao interlocutor que faria uma edição com as características

---

[37] Ver "A Rússia de hoje", *Diário da Noite*, São Paulo, 15 set. 1933.

[38] Ver Graziela Naclério Forte, *CAM e Spam: arte, política e sociabilidade na São Paulo moderna, do início dos anos 1930*. Dissertação de mestrado, Departamento de História Social, USP, 2008, p. 117-8.

[39] Segundo algumas fontes, o título da palestra seria "Rússia e o mundo do socialismo" e ela teria 32 páginas. Ver ibidem, p. 115. O título que consta no próprio texto da conferência, contudo, é "Rússia de hoje" e tem 45 páginas datilografadas. Ver Caio Prado Júnior, "Rússia de hoje", Fundo Caio Prado Júnior, IEB/USP, CPJ-URSS-008.

[40] Ver carta do diretor da Companhia Editora Nacional a Caio Prado Júnior, São Paulo, 9 set. 1933, Fundo Caio Prado Júnior, IEB/USP, CPJ-URSS-001.

[41] Ver carta de Caio Prado Júnior aos diretores da Companhia Editora Nacional, São Paulo, 10 set. 1933, Fundo Caio Prado Júnior, IEB/USP, CPJ-URSS-002.

[42] Ver carta de Caio Prado Júnior aos diretores da Companhia Editora Nacional, s.d., Fundo Caio Prado Júnior, IEB/USP, CPJ-URSS-003.

acordadas[43]. O livro terminou de ser escrito naquele mesmo mês, em janeiro, e foi lançado em março. Em abril seriam efetuados os primeiros depósitos referentes aos direitos autorais na conta do historiador[44].

A Companhia Editora Nacional fora fundada em 1925 por Octalles (seu diretor-geral), junto com o escritor Monteiro Lobato, que deixou a empresa em 1929, vendendo sua parte para o irmão de seu sócio, Themistocles, que atuaria como diretor-presidente da empresa até meados da década de 1960. O autor de *Urupês*, ainda assim, continuaria colaborando com o antigo colega, editando livros e preparando traduções (Octalles, em 1932, adquiriu a editora Civilização Brasileira, fundada alguns anos antes, a qual ele transferiu, mais tarde, para seu genro Ênio Silveira)[45]. Em 1933 (época em que Caio viajou à União Soviética), "entre os 1.192.000 exemplares produzidos naquele ano, 467 mil eram de títulos educacionais, 429,5 mil de livros infantis (entre eles, 90 mil eram de Lobato) e 107 mil de literatura popular"[46]. O objetivo principal da editora, portanto, era levar ao mercado livros didáticos e de literatura para o público jovem, com tiragens significativas e a preços acessíveis para os leitores. Nesse sentido, seriam criadas coleções emblemáticas, como a Biblioteca Pedagógica Brasileira, a partir de 1931 (dirigida por Fernando de Azevedo), com diferentes séries, que incluíam livros de literatura infantil, obras de ensino popular, de "iniciação científica" e uma "brasiliana", composta de trabalhos de intelectuais de diversas áreas do conhecimento que discutiam os problemas do país[47]. A Companhia Editora Nacional, portanto, era uma empresa de renome, que sem dúvida poderia fazer chegar a muitos leitores a obra de Caio, ajudando, assim, a difundir suas impressões do país dos sovietes

---

[43] Ver carta do diretor da Companhia Editora Nacional a Caio Prado Júnior, São Paulo, 17 jan. 1934, Fundo Caio Prado Júnior, IEB/USP, CPJ-URSS-005.

[44] Ver carta do diretor do departamento editorial da Companhia Editora Nacional a Caio Prado Júnior, São Paulo, 4 abr. 1934, Fundo Caio Prado Júnior, IEB/USP, CPJ-URSS-006.

[45] *Veja*, n. 236, 14 mar. 1973, "Datas", p. 11; disponível on-line; e Ana Lúcia Merege Correia, "Octalles Marcondes Ferreira, o Big Boss"; disponível on-line.

[46] "Octalles Marcondes Ferreira (1900-1973), diretor-geral da Companhia Editora Nacional", *O Explorador*, 23 set. 2010; disponível on-line.

[47] Ana Lúcia Merege Correia, "Octalles Marcondes Ferreira, o Big Boss", cit.

Apresentação 15

(por sinal, não se pode deixar de recordar, como aponta Edgard Carone, que a maioria esmagadora dos livros de autoria de Caio foi publicada com recursos próprios; neste caso, *URSS, um novo mundo* destoa do padrão, tendo sido o único de seu catálogo publicado por editora que não fosse de sua propriedade e que não tivesse sido financiado por ele)[48].

Foram alguns os motivos para Caio Prado Júnior se decidir a produzir aquele volume. Em primeiro lugar, ele andava recebendo solicitações constantes para novas palestras. Sabendo das limitações no número de pessoas que poderiam assistir aos eventos e não querendo se repetir constantemente, achou que um livro poderia resolver a questão, assim como ampliar significativamente sua audiência. Além disso, recebia cartas de admiradores que pediam para ele editar uma obra naquele sentido. E, finalmente, a proposta da CEN, fato concreto que estimulava a preparação de um trabalho sobre seu trajeto pelo território soviético.

Aquele seria, em suas palavras, um "depoimento imparcial" sobre o que observara em sua estada na terra de Lênin. Lançado como o volume 3 da coleção Viagens (que já contava com *América*, de Monteiro Lobato, e *Shanghai*, de Nelson Tabajara de Oliveira), a obra (composta e impressa nas oficinas da empresa gráfica da *Revista dos Tribunais*, em São Paulo) recebeu várias recensões (na maioria, favoráveis) na imprensa. Resenhas do livro foram publicadas em revistas e jornais como *A Tribuna*, *Correio da Manhã*, *A Bahia*, *Gazeta Popular*, *O Jornal*, *Folha da Noite*, *A Tarde*, *O Semeador*, *Fon-Fon* e *O Radical*, escritas por nomes como Álvaro Augusto Lopes e Heitor Moniz (entre os críticos, porém, destacaram-se Benjamin Lima, de *O Paiz*, e o trotskista Lívio Xavier)[49]. A procura pelo

---

[48] Edgard Carone lembra que *Evolução política do Brasil*, publicado às expensas do autor, não tinha o nome da editora, só o da gráfica onde foi impresso, a "Revista dos Tribunais". *Formação do Brasil contemporâneo*, por sua vez, recebeu a "chancela" da Livraria Martins, mas foi, de fato, financiado por Caio. E as obras posteriores foram todas publicadas pela Brasiliense, de propriedade do historiador. Carone se refere, é claro, às edições brasileiras. Ver Edgard Carone, "Caio Prado Júnior", cit., p. 216; disponível on-line.

[49] Benjamin Lima diria que o livro de Caio Prado Júnior era "a mais decidida apologia que em língua portuguesa já se fez da obra concebida e iniciada por Lênin. O sr. Caio Prado Júnior [...] revela-se um ortodoxo, um fanático do marxismo".

16   Luiz Bernardo Pericás

relato, portanto, foi grande, em especial entre os jovens. Nele, o autor discorreu sobre a organização política, a economia, o setor industrial, a agricultura, a coletivização, o comércio, a família, o papel da mulher, a religião, a educação, a cultura, as relações sociais, as instituições e outras características singulares daquela experiência histórica ainda pouco conhecida dos leitores brasileiros de sua época.

Benjamin Lima, "São Paulo e a technocracia", *O Paiz*, Rio de Janeiro, 10 jul. 1934. Lívio Xavier, por sua vez, ainda que em momentos elogie o livro (especialmente nas partes sobre a organização econômica, a família e a religião), é bastante duro em relação a outros aspectos. Para ele, "o defeito fundamental do livro do sr. Caio Prado Júnior é isolar a URSS, fazendo dela um compartimento estanque na economia mundial, e abstrair, por completo, a existência da luta de classe no interior dela. Assim, por exemplo, quando caracteriza a burocracia (p. 36) como sobrevivência do antigo regime, vai mais além e tira as últimas conclusões da teoria da direita bukhariniana, segundo a qual a própria existência da União Soviética é garantia suficiente contra qualquer deformação da ditadura do proletariado, a qual delimita politicamente o desenvolvimento de todas as tendências antiproletárias. [...] Mas o sr. Caio Prado Júnior, para quem só existem as categorias rígidas e indeformáveis do Estado e poder público, passa além da luta de classes e da sua dialética, para o plano do idealismo político. Esse modo de pensar está tão longe do marxismo revolucionário quanto as concepções teóricas de Bukhárin (vide o *Testamento de Lênin*). Apenas, no ar, CPJ que, à p. 121, se sente na obrigação de recordar que Bukhárin é um dos maiores teóricos do marxismo, assume o caráter de uma dogmática jurídica. Tanto melhor, pois faz ressaltar melhor o seu caráter reacionário. [...] No campo teórico, a explicação burocrática (e nesse particular o centro faz causa comum com a direita) do funcionamento dos quadros do Estado soviético debate-se numa contradição insolúvel dentro do marxismo, a saber, o desenvolvimento das forças políticas (sovietes, partido, sindicato) se faz em razão inversa do êxito da construção do socialismo e da liquidação das classes, segundo Marx, Engels e Lênin, precisamente ao contrário da tendência de reforçamento crescente da pressão administrativa sobre as massas, existente na URSS. [...] O capítulo sobre o Partido Comunista da União Soviética é sobremodo infeliz... O autor não quer saber se o partido dirigente, pela capacidade de elaboração coletiva de seu programa, e de previsão marxista, continua ou não sendo a força revolucionária que dirige o curso econômico e político da URSS, se a sua massa foi ou não despojada de toda iniciativa política, se lhe foi ou não imposta uma teoria falsa, se o aparelho de Estado abafa o desenvolvimento autônomo dos quadros partidários". Lívio Xavier, "URSS, um novo mundo", em Paulo Henrique Martinez. *A dinâmica de um pensamento crítico: Caio Prado Jr. (1928-1935)* (São Paulo, Edusp/Fapesp, 2008), p. 309-12.

Escrito em estilo sóbrio e, em grande medida, objetivo, o texto, não obstante, mostra uma posição bastante favorável à União Soviética, descrita por ele como um país promotor da "a democracia por excelência das massas, não da minoria"[50] (sempre contraposta, ao longo de suas páginas, ao tsarismo ou ao "regime burguês"). Afinal, para ele,

> a democracia soviética não se resume no direito popular de escolher periodicamente representantes que, uma vez no Parlamento, se destacam por completo de seus eleitores e só se lembram deles diante da eventualidade de novas eleições. A democracia soviética realiza uma participação efetiva do proletariado e dos demais trabalhadores na direção política do país.[51]

Ainda que mencione alguns momentos de sua visita e descreva determinadas experiências pessoais na URSS, o livro não é *stricto sensu* uma narrativa de viagem como muitos trabalhos análogos (inclusive escritos por colegas), mas um híbrido, que mistura testemunhos com uma descrição mais ampla e direta dos aspectos sociais e econômicos daquele país, intercalada com opiniões sobre diversos temas (como ele mesmo diz, "não lhe dei a forma de um livro de viagem unicamente porque quis escrever com mais método, o que, creio, contribuirá para a clareza da exposição")[52].

Ainda assim, Caio evita entrar em discussões polêmicas sobre política interna, eximindo-se de comentar com maior profundidade os embates de diferentes grupos, indivíduos e projetos pelo poder. Se ele fala em "depuração" dos quadros do partido (de forma favorável), em nenhum momento utiliza a palavra "expurgos". Isso quando, desde pelo menos o fim da década anterior, era possível perceber um nítido acirramento das disputas dentro da URSS e em âmbito mundial, assim como a expulsão de muitas personalidades importantes dos respectivos partidos comunistas (inclusive no Brasil)[53] e da própria União Soviética, que foi cenário de

---

[50] Caio Prado Júnior, *URSS, um novo mundo*, cit., p. 24. Nesta edição, p. 53.

[51] Ibidem, p. 28. Nesta edição, p. 54-5.

[52] Ibidem, p. 7. Nesta edição, p. 46.

[53] Desde a segunda metade da década de 1920 (e, mais ainda, a partir de 1928), a pressão sobre os "trotskistas" e "bukharinistas" se intensificara na URSS e em outros

uma contenda que resultou em defenestrações de centenas de militantes comunistas das fileiras do PCUS (enquanto dirigentes respeitados perderiam os cargos na administração do país ou seriam colocados em posições de menor destaque). Pouco tempo mais tarde, a situação ficaria pior, com uma onda de acusações falsas, julgamentos fabricados, trabalhos forçados em *gulags*, prisões e execuções de lideranças e intelectuais[54]. Os anos de 1930 a 1933 seriam, nas palavras de Roi Medvedev, "um dos períodos mais dramáticos de sua história, comparável em muitos aspectos ao período da guerra civil"[55], enquanto o interregno entre 1933 e 1935, segundo

---

países (inclusive dentro do PCB). No caso do Brasil, já em janeiro de 1930, Astrojildo Pereira seria atacado e obrigado a fazer uma autocrítica, assim como Octavio Brandão, Minervino de Oliveira e Leôncio Basbaum. Em janeiro de 1932, por sua vez, a sessão plenária do Comitê Central do PCB expulsou Astrojildo Pereira, Cristiano Cordeiro, José Casini, Minervino de Oliveira, Everardo Dias, Carlos Villanova, João Freire de Oliveira e Odilon Machado, enquanto em 1934 (portanto, apenas dois anos depois), seria a vez da exclusão de nomes como Mário Grazzini, Heitor Ferreira Lima e Corifeu de Azevedo Marques, ou seja, daqueles acusados de "bukharinismo" ou "astrojildismo" (neste último caso, uma suposta variante nacional do "bukharinismo", ou seja, uma tendência de "direita" dentro do partido). Ver Lincoln Secco, *A batalha dos livros*, cit., p. 93-5. Este mesmo fenômeno ocorreu em vários outros países.

[54] De acordo com o historiador Lincoln Secco, "em 1933, houve o expurgo de 18% dos membros", enquanto, nos três anos anteriores, ocorrera um "aumento significativo" de prisões e execuções. Além disso, "somente em 1937, houve 300 mil delações". Ainda assim, segundo ele, "o medo e o terror se combinaram a incentivos materiais". Pode-se buscar também na política econômica uma ruptura. A Nova Política Econômica (NEP) foi substituída pela "coletivização forçada no campo". Para algumas fontes, entre 1937 e 1938, 1.372.392 pessoas foram presas (681.692 delas, executadas). Já o Relatório Khruschov afirmava que houve 1,5 milhão de prisões e 68.692 execuções. Os campos de trabalho forçados teriam recebido no período 1,2 milhão de presos. Secco ainda informa que "o número total de condenados foi de aproximadamente 4 milhões de pessoas" (com 800 mil condenadas à pena capital). Para ele, "os momentos de brusca elevação de sentenciados se deram em 1930-1932, no momento da expulsão dos mencheviques", e depois, com um "novo aumento em 1937-1938, anos dos famigerados processos de Moscou". Lincoln Secco, *História da União Soviética: uma introdução* (São Paulo, Maria Antonia, 2020), p. 57-9.

[55] Ver Roi A. Medvedev, "O socialismo num só país", em Eric J. Hobsbawm. *História do marxismo: o marxismo na época da Terceira Internacional, a URSS da construção do socialismo ao stalinismo* (Rio de Janeiro, Paz e Terra, 1986), p. 70.

Antonio Carlos Mazzeo, "é o momento da virada na União Soviética, quando o PCUS se fortalece para impulsionar o 'socialismo em um só país' e desencadeia uma feroz luta interna em suas fileiras que culminará com a ditadura stalinista no partido e na sociedade soviética"[56] (ainda que, como lembra Pierre Broué, "a partir de 1930, Stálin passa a dominar sozinho a cena política, convertendo-se no mestre do partido")[57]. Difícil não estar a par de tudo o que ocorria naquela época... No livro, contudo, não uma discussão detalhada dos pontos de vista e opiniões dos diferentes setores envolvidos nos debates internos da época. Nesse sentido, ele apenas menciona, de modo breve, que,

> quando o Estado soviético enfrentou a tarefa de liquidar o capitalismo agrário e coletivizar a sua agricultura, as dificuldades pareciam quase insuperáveis. No próprio seio do partido comunista não faltou quem abertamente o proclamasse. Nisso se confundiram os oposicionistas de todos os matizes, desde a esquerda chefiada por Trótski até os direitistas com Bukhárin (um dos maiores teóricos do marxismo) à frente. No entanto, os resultados da política adotada foram os mais satisfatórios possíveis.[58]

Assim, em relação à coletivização agrária, ele afirmará que ela

> abrange hoje, como já referi, cerca de 70% da área cultivada do país. E não se julgue que isso foi obtido, como às vezes se alega, pelo emprego da coação. Abusos houve, é certo, mas sempre encontraram a mais formal desaprovação dos dirigentes soviéticos e do partido comunista, que sempre que lhes foi possível, denunciaram tais processos com energia. A coletivização deve encontrar o apoio e a mais franca simpatia dos camponeses; só deve ser realizada

---

[56] Ver Antonio Carlos Mazzeo, *Sinfonia inacabada: a política dos comunistas no Brasil* (São Paulo, Boitempo, 2022), p. 69. Ele lembra que, "em fevereiro de 1933, é realizado o XVIII Congresso do Partido Bolchevique – o 'Congresso dos Vencedores', isto é, o congresso da consolidação da facção comandada por Stálin – e logo em seguida iniciam-se os Processos de Moscou; é quando também a teoria do socialismo em um só país torna-se uma 'verdade absoluta', juntamente com o modelo único de construção do socialismo". Idem.

[57] Ver Pierre Broué, *O partido bolchevique* (São Paulo, Sundermann, 2014), p. 287.

[58] Ver Caio Prado Júnior, *URSS, um novo mundo*, cit., p. 121. Nesta edição, p. 97.

20   Luiz Bernardo Pericás

quando os camponeses reconhecem suas vantagens: é essa a verdadeira orientação do partido.[59]

Uma opinião que não corresponde ao que havia, de fato, ocorrido até então[60].

Além disso, depois de citar Robert Michels, que lembrava os perigos da burocratização e o controle dos trabalhadores por uma minoria política, Caio comenta: "Este argumento é tanto mais interessante no momento atual, em que toda esta ala dissidente da Terceira Internacional, chefiada por Trótski, descobre no regime soviético os germens dessa diferenciação, a constituição de uma oligarquia dirigente: a burocracia"[61]. Mas, em seguida, ele completa:

---

[59]   Ibidem, p. 115. Nesta edição, p. 95. Ainda que Caio aponte para a significativa resistência inicial dos camponeses à coletivização. Ibidem, p. 192. Nesta edição, p. 137.

[60]   Para uma discussão sobre as características e resultados da coletivização forçada, ver Alec Nove, "Economia soviética e marxismo: qual modelo socialista?", em Eric J. Hobsbawm. *História do marxismo*, cit., p. 123-30; Robert McNeal, "As instituições da Rússia de Stálin", em Eric J. Hobsbawm. *História do marxismo*, cit., p. 251-6; e Fabio Bettanin. *A coletivização da terra na URSS: Stálin e a revolução do alto (1929- -1933)* (Rio de Janeiro, Civilização Brasileira, 1981).

[61]   Caio Prado Júnior, *URSS, um novo mundo*, cit., p. 235. Nesta edição, p. 150. Segundo Caio, "a burocracia ainda se mantém na União Soviética e continua fazendo grande parte do trabalho administrativo do país. A sua supressão completa depende naturalmente de uma educação política e administrativa da massa trabalhadora que não poderia ser atingida no período relativamente curto da revolução. [...] Mesmo assim, contudo, o sistema antiburocrático da administração soviética permanece em essência. Em primeiro lugar, porque o aparelhamento burocrático existente é, por natureza, precário. Ele não assenta, como se dá nos países de organização burguesa, nas necessidades de um regime que não pode contar com a colaboração efetiva e favorável da maioria da população. Funda-se, pelo contrário, em contingências passageiras, em circunstâncias que tendem a desaparecer com o desenvolvimento gradual da educação popular. Segundo essa mesma educação encontra nos sovietes o mais eficiente impulso. Os sovietes constituem a melhor escola de administração pública. Por eles, os trabalhadores soviéticos estão em contato permanente com a administração do país e vão, assim, pela prática de todos os dias, adquirindo a experiência e o preparo que lhes faltam. As palavras de Lênin, 'é preciso que cada cozinheira aprenda a dirigir o Estado', encontram nos sovietes a máxima possibilidade de realização. É no contato diário com os negócios públicos que os trabalhadores soviéticos aprenderão a lidar com eles". Ibidem, p. 36-8. Nesta edição, p. 59. O fenômeno da burocratização, contudo, que podia ser identificado desde a

Apresentação 21

A questão é complicada e não caberia neste livro, em que não procuro discutir pontos de vista doutrinários, mas apenas descrever a situação atual da União Soviética, vista através de minha observação pessoal e direta. Limito-me, por isso, a umas poucas considerações sobre um problema que me parece fundamental e, além disso, de grande interesse prático no momento, porque envolve, como já disse, a questão da possibilidade ou não de uma sociedade socialista.[62]

Para tentar responder a essa questão, ele utiliza, contudo, um trecho da obra de Bukhárin *Tratado de materialismo histórico*[63] (por sinal, o único livro que Caio traduziu)[64], que, segundo o historiador paulista, "coloca o problema nos seus devidos termos"[65]. Ou seja, de acordo com o dirigente

---

primeira metade da década de 1920 (ou seja, mais de dez anos antes da visita de Caio), só iria se ampliar ao longo dos anos. De acordo com Robert McNeal, "no início dos anos 1930, porém, a base real do partido começou a se tornar cada vez menos proletária, em parte por causa da inserção dos proletários em cargos administrativos e técnicos, em parte por causa do recrutamento de um número cada vez maior de pessoas que ocupavam postos de uma certa responsabilidade no âmbito econômico". Ver Robert McNeal, "As instituições da Rússia de Stálin", cit., p. 250. Sobre a questão da burocratização na URSS, ver, por exemplo, Leon Trótski, *The Revolution Betrayed* (Nova York, Pathfinder, 1970); Alex Callinicos, *Trotskyism* (Minneapolis, University of Minnesota Press, 1990); Vladimir I. Lenin, *Contra la burocracia/Diario de las secretarias de Lenin* (Buenos Aires, Pasado y Presente, 1974); e Tamás Krausz, *Reconstructing Lenin: An Intellectual Biography* (Nova York, Monthly Review, 2015), p. 338-45 [ed. bras.: Reconstruindo Lênin: uma biografia intelectual. Trad. Artur Renzo e José Baltazar Pereira Júnior. São Paulo, Boitempo, 2017]. Ver também, no Brasil, Maurício Tragtenberg, "Evolução da Revolução Russa de 1917 até hoje", p. 374-85, e "De Lênin ao capitalismo de Estado (parte II)", em Maurício Tragtenberg, *A falência da política* (São Paulo, Editora Unesp, 2009), p. 154-9.

[62] Caio Prado Júnior, *URSS, um novo mundo,* cit., p. 235-6. Nesta edição, p. 150.

[63] Nikolai Bukhárin, *Tratado de materialismo histórico* ([trad. Caio Prado Júnior,] São Paulo, Edição Caramurú, 1933 e 1934, 4 v.). Vale ressaltar que, na folha de rosto do livro, na parte interna, o título é distinto: *A teoria do materialismo histórico: manual popular de sociologia marxista.* E o próprio nome da editora é colocado de forma diferente: "Edições Caramurú". Aqueles eram livros populares, em formato de bolso, bastante baratos e sem maior cuidado editorial.

[64] Edgard Carone, *O marxismo no Brasil,* cit., p. 68 e 88; e Edgard Carone, "Caio Prado Júnior", cit., p. 214; disponível on-line.

[65] Caio Prado Júnior, *URSS, um novo mundo,* cit., p. 236. Nesta edição, p. 150.

22 Luiz Bernardo Pericás

russo, quando a classe operária triunfava em um momento em que ainda não se constituía em um grupo *homogêneo*, num quadro de declínio das forças produtivas e de insegurança das "massas", poderia existir uma tendência à "degeneração", ou seja, à separação de uma camada dirigente (como um "embrião" de classe). Ainda assim, segundo a acepção do líder bolchevique (corroborada por Caio), ela seria "paralisada" por duas tendências opostas: de um lado o *crescimento das forças produtivas* e de outro a supressão do *monopólio da instrução*. Sendo assim, a produção em grande escala de técnicos e organizadores em geral, oriundos da própria classe trabalhadora, eliminaria a possibilidade de uma nova eventual classe no poder. Por isso, o resultado da luta dependeria apenas de saber quais dessas tendências se mostrariam mais fortes ao longo daquele processo[66]. Vale recordar, porém, como contraponto, outras intervenções sobre o assunto de Lênin, Trótski e do próprio Bukhárin, o qual teria antecipado em vários lustros os postulados de Milovan Djilas sobre uma nova classe no poder (a própria elite e burocracia do partido)[67], algo que Caio aparentemente não vislumbra naquele momento (afinal, para o historiador paulista, "o

---

[66] Ibidem, p. 236-7. Nesta edição, p. 150-1.

[67] Ver Stephen Cohen, *Bukhárin: uma biografia política* (Rio de Janeiro, Paz e Terra, 1990), p. 168-9; e Milovan Djilas, *A nova classe: uma análise do sistema comunista* (Rio de Janeiro, Agir, 1958). Bukhárin chegou a comentar, ainda na década de 1920, que "nos poros de nosso gigantesco aparato se alojaram elementos de degeneração burocrática absolutamente indiferentes às necessidades das massas, à sua vida e seus interesses materiais e culturais... Os funcionários estão dispostos a elaborar qualquer tipo de plano". Ver Pierre Broué, *O partido bolchevique*, cit., p. 270. Segundo Pierre Broué, Bukhárin acreditava que qualquer tentativa de criar recursos econômicos (fosse de forma voluntária ou por "militarização") não poderia gerar nada além de uma edificação estatal estranha ao espírito do socialismo, sendo esse o principal fator da degeneração que o partido vivia desde 1918. Ibidem, p. 271. Sendo assim, segundo aquele dirigente bolchevique, a "participação das massas deve ser garantia fundamental contra uma possível burocratização de um grupo de quadros". Idem. Já para Trótski, segundo Brian Pearce, a burocracia no poder não é vista como uma "nova classe", mas como uma excrescência parasítica, e a sociedade soviética não como um "capitalismo de Estado", mas como um "Estado operário degenerado". Ver Brian Pearce, "Trotsky", em Tom Bottomore, Laurence Harris, V. G. Kiernan e Ralph Miliband (eds.). *A Dictionary of Marxist Thought* (Cambridge, Harvard University Press, 1983), p. 490; e Pierre Broué, *O partido bolchevique*, cit., p. 301.

regime soviético é a organização do proletariado em classe dominante; não é, portanto, a ditadura de um partido")[68]. Além disso, ele dirá que

> não se deve compreender o socialismo como uma forma estável, um tipo definido de organização. Ele é antes um processo, um sistema em transformação. Consiste numa substituição da economia capitalista, fundada na propriedade privada dos meios de produção – solo, subsolo, fábricas etc. – e caracterizada por formas privadas de atividade econômica, por uma economia que tenha por base a propriedade coletiva e por norma uma atividade econômica também coletiva. Nisso se resume o socialismo. As suas fases, portanto, são múltiplas. A substituição de um sistema por outro atravessa etapas sucessivas em que vamos encontrar, lado a lado, em proporções variáveis, caracteres de um e de outro: os do primitivo, em vias de desaparecimento; os do novo, desenvolvendo-se continuamente. O desaparecimento total das formas capitalistas coincidirá com o comunismo.[69]

O único momento em que Caio utiliza a palavra "fome" em sua obra é para descrever o quadro do país em 1921, no fim da guerra civil. Mas ele não faz menção, por exemplo, à situação dramática do "*holodomor*" na Ucrânia (e à de outras regiões da União Soviética), que resultou em milhões de vidas perdidas entre 1932 e 1933 (exatamente a época em que visitou a URSS), apesar de todas as evidências e as reportagens conhecidas, como as matérias amplamente difundidas na imprensa de então, como aquelas escritas pelo jornalista galês Gareth Jones[70] (mesmo que muitos dos artigos em questão sobre o tema fossem contestados na época). O fato é que *URSS, um novo mundo* foi lançado justamente no ano em que terminava, segundo Ralph Miliband, "a primeira fase da revolução stalinista"[71], um momento bastante difícil em diversos aspectos

---

[68] Ver Caio Prado Júnior, *URSS, um novo mundo*, cit., p. 41. Nesta edição, p. 60.

[69] Ibidem, p. 62-3. Nesta edição, p. 70-1.

[70] Ver, por exemplo, Ray Gamache, *Gareth Jones: Eyewitness to the Holodomor* (Welsh Academic Press, 2018); e Gareth Jones, *Tell Them We Are Starving: The 1933 Soviet Diaries of Gareth Jones* ([Kingston, Canadá,] Kashtan, 2015). Já os artigos de Gareth Jones estão disponíveis on-line.

[71] De acordo com Ralph Miliband, "em sua fase inicial, de 1929 a 1933, o stalinismo representava o que o próprio Stálin chamava de 'revolução pelo alto', projetada para assentar a base para a transformação da União Soviética em um país industrializado".

24 Luiz Bernardo Pericás

(políticos e humanos), apesar dos números favoráveis em termos econômicos mais amplos. Entre as poucas referências citadas como fontes de dados, estatísticas e informações gerais sobre a União Soviética, o balanço do primeiro plano quinquenal (relatório apresentado à sessão plenária comum do Comitê Central e da Comissão Central de Controle do PCUS de 1933), o verbete "Rússia" da *Encyclopedia Britannica* e dados retirados do *Statesman's Year Book*, do mesmo ano.

Caio Prado Júnior encerra o livro lembrando que "a questão mais importante não é a do socialismo em si. É a do caminho que para lá conduz"[72]. E que

> é esta a primeira lição internacional da revolução na União Soviética: o socialismo só será realizado pelo partido que seguir as pegadas dos bolchevistas, isto é, pela insurreição armada, pela tomada violenta do poder, como se deu na Rússia, não pela via pacífica da conquista da maioria parlamentar, como quer a social-democracia os partidos socialistas de todo o mundo. Não creio que haja na história um ponto de vista, mais que este, sustentado pela evidência dos fatos.[73]

URSS, um novo mundo teve uma segunda edição, impressa em agosto de 1935, ano de intensa atividade da Aliança Nacional Libertadora e do Levante Comunista (não custa lembrar aqui que, naquele ano, Caio Prado Júnior foi o presidente regional da ANL em São Paulo). A obra, contudo, seria confiscada e retirada de circulação por ordem do governo Vargas, algo que, por sinal, não era incomum na época[74] (um exemplar

---

Ver Ralph Miliband, "Stalinism", em Tom Bottomore, Laurence Harris, V. G. Kiernan e Ralph Miliband (eds.). *A Dictionary of Marxist Thought*, cit., p. 462.

[72] Caio Prado Júnior, *URSS, um novo mundo*, cit., p. 229. Nesta edição, p. 147.

[73] Ibidem, p. 230-1. Nesta edição, p. 147.

[74] No apêndice do livro de Julio Álvarez del Vayo, *A nova Rússia*, os editores informam: "Tendo a casa Garroux, em cujas oficinas se imprimiu esta obra, informado a editora Pax haver a Delegacia de Ordem Política e Social determinado a apreensão dos seus originais, bem como a exibição e venda da obra *Impressões de Moscou*, por nós editada, não nos conformando com essa medida, requeremos ao exmo. sr. juiz da 2ª Vara Cível de São Paulo um interdito proibitório, que foi publicado na imprensa... Em 23 do corrente, a polícia desta capital, representada pelo Delegado de Ordem

desta segunda edição pode ser encontrado na biblioteca particular de Caio Prado Júnior, no IEB/USP). Desde então, nunca mais foi reeditada.

O mundo do socialismo, por sua vez, foi elaborado após outra jornada à URSS e à China, neste caso, com sua segunda mulher, Helena Maria Magalhães Nioac (a Nena), entre julho e setembro de 1960, viagem realizada pouco depois de ele ajudar a fundar a União Cultural Brasil-União Soviética (também designada por alguns como Sociedade Brasil-URSS), em São Paulo, juntamente com Sérgio Milliet, Afonso Schmidt, Florestan

---

Política e Social, intimou o gerente e o chefe das oficinas da casa editora Garraux [para comparecerem na] delegacia, a fim de prestarem declarações sobre as obras que se achavam em impressão nas oficinas tipográficas daquela casa, tendo sido pelos mesmos informada que ali se achavam, nessas condições, entre outras, e por encomenda da suplicante, a obra intitulada *A nova Rússia*, de Julio Álvarez del Vayo, atual embaixador da República espanhola no México. [...] Aquela autoridade ordenou, então, a suspensão imediata dos trabalhos de impressão, exigindo também que fossem levadas à aludida delegacia, e ali depositadas, as provas da referida obra. Além disso, determinou mais, que fossem suspensas as vendas de todas as obras que fizessem quaisquer referências à Rússia, mandando retirá-las das exposições nas vitrines". Julio Álvarez del Vayo, *A nova Rússia*, cit., p. 153-4. De acordo com Edgard Carone, "de 1931 é a editorial Pax, localizada em São Paulo. Por informação de Astrojildo Pereira, parece que Luiz Carlos Prestes, exilado no Uruguai, foi um dos seus financiadores. Sua linha de divulgação restringe-se a obras de viagem e romances, sendo a primeira no Brasil a fazer aparecer alguns dos já clássicos romances proletários [...]. Da sua linha editorial, além dos viajantes, temos a primeira edição de Kollontai, livro com inúmeras edições posteriores. Ela é fechada com a revolução de 1932". Edgard Carone, *O marxismo no Brasil*, cit., p. 67. Nesse sentido, Lincoln Secco informa: "Em 1924, a polícia do Rio de Janeiro queimou mil exemplares do *Programa comunista* e de *O comunismo scientífico* de Bukhárin (a tiragem era de 2 mil). No mesmo ano, parte da primeira edição de *Rússia proletária* e centenas de exemplares da primeira edição brasileira do *Manifesto Comunista* foram destruídos em Porto Alegre. Boa parte da segunda edição (São Paulo, Unitas, 1931) foi apreendida pela polícia, o que torna a primeira e segunda edições do *Manifesto* raridades de marxistas bibliófilos. [...] O caso do livro de Amadeo Bordiga é mais trágico. Não há referências dele na época. Sua obra *O fascismo*, com tiragem de 2 mil exemplares, pode ter sido quase totalmente destruída pela polícia". Lincoln Secco, *A batalha dos livros*, cit., p. 85. No caso do livro de Caio, isso ocorre provavelmente "pelas medidas coercitivas do governo em fins de 1935, quando fecha editoras, apreende os seus estoques e processa-as". Ver Edgard Carone, *O marxismo no Brasil*, cit., p. 69.

Fernandes, João Belline Burza, Elias Chaves Neto, Mário Schenberg e Eduardo Guarnieri, entre outros[75]. Na época, Caio estava com 53 anos, em plena maturidade intelectual. Desde o ano anterior, o historiador pensava em voltar à URSS, mas encontrava dificuldades, por questões burocráticas. Por isso receberia o apoio de seu amigo Jacob Bazarian, que vivia naquele país desde 1950 (onde trabalhava como pesquisador científico no Instituto de Filosofia da Acus)[76] (Bazarian voltaria ao Brasil em 1966 e posteriormente, desiludido com o regime soviético, publicaria um livro crítico à União Soviética)[77]. Tudo seria resolvido. E sua viagem seria realizada.

Naquele momento, a URSS, o maior país do mundo, com um território de 22 milhões de quilômetros quadrados que se estendia por dois continentes e que reunia quinze repúblicas, contava com aproximadamente 215 milhões de habitantes. Era, sem dúvida, uma superpotência militar, tecnológica e nuclear, ainda que a qualidade de seus bens de consumo ainda deixasse bastante a desejar se comparada à dos países ocidentais[78]. Quando o autor de *História econômica do Brasil* foi à União Soviética, o

---

[75] Ver "Constituída a Sociedade Brasil-URSS", *O Estado de S. Paulo*, 25 jun. 1960, p. 11.

[76] Ver, por exemplo, carta de Jacob Bazarian a Caio Prado Júnior, Moscou, 22 set. 1959, Fundo Caio Prado Júnior, IEB/USP, CPJ-CP-BAZ006.

[77] Jacob Bazarian, *Mito e realidade sobre a União Soviética: análise imparcial do regime soviético por um ex-membro do Partido Comunista* (São Paulo, s.e., 1970).

[78] João Pinheiro Neto comenta que "até hoje não se encontram vestígios de supérfluo. O vestuário do povo é modesto. A moradia é precária. Não há automóveis particulares. [...] Mas todo esse sacrifício teria de produzir alguma coisa. E produziu. O ritmo do crescimento industrial é espantoso. Os feitos científicos são do conhecimento de todos. [...] Em 1918, 97% de analfabetos. Somente 3% nos dias atuais. Três milhões de livros novos são editados por dia na Rússia. As tiragens de Balzac, Cervantes, Shakespeare, Anatole France e Maupassant são, hoje, em língua russa, maiores que quaisquer outras em qualquer língua. [...] Na Universidade de Moscou estudam 25 mil alunos, sem despender um níquel, com bolsas de estudos, que variam de acordo com o aproveitamento de cada um. [...] É uma realidade contundente, que corresponde às esperanças do homem aflito, desamparado e atônito de nossos dias. Precisa ser entendida, analisada e meditada". João Pinheiro Neto, *URSS, a grande advertência*, cit., p. 14-5.

Apresentação 27

PCUS possuía, então, em torno de 8.239.000 membros e tinha como primeiro-secretário Nikita Khruschov, que chegou a ocupar ainda as posições de líder do Presidium do Comitê Central e presidente do Conselho de Ministros. No XX Congresso do PCUS, em 1956, Khruschov foi o responsável por encabeçar a denúncia dos crimes de Stálin e por atacar o culto à personalidade. Ao longo dos anos, implementou uma série de reformas culturais e econômicas (muitas vezes polêmicas), iniciando um período mais "liberal" e supostamente flexível, que incluía também a defesa de uma política de coexistência pacífica no campo internacional[79]. Foi neste novo momento pelo qual passava a URSS (que também teria reflexos no setor do turismo)[80] que Caio Prado Júnior chegou ao país.

Em Moscou, ele e a esposa ficaram hospedados no renomado Hotel Ucrânia, um prédio de 34 andares e 198 metros de altura que, segundo João Pinheiro Neto, era "o maior e mais moderno" da capital, um "dos poucos edifícios novos da cidade", com um serviço ruim, "nenhuma organização interna de restaurantes" e repleto de turistas americanos[81]. Com

---

[79] Ver Josef Wilczynski. *An Encyclopedic Dictionary of Marxism, Socialism and Communism* (Londres, Macmillan, 1981), p. 284-5.

[80] Segundo Raquel Mundim Tôrres, "em 1957, a Intourist começou a receber cinco vezes o número de visitantes anuais do que o período anterior à Segunda Guerra Mundial. Apesar de pequeno se comparado ao trânsito para os centros turísticos europeus majoritários, esse número dobrou novamente para 1 milhão entre 1957 e 1965. Em 1959, a publicidade soviética declarou que a URSS estava aberta para visitantes de todos os países. Novas relações com firmas turísticas estrangeiras foram negociadas, houve reorganização de estruturas bancárias no início da década de 1960, e pronunciamentos públicos de Nikita Khruschov apontavam cada vez mais essa mudança. [...] Funcionários da Intourist foram também encorajados a diminuir seus custos. Foi sugerido, por exemplo, que os guias que não levassem os grupos turísticos a tempo de seus voos, deveriam ser penalizados. Caso cumprissem com sucesso suas receitas, os funcionários também receberiam prêmios. Com o fim da VOKS e o aumento expressivo do comércio na década de 1960, a Intourist passou cada vez mais a fornecer um turismo voltado a lucrar com o consumismo burguês: a partir de 1964, 50% da sua receita passou a ser da venda de suvenires e mantimentos para os viajantes. Mercadorias passaram a ser vendidas em todas as áreas visitadas pelos estrangeiros". Ver Raquel Mundim Tôrres, *Transpondo a cortina de ferro*, cit., p. 156-7.

[81] João Pinheiro Neto, *URSS, a grande advertência*, cit., p. 12.

Nena, o historiador paulista faria visitas a colcozes, creches, ao estádio de futebol Lênin (com capacidade para 100 mil pessoas) e ao Instituto de Filosofia da Acus, onde teve conversas com vários professores (que, neste caso, não lhe teriam causado boa impressão). De resto, adorou tudo o que viu e achou que a União Soviética estava indo no caminho certo. Em carta de 27 de julho de 1960, enviada ao filho caçula, Roberto, ele comentou: "Estou aprendendo muita coisa e, sobretudo, que realmente o regime político e social deste país é o futuro de toda a humanidade"[82].

Da União Soviética, o casal seguiu para a China. Conheceu Pequim, Wuhan, Xangai e outras cidades no sul daquela nação. Durante a viagem, esteve na Ópera de Pequim, assistiu a um espetáculo de acrobatas, foi ao teatro, esteve em uma represa, em uma fundição de aço e em um templo budista de Hang Tcheu, além de visitar fábricas, comunas e monumentos, sempre acompanhado de uma guia local. De Wuhan (onde, segundo Caio, "não temos parado, visitamos mil coisas, numa agitação permanente")[83], ele mandaria uma missiva, datada de 21 de agosto, mais uma vez para seu filho mais novo, na qual dizia:

> Aqui na China, podem-se ver muito bem as vantagens do socialismo, porque a China capitalista não deixou nada, e só o moderno e recente, que é do socialismo, representa o progresso e perspectiva futura. Você, quando vier à China (e com certeza algum dia virá), terá a ocasião de ver o maravilhoso país que se está construindo aqui, para uma vida feliz de todo mundo.[84]

O passeio continuou, e a impressão favorável do país só aumentava. Em nova correspondência a Roberto, desta vez escrita em Pequim, em 1º de setembro, Caio diria que estava

> vendo e compreendendo este mundo enorme de 650 milhões de pessoas, dominadas e exploradas até há poucos anos pelos imperialistas europeus, e

---

[82] Carta de Caio Prado Júnior a Roberto Nioac Prado, Moscou, 27 jul. 1960, Fundo Caio Prado Júnior, IEB/USP, CPJ-RNP120.
[83] Ver Carta de Caio Prado Júnior a Roberto Nioac Prado, Wuhan, 21 ago. 1960, Fundo Caio Prado Júnior, IEB/USP, CPJ-RNP130.
[84] Idem.

um punhado de grandes proprietários, e que constroem hoje um país rico e poderoso, que assegurará o bem-estar de todos [os] seus habitantes (mais de uma quinta parte da humanidade). Há muito ainda por fazer, mas que a obra está sendo levada a cabo, não pode ter dúvidas: em dez anos no máximo, a China é o primeiro país do mundo.[85]

Ao retornar ao Brasil, ele deu uma palestra em 7 de novembro de 1960, na Biblioteca Municipal de São Paulo, intitulada "Atualidade e perspectivas do socialismo", escreveu o artigo "Convivência pacífica" para a *Revista Brasiliense* e começou a preparar seu livro seguinte. Vale dizer que sua viagem reafirmou sua convicção na política oficial soviética. Ele considerava que o capitalismo estava claramente em declínio, enquanto era possível verificar um "fulgurante" e "acelerado" avanço do socialismo. O convívio pacífico entre os Estados nacionais seria fundamental. Em seu texto para a *Revista Brasiliense* ele diria:

A Declaração de Moscou que estamos analisando o reafirma de forma explícita e sem ambiguidades, quando afirma que "a revolução socialista não se importa nem pode ser imposta de fora. É resultado do desenvolvimento interno de cada país, do aguçamento extremo das contradições sociais. Inspirados pela doutrina marxista-leninista, os partidos comunistas sempre foram contrários à exportação da revolução". Afirmação tão peremptória (que exprime aliás uma diretiva a que nenhum comunista, sob pena de não se poder mais considerar tal, se pode furtar), e afirmação que vem reforçar princípios teóricos consagrados e uma linha já tradicional de conduta política, mostra claramente a grande distância, e mesmo contraste absoluto entre a oposição do capitalismo imperialista ao socialismo, e a do socialismo ao capitalismo.[86]

Ele continua:

Mas se a revolução socialista não se exporta, também não é admitir a exportação da contrarrevolução. Os comunistas, afirma a Declaração de Moscou,

---

[85] Carta de Caio Prado Júnior a Roberto Nioac Prado, Pequim, 1º set. 1960, Fundo Caio Prado Júnior, IEB/USP, CPJ-RNP133.

[86] Caio Prado Júnior, "Convivência pacífica", *Revista Brasiliense*, n. 33, jan.-fev. 1961, p. 5-6.

"lutam energicamente contra a exportação imperialista da contrarrevolução. Os partidos comunistas consideram que é seu dever internacionalista exortar os povos de todos os países a se unir, a mobilizar suas forças internas, a atuar energicamente e, apoiando-se no poderio do sistema socialista mundial, impedir ou dar uma enérgica réplica à ingerência dos imperialistas nos assuntos de todo povo que se tenha lançado na revolução". Isso é condição necessária de convivência pacífica, porque, entre os assuntos internos de qualquer povo ou país, está o de escolher a forma de suas instituições sociais e econômicas e a maneira mais conveniente de chegar a elas, não cabendo a ninguém de fora o direito de intervir na questão.[87]

E completa:

Entre o capitalismo e o socialismo somente há hoje, no plano internacional, uma forma admissível de contenda: a competição pacífica. Que se conceda a cada qual dos dois sistemas a oportunidade de exibir seus méritos respectivos e sua capacidade de fazer frente aos angustiantes problemas econômicos, sociais, morais e culturais que se apresentam na atual conjuntura e fase da evolução histórica da humanidade. E que se deixe a essa humanidade o direito de julgar, isto é, decidir sem o recurso à imposição pela força de um povo sobre o outro, qual dos dois sistemas prefere.[88]

Como se percebe, nesta questão, o posicionamento de Caio era o mesmo do PCB na época. Vale lembrar que, entre 1962 e 1963, seriam lançadas no Brasil (principalmente pela Editorial Vitória) diversas compilações de discursos, informes e entrevistas de Khruschov, como *O desarmamento geral e completo, garantia da paz e da segurança dos povos*[89], *Impedir a guerra é a tarefa fundamental*[90], *O imperialismo, inimigo dos*

---

[87] Idem.

[88] Idem.

[89] Nikita Khruschov, *O desarmamento geral e completo, garantia da paz e da segurança dos povos: discurso pronunciado em 10 de julho de 1962, no Congresso Mundial pelo Departamento Geral e pela Paz, realizado em Moscou* (Rio de Janeiro, Aliança do Brasil, 1962).

[90] Idem, *Impedir a guerra é a tarefa fundamental: trechos de entrevistas, informes e discursos pronunciados nos anos 1956-1963* (Rio de Janeiro, Vitória, 1963).

povos, inimigo da paz[91], *Informe sobre a atividade do Comitê Central*[92], *O movimento de libertação nacional*[93] e *O movimento revolucionário operário e comunista*[94]. Assim, os textos de Caio Prado Júnior se enquadravam no mesmo clima da época e estavam dentro da mesma lógica defendida por seus correligionários comunistas. Se havia divergências do autor de *Esboço dos fundamentos da teoria econômica* com o PCB em relação à formação histórica do Brasil e sua interpretação da conjuntura do país em diferentes momentos (em particular no que se refere à questão agrária e às estratégias de luta política), ele estava plenamente de acordo com a sigla quando se tratava da defesa da URSS, seu sistema econômico e sua política externa.

Em *O mundo do socialismo*, publicado em 1962 pela Brasiliense, impresso na gráfica Urupês e dedicado aos filhos Danda, Caio Graco e Roberto, o intelectual paulista discutirá a questão da liberdade, do Estado (burguês e socialista), da imprensa, do trabalho, da religião, dos sovietes, da "polícia popular", dos "tribunais de camaradas" e do Partido Comunista. Desta vez, ele seria mais explícito em suas intenções e faria questão de tomar posição em relação a seu objeto:

> Sem ser um simples relato de viagem – pois me arrisco a certas "teorizações" –, ainda assim este livro não tem mais pretensões que refletir impressões e conclusões de um viajante. Impressões de um comunista, o que desde logo as inquinará para muitos de "suspeitas". Livros sobre os países socialistas costumam ser sumariamente divididos em duas categorias: contra e a favor. E, nesta última, está claro, se classificará o livro de um comunista.[95]

---

[91] Idem, *O imperialismo, inimigo dos povos, inimigo da paz: trechos de entrevistas, informes e discursos pronunciados nos anos 1956-1963* (Rio de Janeiro, Vitória, 1963).

[92] Idem, *Informe sobre a atividade do Comitê Central: discurso de encerramento ao XXII C. PCUS* (Rio de Janeiro, Vitória, 1962).

[93] Idem, *O movimento de libertação nacional: trechos de entrevistas, informes e discursos pronunciados nos anos 1956-1963* (Rio de Janeiro, Vitória, 1963).

[94] Idem, *O movimento revolucionário operário e comunista: trechos de entrevistas, informes e discursos pronunciados nos anos 1956-1963* (Rio de Janeiro, Vitória, 1963).

[95] Caio Prado Júnior, *O mundo do socialismo* (São Paulo, Brasiliense, 1962), p. 1. Nesta edição, p. 157.

Apesar disso, completava que

> não foi para "julgar" que visitei os países socialistas, e sim para analisar as soluções dadas nesses países aos problemas da revolução socialista, isto é, da transformação socialista do mundo. Estou convencido dessa transformação e de que a humanidade toda marcha para ela. [...] Foi a experiência acumulada nos países socialistas, experiência orientadora da transformação socialista, pela qual, a meu ver, todos os povos e nós, brasileiros, inclusive, haveremos mais cedo ou mais tarde de passar, o que me interessou. E é isso, portanto, que procuro trazer para as presentes páginas, a fim de que o muito ou o pouco que aprendi (muito, a meu ver; os leitores que julguem se realmente significa alguma coisa) não fique apenas para mim e possa, eventualmente, servir também a outros.[96]

Este também não pode ser colocado, em sentido estrito, exclusivamente dentro da categoria de literatura de viagem, ainda que, como em sua primeira obra do gênero, também mencione por vezes algumas de suas experiências no exterior. Amigos, como Mario Fiorani e Moisés Gicovate, elogiaram o texto[97]. Igual entusiasmo podia ser encontrado na resenha de Álvaro Augusto Lopes para *A Tribuna*, dizendo que

> nada mais interessante será do que seguir o autor, nessa magistral lição de socialismo aplicado nas terras alheias visitadas, à luz do materialismo dialético de Karl Marx, Engels e Lênin (p. 114), verificando que a sua elaboração científica já se conseguiu de maneira satisfatória. Postulados como "a cada um segundo as suas necessidades" vão pouco a pouco tendo expressão imediatista, na União Soviética e na China Popular, graças ao esforço de homens extraordinários, com qualidades morais e espirituais de primeira ordem, como este livro demonstra.[98]

---

[96] Ibidem, p. 2-3. Nesta edição, p. 158.

[97] Ver carta de Mario Fiorani a Caio Prado Júnior, Fazenda Santa Elza, Santa Cruz das Palmeiras, São Paulo, 24 mar. 1962, Fundo Caio Prado Júnior, IEB/USP, CPJ-CP-FIO003; e carta de Moisés Gicovate a Caio Prado Júnior, São Paulo, 2 maio 1962, Fundo Caio Prado Júnior, IEB/USP, CPJ-CP-GIC001.

[98] Álvaro Augusto Lopes, "O mundo do socialismo", *A Tribuna*, 25 mar. 1962.

Já o também comunista Elias Chaves Neto (que ocupou o cargo de diretor-responsável da *Revista Brasiliense*) diria que seu primo e melhor amigo, "interessado nas realizações incipientes do mundo socialista", visitara a União Soviética nos anos 1930 e depois publicou *URSS, um novo mundo*. Em *O mundo do socialismo*, contudo, ele teria "confirmado" seus prognósticos de muitos anos antes[99]. Edgard Carone, por sua vez, afirmou que *O mundo do socialismo* foi uma das duas obras que continuavam a "marcar" o "amor" de Caio por seu "socialismo militante"[100] (a outra seria *A revolução brasileira*).

O livro teve duas edições em 1962 e uma terceira em 1967, sem alterações no texto (na última tiragem houve a inclusão de uma pequena biografia de Caio preparada por Elias Chaves Neto), mas todas com capa diferente (o formato da terceira edição também seria menor que os das edições anteriores). Nenhuma delas possui página de créditos que indique nomes de diagramadores, revisores, preparadores de texto e capistas das respectivas edições.

Essa também foi uma obra de relativo êxito editorial, com vendas expressivas, pelo menos no primeiro ano de sua publicação. Ainda assim, desde 1967, quando teve sua terceira tiragem em plena ditadura militar, o livro não passou por novas edições em seu formato integral.

Neste trabalho, Caio defenderá a abolição da livre-iniciativa econômica e o domínio privado sobre as forças produtivas da sociedade[101]. Para ele,

> o que é invariável no socialismo, e que constitui sua essência, é a substituição da liberdade econômica, que caracteriza o capitalismo e que implica o antagonismo entre os homens, cada qual se orientando para a satisfação particularista e exclusivista de seus interesses, pelo ordenamento e pela coordenação da ação econômica em função do interesse coletivo.[102]

---

[99] Elias Chaves Neto, "Biografia do autor", em Caio Prado Júnior, *O mundo do socialismo*, cit., p. 185.

[100] Edgard Carone, "Caio Prado Júnior", cit., p. 215; disponível on-line.

[101] Caio Prado Júnior, *O mundo do socialismo*, cit., p. 26. Nesta edição, p. 173.

[102] Ibidem, p. 27. Nesta edição, p. 174.

Além disso,

o socialismo, ao contrário do que se acha como opinião a respeito dele muito difundida, não é – e está longe de ser – igualitarista. O socialismo (o verdadeiro socialismo, bem entendido, porque sob o rótulo socialista não faltam hoje as mais disparatadas fantasias) reconhece a desigualdade e não pretende eliminar ou desconhecer as desigualdades que são da natureza humana.[103]

Caio também achava que as críticas a um suposto Estado socialista "perquiridor" e "policial" não procediam. Em uma fase preliminar da construção do socialismo (a época revolucionária e de transformação violenta), o regime teria se mostrado bastante severo, o que não poderia ser de outro modo. Afinal,

para se defender nessa grave conjuntura, o regime teve de lançar mão de processos à altura da oposição que sofria e da árdua luta pela sobrevivência em que se achava empenhado. E tais processos levaram muitas vezes, como não podiam deixar de levar, a repressões violentas. Mas tanto isso não era – como não é – da essência do socialismo, muito pelo contrário, que essa fase passou completamente na generalidade dos países socialistas, a começar pela União Soviética. E nunca existiu na China Popular.[104]

Segundo o autor, na época em que escrevia,

os países socialistas já hoje consolidaram e estabilizaram sua vida, e os aparelhos especiais de repressão interna desapareceram por completo. Tem-se neles a mais total liberdade de movimentos, e não há sinais de quaisquer restrições além das ordinárias e normais que se encontram em qualquer lugar.[105]

---

[103] Ibidem, p. 35-6. Nesta edição, p. 180. Ele ainda afirma: "As concepções igualitaristas continuam sendo, como sempre foram no passado, fortemente criticadas e combatidas na teoria e na prática do regime socialista e colocadas no rol das utopias pequeno-burguesas que não encontram lugar no marxismo. Não é pelo caminho do igualitarismo, isto é, forçando indiscriminadamente para níveis idênticos os padrões de todos os indivíduos, que se marcha para a verdadeira igualdade, isto é, para o comunismo". Ibidem, p. 145. Nesta edição, p. 252.

[104] Ibidem, p. 58. Nesta edição, p. 194-5.

[105] Ibidem, p. 59. Nesta edição, p. 195.

Nesse sentido, ele comenta:

> Percorri longamente a União Soviética e a China Popular, visitando as mais variadas e remotas regiões, e nada notei, absolutamente nada, que denotasse nem mesmo vigilância policial apreciável. Certamente muito menos que em qualquer país capitalista. Afora agentes aduaneiros e guardas nos aeroportos de entrada e saída do país (porque nos outros nem isso observei), não vi na União Soviética e na China Popular mais que inspetores de trânsito. Sendo que, na China, esses inspetores são com frequência jovens e inofensivas mulheres. Sempre circulei livremente e sem o menor constrangimento por toda parte, e nem mesmo a minha presença inconfundível de estrangeiro foi jamais especialmente notada.[106]

Caio também fez questão de lembrar a total liberdade de pensamento e de expressão e a grande importância que atribuía ao papel desempenhado pela imprensa naqueles países, com "milhões de correspondentes amadores" colaborando efetiva e regularmente com periódicos, revistas, rádio e televisão, além de "milhares" de jornais "murais" editados todas as semanas ou a cada dez ou quinze dias, colados nas paredes de oficinas, escritórios das cooperativas agrícolas, escolas, hospitais e empresas[107]. Assim, nos países socialistas haveria "ampla discussão coletiva de todos os assuntos de interesse geral", o que seria "parte essencial do funcionamento das instituições, e a publicidade escrita ou através do rádio e da televisão é ativamente estimulada com o objetivo de se obter a participação nela de um número sempre crescente de cidadãos"[108].

---

[106] Ibidem, p. 59-60. Nesta edição, p. 195.

[107] Ibidem, p. 66. Nesta edição, p. 198.

[108] Ibidem, p. 65. Nesta edição, p. 199. Caio Prado Júnior afirmaria que "para as novas gerações, educadas e formadas no socialismo, que na União Soviética já constituem hoje a imensa maioria, a noção da propriedade privada dos meios produtivos é qualquer coisa de inteiramente estranho, esdrúxulo, modernamente inconcebível, tanto como a prestação de serviços remunerados para particulares, o salariato capitalista. [...] Ninguém poderia séria e honestamente defendê-los em nossos dias e pleitear seu retorno. Ibidem, p. 66-7. Nesta edição, p. 200.

Na questão do trabalho, por sua vez, "o cidadão soviético tem o emprego que mais lhe agrada e convém"[109]. Segundo Caio, no sistema socialista,

> os estímulos para esse trabalho se enriquecem progressivamente de um novo conteúdo ético. O trabalhador dará o seu esforço não apenas pela vantagem pecuniária que daí lhe provém, mas também porque vai adquirindo consciência do papel que desempenha como trabalhador que é e da responsabilidade que para ele decorre dessa sua posição na sociedade.[110]

E, no caso do Estado, ele tinha como objetivo e grande tarefa "a realização do socialismo", com a supressão das classes e, por conseguinte, do domínio de classe[111]. Sendo assim,

> o Estado socialista é expressão e organização política e uma associação de trabalhadores, e sua atividade constitui uma das formas, a principal e suprema, da cooperação de todos os indivíduos componentes da coletividade na realização do ideal socialista de aperfeiçoamento humano e da convivência harmônica dos homens.[112]

A revolução e a transformação socialista se desenvolveriam a partir "da integração do indivíduo numa nova ética, que faz do esforço físico e intelectual com que ele contribui para a realização das atividades necessárias e úteis à sociedade uma função natural e espontânea a que ninguém normalmente pensará ou almejará sequer se furtar"[113].

Não custa lembrar que Caio sempre apoiou a União Soviética, até seus últimos momentos de lucidez, mesmo quando o país seguia com um profundo processo de burocratização e falta de dinamismo econômico. Apesar de ter sido muito crítico à invasão da Tchecoslováquia pelas tropas do Pacto de Varsóvia em 1968 (Caio chegou a escrever um telegrama expressando sua "indignada repulsa" ao então embaixador

---

[109] Ibidem, p. 71. Nesta edição, p. 203.
[110] Ibidem, p. 139. Nesta edição, p. 248.
[111] Ibidem, p. 93. Nesta edição, p. 217.
[112] Ibidem, p. 107. Nesta edição, p. 226.
[113] Ibidem, p. 148-9. Nesta edição, p. 254-5.

soviético no Brasil, Sergei Mikhailov, denunciando o ocorrido como um "inominável procedimento" que representava uma "revoltante traição" aos "ideais" e aos "princípios socialistas", além de ser um "insulto" à memória de Marx, Engels e Lênin, "deixando perplexos todos [os] socialistas honestos frente [a um] gesto [de] tal natureza)[114], na época em que Leonid Brejnev já estava no poder, ele continuaria lendo sobre a "pátria do socialismo", interessando-se pelo que acontecia lá e dando seu suporte à URSS de maneira geral (o próprio Mikhailov, que se dizia um "atento leitor" de Caio, convidou-o a participar, em 1966, das comemorações de aniversário da Revolução de Outubro na embaixada de seu país e chegou a solicitar, em 1968, que este proferisse um conferência na mesma legação "sobre o tema que vossa senhoria considerar de interesse mútuo")[115]. Nem mesmo as reformas "libermanistas" e a aplicação do cálculo econômico na URSS e nas democracias populares (implementadas na década de 1960, com uma dinâmica que aproximava aquelas práticas de autogestão financeira e administrativa, com ênfase na rentabilidade das empresas, a tendências de caráter capitalista), tão criticadas por outros intelectuais marxistas da época, parecem ter influenciado ou afetado a opinião de Caio, que não incluiu comentários sobre aquelas medidas na edição de 1967 e não apontou possíveis problemas naquele sistema, que, para ele, pelo contrário, estava seguindo pelo rumo correto (Che Guevara, por exemplo, com opinião distinta, faria várias críticas àquele modelo)[116]. O historiador brasileiro, por sua vez, achava naquela época que já se vislumbravam na União Soviética "os primeiros

---

[114] Ver Luiz Bernardo Pericás, "Caio Prado Júnior: carta a correligionários do PCB (1932) e telegrama para a Embaixada da União Soviética (1968)", *Margem Esquerda*, São Paulo, Boitempo, n. 20, mar. 2013, p. 111-7.

[115] Ver convite enviado pela Embaixada da URSS (em nome de Sergei Mikhailov) a Caio Prado Júnior, 1966, Fundo Caio Prado Júnior, IEB/USP, CPJ-CP-EURSS001; e carta de Sergei Mikhailov a Caio Prado Júnior, Rio de Janeiro, 30 abr. 1968, Fundo Caio Prado Júnior, IEB/USP, CPJ-CP-MIK001.

[116] Ver Luiz Bernardo Pericás, *Che Guevara e o debate econômico em Cuba* (São Paulo, Boitempo, 2018); e Che Guevara, *Apuntes críticos a la economía política* (Havana, Ocean Sur, 2006).

sintomas da evolução para o comunismo e para o desaparecimento do Estado"[117]. Para ele,

> não se trata de abolir o Estado por uma ação predeterminada e decisiva. É no próprio desenvolvimento das instituições socialistas, e por força de sua natural e espontânea dinâmica, que será verificado o gradual e progressivo desaparecimento do aparelho estatal, que vai perdendo sua razão de ser[118]

e "é nessa marcha, a marcha para o comunismo, que se acha engajado o mundo socialista"[119]. Ou seja, o intelectual brasileiro, por sua vez, considerava que o país caminhava a passos rápidos para o comunismo...

O fato é que Caio Prado Júnior sempre esteve do lado da União Soviética, mesmo que em momentos aparentemente díspares de sua história. Elogiou o país durante o período stalinista e, depois, apoiou e exaltou os feitos políticos, econômicos e culturais após o XX Congresso do PCUS, no auge da desestalinização, em plena era Khruschov, quando o contexto era bastante diferente daquele descrito no livro anterior (em 1956, por exemplo, ele teria dito "que sem a ditadura de Stálin, o socialismo teria feito progressos mais rápidos")[120]. O mais importante para o autor de *Notas introdutórias à lógica dialética*, provavelmente, era a defesa do socialismo e de uma experiência histórica que se contrapunha ao capitalismo e ao imperialismo ocidental (em especial o norte-americano), independentemente de quem estivesse na direção do PCUS e da dinâmica política do período em que escrevia.

Em sua biblioteca particular, é possível encontrar pelo menos oitenta livros sobre a União Soviética (de autores diversos, como Nikolai

---

[117] Caio Prado Júnior, *O mundo do socialismo*, cit., p. 57. Nesta edição, p. 194.

[118] Ibidem, p. 168. Nesta edição, p. 267.

[119] Ibidem, p. 169. Nesta edição, p. 267. Caio elogiaria o XXII Congresso do PCUS, de outubro de 1961, e o novo programa do partido para o comunismo. Para mais informações sobre as discussões preparatórias, anteriores a este congresso, ver George Paloczi Horvath. *Kruschev: su camino hacia el poder* (Buenos Aires, Plaza & Janes, 1963), p. 225-31. E para uma discussão do próprio congresso e do novo programa do partido, ver Wolfgang Leonhard. *O futuro do comunismo soviético* (Rio de Janeiro, Nórdica, 1977), p. 78-98.

[120] Ver "Tópico do relatório n. 239, de 5 de abril de 1956, SOG, SS", Sops.

Bukhárin, Osório César, Claudio Edmundo, Lazar Kaganovich, Carlos Santos, Joseph Stálin, John R. Cotrim, Joseph. E. Davies, Isaac Deutscher, A. Ejov, I. A. Evenko, Jean Fonteyne, Rodolfo Ghioldi, G. Grinko, Nestor de Holanda, Alexei Kosiguin, V. I. Lênin, Emil Ludwig, Maurício de Medeiros, N. N. Mikhailov, Freitas Nobre, A. Pacherstnik, Émile Schreiber, K. Sevrikov, Aleksandr Ivanovich Sizonenko, Stanislas Stroumiline, Donald W. Treadgold, Leon Trótski, B. Vassiliev, I. Verjovtsev e George Vernadsky), assim como uma coleção de revistas e jornais de esquerda que ele assinava e lia ao longo dos anos. Já sobre a China ele tinha obras de Gregorio Bermann, Alain Bouc, Chi-ming Tung, Chou En-lai, Jurema Yari Finamour, T. J. Hughes, Liu Shao-Chi, Mao Tsé-tung, Colette Modiano, Alan Winnington e muitos textos oficiais editados pelo PCCh e pelo governo daquele país.

Por fim, vale indicar o lugar em que se encontram *URSS, um novo mundo* e *O mundo do socialismo* no quadro maior da obra caiopradiana. Esses, certamente, não são os livros mais importantes de sua produção. Apesar disso, ambos mostram um retrato (mesmo que parcial) da União Soviética em decênios bem distintos, apresentando as características do país em momentos diferentes de sua história.

Além disso, é interessante apontar para o fato de que dois passeios relativamente curtos no exterior se tornaram livros, algo incomum em sua bibliografia. Caio viajou para muitos locais ao longo da vida, mas isso não se refletiu em obras como as duas em questão. É verdade que uma viagem para a Polônia e a Tchecoslováquia em 1949, por exemplo, rendeu um artigo em duas partes publicado em 1950 pela revista *Fundamentos*[121]. Mas nem nesse caso a experiência se transformou em livro. Sem dúvida o historiador paulista dava importância a viagens – são conhecidos seus périplos pelo Brasil (inclusive em um fusca) para

---

[121] Caio Prado Júnior, "Através das democracias populares: Checoslováquia e Polônia", *Fundamentos*, n. 11, São Paulo, jan. 1950, p. 4-13 e "Através das democracias populares: Tchecoslováquia e Polônia", *Fundamentos*, n. 12, São Paulo, fev. 1950, p. 31-6.

conhecer de perto a realidade do país. Essa dinâmica deixou marcas em suas obras. Mas um "livro" baseado em viagens no estrangeiro não era algo comum. Ele esteve, desde a juventude até a década de 1970, em várias partes das Américas, do norte da África, do Oriente Médio, da Ásia e da Europa ocidental e oriental (assim como em várias regiões do próprio Brasil), deslocando-se em trens, ônibus, aviões e automóveis. Ele fazia anotações, escrevia cartas, dava palestras, fotografava todos os lugares por onde passava... Mas nem assim essas experiências específicas (como uma viagem que fez a Cuba) se transformaram em "livros", o que mostra a ênfase que ele quis dar à divulgação e ao apoio à União Soviética e a seu sistema político[122].

URSS, um novo mundo e *O mundo do socialismo* podem ser inseridos, também, no contexto das obras de viagem de latino-americanos e, especificamente, de brasileiros à União Soviética (e, no segundo caso, também à China), com todas as ressalvas feitas em relação às características "híbridas" e heterogêneas desses trabalhos. Ambos os volumes igualmente representam uma fotografia do próprio autor no início dos anos 1930 e começo da década de 1960. Afinal, neles é possível encontrar suas ideias e seus posicionamentos em relação a vários assuntos, como o comunismo, o fascismo, o Estado, a revolução, a liberdade, o partido, o trabalho e os muitos aspectos filosóficos, jurídicos, culturais, políticos

---

[122] Ver, por exemplo, carta de Caio Prado Júnior a Roberto Nioac Prado, Havana, 3 jan. 1962, Fundo Caio Prado Júnior, IEB/USP, CPJ-RNP138. No Brasil, Caio deu palestras e participou de eventos em solidariedade a Cuba. Em 26 de julho de 1962, proferiu a conferência "A revolução e a realidade de Cuba", na sede do Sindicato dos Metalúrgicos em São Paulo e, em 1º de setembro do mesmo ano, deu a palestra "Reforma agrária de Cuba e da América Latina". Já em 8 de março de 1963, Caio presidiu o ato público na sede do Sindicato dos Trabalhadores na Indústria de Construção Civil de São Paulo, preparatório para o Encontro Nacional e o Congresso Continental de Solidariedade a Cuba, que ocorreriam naquele mesmo mês. Cuba também seria mencionada em seus artigos e livros. Ver Caio Prado Júnior, "O estatuto do trabalhador rural", *Revista Brasiliense*, n. 47, maio-jun. 1963, e reproduzido em Caio Prado Júnior. *A questão agrária no Brasil* (São Paulo, Brasiliense, 1979), p. 153-4. Ver também idem, *A revolução brasileira* (São Paulo, Brasiliense, 2004), p. 20-1.

e econômicos do "mundo do socialismo" discutidos pelos setores progressistas de sua época.

Por tudo isso, a leitura desta edição dupla, composta de livros há muito fora de catálogo, ajuda a entender pontos menos conhecidos da vida e da obra de Caio Prado Júnior e é fundamental para ampliar e completar o quadro geral de seu ideário político e econômico, representando um material singular e muito interessante para todos aqueles que estudam seu pensamento.

URSS, UM NOVO MUNDO

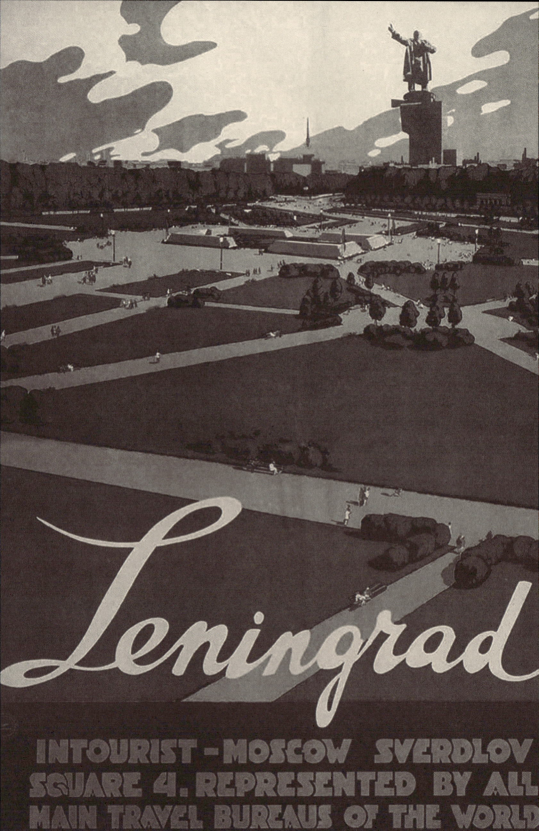

O que se tem escrito sobre a União Soviética é incalculável. Não há hoje assunto mais explorado. Mesmo a literatura brasileira, em regra tão pobre, já conta, entre originais e traduções, com um número bem apreciável de obras no gênero. No entanto, o interesse do público pelo assunto não decresce. Qualquer livro sobre a União Soviética ainda é avidamente procurado. E é natural que assim seja. O que hoje se passa na Rússia direta ou indiretamente toca todo mundo; e toca numa fibra bastante sensível...

Não julguei, contudo, a princípio, que isso fosse o suficiente para justificar a publicação das minhas impressões. Quando visitei a União Soviética, não me passava pela mente a ideia de aproveitar a viagem para escrever um livro. Fui àquele país apenas para observar pessoalmente o que já tanto estudara por depoimento de terceiros.

Mas, de volta da viagem, não pude escapar às solicitações para que expusesse minhas impressões numa conferência. Satisfiz esse pedido de inúmeras pessoas não em uma palestra realizada no Clube dos Artistas Modernos de São Paulo, mas em duas. Infelizmente, as instalações do clube eram pequenas e não comportaram o número de pessoas que me quiseram ouvir. Continuaram, por isso, a chover os pedidos para que repetisse a conferência. Senti que corria o risco de me transformar num relógio de repetição, o que não é nada agradável. Além disso, como numa simples palestra não se pode dizer grande coisa, fui obrigado, nas duas vezes em que falei, a esclarecer e desenvolver, depois de terminadas as palestras e a pedido dos ouvintes, inúmeros pontos que tinham despertado mais interesse. Era, então, um nunca acabar de perguntas e objeções. Nessas condições, para satisfazer o maior número possível de pessoas e facilitar a tarefa de todo mundo, dos outros e minha, resolvi escrever este livro. É esta sua única justificação.

Não esperem, os leitores, encontrar nele nada de novo. Não procurei originalidade – aliás, incabível no caso. Procurei apenas ser sincero. Este livro é um depoimento imparcial do que vi e observei em dois meses de permanência na União Soviética. Não lhe dei a forma de um livro de viagem unicamente porque quis escrever com mais método, o que, creio, contribuirá para a clareza da exposição. No mais, contudo, é um simples relato. Se por vezes me aventuro em considerações de ordem teórica, muitas vezes mesmo, confesso, é porque elas são indispensáveis num livro deste gênero. Reduzi-as, no entanto, ao mínimo.

Divido o livro em quatro partes. Na primeira, analiso a organização política da União Soviética; na segunda, sua organização econômica; na terceira, encaro alguns aspectos sociais do país; na última, exponho sumariamente as realizações do regime no terreno material e cultural.

São Paulo, janeiro de 1934
C. P. J.

ORGANIZAÇÃO POLÍTICA

A DITADURA DO PROLETARIADO

Para uma boa parte do público estrangeiro, o regime soviético ainda é aquele que a imprensa capitalista de todo o mundo não se cansa de apregoar: um regime brutal de opressão, em que cada indivíduo é mantido pelo Estado, com sua famosa polícia política, a OGPU, dentro de uma disciplina rígida que penetra os menores detalhes da vida particular de cada um, sem deixar alternativa que não a submissão cega ou o fuzilamento sumário.

No entanto, a verdade é muito diferente. Incontestavelmente o regime é severo. Qual revolução não foi? Não se deve perder de vista que o regime soviético é revolucionário e consiste, portanto, numa ofensiva aberta e declarada contra forças e interesses consolidados no passado e para os quais a luta é uma questão de vida ou morte. Nessa luta, o regime não pode, evidentemente, portar-se com menos energia que seus adversários. Doutro lado, processa-se na Rússia de hoje uma transformação radical que, por sua natureza, contraria tendências, concepções e sentimentos profundamente enraizados. Só é possível uma compreensão plena do regime e seus fins numa reduzida parte da população: o proletariado, que não sacrifica nada de visceralmente seu. Pelo contrário, o sucesso da revolução depende unicamente do livre curso que seja dado às suas tendências naturais. O mesmo não se dá com as demais classes. Já não falo das antigas classes dominantes – a burguesia e os grandes proprietários territoriais –, que estas já o regime destruiu. Dentro da própria massa trabalhadora, especialmente entre os camponeses, o regime ainda conta com adversários, se não declarados, pelo menos latentes e prontos a cada momento a desencadear uma ofensiva contrarrevolucionária. Um regime socialista não condiz, é evidente, com as tendências e os sentimentos de camponeses solidamente aferrados à propriedade privada, por menor que ela seja. E de camponeses se compõe ainda hoje a grande maioria da população soviética. E, se a revolução contou até hoje com o concurso destas camadas sociais, se não ativo, pelo menos benevolente – graças a isso ela se pode manter –, não foi sem o sacrifício daquela parte que relutava e contra a qual não havia outro processo a empregar senão a violência.

Mas ao lado dessas forças contrárias e que constituem o peso morto do regime, o ônus com que toda revolução precisa contar, está a sua parte ativa. E, encarado por esse lado, é incontestável que o regime soviético representa a mais perfeita comunhão de governados e governantes. Mais que isso: certamente não existe outra organização que realize melhor uma ativa participação da massa da população na direção política do país.

Não faltam ao observador atento os sintomas desse fato. Em nenhum outro lugar os negócios públicos ocupam na vida da população posição tão saliente. Basta, para nos certificarmos disso, constatar o interesse extraordinário e sem paralelo que existe neles na União Soviética. E isso não seria possível se governantes e governados se extremassem pela forma que alegam os críticos do regime.

Minha primeira impressão de viagem pôs-me esse fato diante dos olhos. Parecia até que as coisas tivessem sido adrede preparadas para dar ao viajante ávido de penetrar a vida do país um quadro característico do regime. Logo no trem que me levou da fronteira a Leningrado, primeiro trecho do território que percorri, tive ocasião de assistir a uma verdadeira assembleia política que se realizou no próprio vagão em que eu viajava. Entre passageiros, mulheres inclusive – este pormenor é interessante –, e empregados do trem, palavras sintomáticas – capitalismo, socialismo, soviete etc. – voltavam a cada momento, indicando claramente o conteúdo, mesmo ao desconhecedor da língua. Isso durou horas, e em nenhum momento a discussão deixou de ser intensa. Não se tratava certamente de uma conversa banal. O entusiasmo de todos, o calor com que apresentavam e debatiam suas ideias, mostrava não apenas o interesse com que intervinham na discussão, como, ainda, o arsenal de convicções solidamente implantadas e a consciência clara dos problemas debatidos que cada um trazia para ela.

Os assuntos de ordem política interessam assim vivamente, em qualquer outro país, apenas a uma reduzida parte da população. Nunca me foi dado em outros lugares assistir a fatos semelhantes ao relatado. Na União Soviética, pelo contrário, eles constituem espetáculo diário para o viajante que se dê ao trabalho de observar o que passa à sua volta. O caso que citei poderia representar uma simples coincidência. Não lhe dei mesmo, a princípio, maior importância. Mas sua repetição constante durante minha viagem me fez mudar de juízo. Os russos são naturalmente expansivos. Nunca estão reunidos, mesmo acidentalmente, num lugar público qualquer sem que logo resulte uma animada conversa. E aquelas que o acaso me fez presenciar giraram quase sem exceção em torno da política. Por meio do guia que sempre me acompanhou, obtinha por vezes a sua tradução e cheguei mesmo a participar de algumas. Pude, então, constatar que os problemas em jogo eram debatidos com um conhecimento de causa que em outros países seria notável até nos meios chamados cultos. Mesmo questões internacionais que só muito de longe poderiam afetar a União Soviética eram vivamente discutidas. Até o longínquo conflito no Chaco paraguaio serviu uma vez de tema para um círculo de rudes camponeses.

Nem podia ser de outra forma. A política é, na União Soviética, uma verdadeira obsessão. Os jornais analisam diariamente e com minúcias todos os problemas políticos do momento. Reproduzem com luxo de pormenores as discussões havidas em todos os principais órgãos políticos do país: do governo e do Partido Comunista. Acompanham com atenção os resultados práticos que vão sendo obtidos com a aplicação de uma medida qualquer. Os jornais murais das fábricas, as vitrines das casas comerciais, cartazes nas vias públicas enchem-se de gráficos e esquemas que mostram os progressos da coletivização na agricultura, da produção industrial; e, no terreno internacional, a curva da falta de trabalho em todos os países do mundo, o progresso dos armamentos, e assim por diante. Num ambiente desses, não é possível alguém manter-se à parte das questões políticas. Durante minha viagem, nunca ouvi esta frase tão banal em outros lugares: "Não me interesso por política".

É em função da política que se analisam quaisquer fatos, por menos que à primeira vista se relacionem com ela. Um aumento da área cultivada, por exemplo, não significa lá apenas um progresso econômico, mas também, e principalmente, um fato político: uma consolidação do regime, uma nova conquista do socialismo. Lembrei-me desse exemplo porque, durante minha estada na União Soviética, procedia-se à semeadura de primavera. Tratava-se de uma questão econômica, como seria o caso em outros países? Não. Estava em jogo um problema político. Essa campanha seria o índice da atitude dos camponeses diante de novas medidas tomadas pelo governo com relação a eles. Consolidariam a aliança do campo? Trariam maior apoio ao governo operário? Era essa a significação da campanha. E por isso todo mundo se interessou. Diante dos quadros afixados em toda parte e que assinalavam os resultados que iam sendo obtidos, aglomerava-se um público tão ansioso como aquele que entre nós espera os resultados de uma partida de futebol.

Essa reação característica da população soviética diante dos fatos políticos é ainda mais notável quando se trata de seu concurso ativo na solução dos problemas públicos. Tive ocasião de assistir ao lançamento de um empréstimo do Estado. O entusiasmo com que foi subscrito não tem paralelo. Sentia-se que o que estava em jogo não era apenas o cálculo mesquinho da eventualidade de um "bom negócio", como seria o caso noutros países. O maior estímulo não eram certamente os juros prometidos. A média de subscrição de cada um não ultrapassou em regra o salário de um mês. Os juros, portanto, seriam tão pequenos que não compensariam para ninguém o sacrifício de um mês de trabalho. Outra coisa vinha em primeiro lugar: o interesse público, o interesse da revolução. E por isso quem não subscrevesse alguma coisa era apontado com o dedo, tornava-se objeto do desprezo de ex-amigos e companheiros. Ninguém tinha o direito de se furtar ao dever de contribuir para as necessidades do regime. E os resultados aí estão: existem hoje, na União Soviética, mais de 60 milhões de portadores de títulos da dívida pública.

Durante um mês, assisti em todas as cidades por onde passava ao desenvolvimento da campanha. O que vi é indescritível. A emulação entre todo mundo para ver quem contribuía com mais alguns rublos não conhecia limites. Os operários de uma usina desafiavam os de outra, os reptos entre distritos, cidades, regiões, repúblicas se repetiam diariamente, e as vitórias eram festivamente comemoradas. E tudo isso acompanhado de manifestações populares que reuniam em praça pública dezenas de milhares de pessoas. Assisti a essas manifestações em Leningrado, em Moscou, em toda parte. Em Leningrado, a praça do Palácio de Inverno, uma esplanada imensa, ficou atopetada de gente. Em Moscou, o povo desfilou horas pelas ruas da cidade em direção ao ponto de concentração no parque Górki.

Mas há um sintoma dessa ativa participação de cada cidadão soviético na vida pública do país que vale por todos os demais. Em nenhum outro lugar se organizou, jamais, nas proporções em que isso se dá na União Soviética, um voluntariado tão extenso para os serviços de interesse coletivo. Com o chamado "trabalho social", conseguiu-se mobilizar uma grande parte da população, que, além do trabalho normal e remunerado, realiza um trabalho extraordinário e gratuito de utilidade social. É essa uma obrigação moral imposta a todo indivíduo, e raros são aqueles – refiro-me naturalmente à parte consciente da população – que a ela se furtam. Não se trata de atos isolados e esporádicos, de abnegações individuais e particulares que às vezes encontramos noutros lugares. É um movimento coletivo que vai às raízes da sociedade e engloba toda uma população num esforço comum e gigantesco para solucionar os problemas de interesse geral. Inúmeras vezes pude observar o modo pelo qual os cidadãos soviéticos desempenham essa sua missão. Descendo o Volga, o barco em que viajava foi um dia invadido por um grupo de operários, rapazes e moças que, aproveitando uma folga, vieram a representar para os passageiros, num palco improvisado, pequenos números destinados à propaganda do segundo plano quinquenal, então em início. Outras vezes tratou-se de propaganda antialcoólica, e assim por diante. Naturalmente, dadas as condições em que eu me encontrava, era esse praticamente o único tipo de trabalho social que me era dado observar. Mas em todos os terrenos ele se manifesta. Cada um contribui com aquilo de que é capaz, e por isso tudo nele se inclui. Não foi de outra forma que se resolveu o problema do analfabetismo. Sabe-se o que era a Rússia tsarista no terreno da educação popular. Ao lado de uma elite brilhante, que contava com nomes ilustres em todos os ramos do conhecimento humano, vivia a massa da população imersa na mais profunda ignorância. O analfabetismo atingia proporções que equiparavam o império aos países mais atrasados do universo. Tal foi a herança deixada pelo tsarismo. No entanto, em pouco mais de dez anos, a União Soviética se colocava nesse terreno em posição brilhante, com uma porcentagem de analfabetos inferior a 10%. E quase tudo isso à custa do "trabalho social". Todo aquele que soubesse ler e escrever foi posto na obrigação de procurar alguns alunos. Só uma sociedade, "Abaixo o Analfabetismo", chegou a contar nada menos de 6 milhões de membros-professores – escusado dizer, todos voluntários – e dispunha de 60 mil células de ensino espalhadas pelo país. São esses os resultados a que conduz na União Soviética o esforço coletivo representado pelo "trabalho social".

Pode-se querer prova mais convincente da ligação íntima que existe na União Soviética entre a massa da população e a vida pública do país? Onde se veem tais exemplos de unidade de vistas entre os poderes públicos e a população, pode-se falar numa "tirania", numa "opressão feroz"?

O que impressiona os que não penetram a fundo na questão é o caráter ditatorial do regime soviético. Mas não existe nada de comum entre a ditadura soviética e essas outras ditaduras, como o fascismo, que, essas sim, representam a opressão violenta de uma minoria sobre uma maioria. A ditadura na União Soviética não quer dizer o oposto de democracia. Ela significa simplesmente "um poder que não é limitado por nenhuma lei, que não é embaraçado por nenhuma regra e que se apoia diretamente na violência" (Lênin). Mas isso não exclui a democracia; pelo contrário, pressupõe-na, porque essa violência e essa força estão nas mãos das classes mais democráticas, a começar pelo proletariado, que delas precisa para destruir uma sociedade, a sociedade burguesa, e construir outra, a sociedade socialista. Uma transformação dessa ordem, que vai aos fundamentos da vida coletiva, não seria realizável se encontrasse pela frente, barrando-lhe o caminho, direitos e privilégios individuais. Estes precisam ceder diante dos interesses superiores da revolução.

Quanto à violência, ela é a lei das transformações sociais; nenhuma se operou sem o seu concurso. Uma sociedade de classes, fundada em conflitos permanentes, só pelo aguçamento desses conflitos, levados aos extremos da violência, é capaz de se transformar, de evoluir. Mas essa violência é usada no regime soviético pela maioria contra a minoria e a ordem econômica e social que esta representa. É, portanto, a democracia por excelência das massas, não da minoria. E é o que veremos melhor no próximo capítulo.

ESTRUTURA POLÍTICA DA URSS

Na base da organização política da URSS estão os sovietes (conselhos de deputados operários e camponeses). Para se compreenderem o papel e a significação desses sovietes, é preciso recordar um pouco a história da revolução.

Como se sabe, o atual regime soviético resultou de duas insurreições (fevereiro e outubro de 1917), ambas vitoriosas e que levaram ao poder o proletariado russo. A primeira delas deitou por terra o governo tsarista e instituiu em seu lugar um governo provisório, ao qual incumbiria convocar a Assembleia Constituinte. Mas, simultaneamente, com a constituição desse governo, começaram a surgir os conselhos operários. Compunham-se esses conselhos (em russo, *sov'et*) de delegações operárias, cujas funções não eram bem determinadas, mas que, defendendo os interesses dos trabalhadores que representavam, faziam sobre o governo provisório uma pressão considerável.

Esses conselhos não são um fenômeno exclusivo ao movimento de 1917. Já tinham aparecido por ocasião da insurreição de 1905. Tampouco são especificamente russos, como querem alguns historiadores. Depois da Primeira Guerra Mundial e do colapso dos impérios centrais, eles surgiram em vários países beligerantes. Podemos ir mais longe, e vamos encontrar o primeiro fato dessa ordem na Comuna de Paris, de 1871. Todas as insurreições proletárias da história que passaram além dos primeiros choques armados resultaram sempre na constituição de órgãos mais ou menos semelhantes aos sovietes russos.

Durante oito meses, isto é, durante todo o período que transcorre do levante de fevereiro ao de outubro, os sovietes funcionaram no antigo império tsarista, partilhando o poder com o governo provisório. Dominados pelos menchevistas e os socialistas revolucionários até fins de agosto e princípios de setembro, seu papel limitou-se a embaraçar a ação desse governo. Não tomaram, contudo, nenhuma posição definida. Foi sob a pressão dos bolchevistas, ainda em minoria, que a palavra de ordem de Lênin "todo o poder aos sovietes" começou a ganhar vulto.

A bolchevização dos sovietes foi rápida. Em setembro, os sovietes de Moscou e Petrogrado elegem para sua presidência dois chefes bolchevistas, respectivamente Noguin e Trótski. Em Tachkend e Reval, os sovietes seguem a palavra de ordem dos bolchevistas e assumem todo o poder. O governo provisório de Kerenski perdia terreno.

Diante dessa onda que se avolumava, os bolchevistas desencadearam a insurreição (25 de outubro). O governo provisório foi dissolvido e ficaram de pé unicamente os sovietes. E, desde então, eles se perpetuaram no poder.

Como se vê, os sovietes são órgãos que emanam diretamente das classes trabalhadoras. Eles não se constituíram por uma imposição constitucional; não se organizaram depois de vitoriosa a insurreição, em virtude da organização política dada ao país. Pelo contrário, a organização constitucional da União Soviética não fez mais que consagrar um fato que já se tornara realidade: o controle do poder pelos conselhos operários e camponeses.

E essa origem visceralmente democrática dos sovietes se manteve. Os conselhos não reúnem simplesmente representantes populares, como fazem os parlamentos burgueses. Eles mobilizam a massa trabalhadora para o exercício efetivo do poder político. A democracia soviética não se resume no direito popular de escolher periodicamente representantes que, uma vez no Parlamento, se destacam por completo de seus eleitores e só se lembram deles diante da eventualidade de novas eleições. A democracia soviética realiza uma participação efetiva do proletariado e dos demais trabalhadores na direção política do país.

Duas circunstâncias dão aos sovietes esse caráter de organização política efetiva dos cidadãos soviéticos. Em primeiro lugar, sua base eleitoral, assente em circunscrições de produção e não territoriais; isto é, o eleitor vota na União Soviética não como habitante de um lugar, mas como participante de uma unidade produtiva qualquer: fábrica, fazenda etc. Em segundo lugar, a unificação que os sovietes realizam dos poderes Legislativo e Executivo.

A primeira circunstância faz a massa trabalhadora soviética participar da atividade política não como soma de indivíduos, unidades autônomas e abstraídas de seus caracteres sociais, mas como partes integrantes que são de um todo social: a massa trabalhadora. O Estado soviético não assenta numa ficção jurídica abstrata: indivíduos autônomos e iguais, ligados por um pseudocontrato tácito, que seria a base da sociedade (é essa, em essência, a teoria do Estado democrático burguês). Ele repousa na estrutura real da sociedade que nos é dada pelas relações de produção. O direito burguês poderá considerar à vontade que um homem é igual a outro homem e que as relações materiais de produção nada têm a ver com a estrutura jurídica da sociedade. Nem por isso um operário será o mesmo que um capitalista ou pequeno-burguês e nem por isso a razão da diferença deixará de residir na posição respectiva que cada um ocupa no conjunto das relações de produção. Os caracteres do operário derivarão da sua qualidade de trabalhador assalariado; os do capitalista, da de proprietário dos meios de produção, e assim por diante.

Os efeitos práticos desse caráter distintivo do Estado soviético são consideráveis. Ele faz com que o cidadão soviético participe da atividade política não como simples indivíduo – que, como tal, não tem significação social alguma –, mas como membro de uma classe. Ele imprime, por isso, à sua atividade um caráter substancialmente classista, e esta é a finalidade do Estado soviético: realizar as aspirações de classe do proletariado, o socialismo.

Os fatos confirmam de modo cabal essas considerações. Enquanto a política soviética está inteiramente impregnada de uma orientação proletária, os partidos operários dos países burgueses (operários no sentido de se apoiarem num eleitorado proletário), na medida em que se adaptam à engrenagem parlamentar, isto é, enquanto figuram nos parlamentos não como corpos estranhos e deslocados, mas como forças que efetivamente intervêm no funcionamento das câmaras e não como embaraço dele, esses partidos são incapazes de uma orientação verdadeiramente operária. Enquanto parlamentares, os partidos operários são operários apenas no nome. Isso se torna flagrante quando eles conseguem formar ministérios saídos do seu seio e tomam a seu cargo a direção política do país. Basta lembrar o que foi, nessas circunstâncias, a atitude da social-democracia alemã e dos trabalhistas ingleses. Pelo modo com que são constituídos, os parlamentos são incapazes de refletir uma política verdadeiramente classista e proletária.

A outra característica dos sovietes que assinalei, isto é, a fusão dos poderes Legislativo e Executivo, completa a sua feição democrática por excelência. Isso parece à primeira vista paradoxal, porque a divisão dos poderes é justamente apresentada como a mais elevada das conquistas democráticas. Mas, como conquista democrática, a divisão dos poderes já teve a sua hora, quando diante do absolutismo monárquico ela levantou a barreira de parlamentos emanados do povo. Constituiu, então, o contrapeso ao poder absoluto dos soberanos e fez penetrar na política e na administração do país a influência da representação popular. No entanto, essa sua função já passou para o domínio da história. O que hoje observamos é justamente o contrário: uma anulação progressiva dos parlamentos e uma concentração de poderes, cada vez maior, nas mãos do Executivo. Os parlamentos já perderam a sua função de contrapeso ao poder dos soberanos, que já não existe. Eles passaram a simples apêndices da administração, e seu papel se limita, quando muito, a embaraçar, de vez em vez, o funcionamento dela. Mas, mesmo nesses casos, a dissolução ou outras medidas menos aparentes se incumbem de reconduzi-los à sua verdadeira função de espectadores passivos e retóricos dos manejos oficiais. Abstraindo das teorias e das ficções jurídicas em que se funda o direito constitucional das democracias burguesas, outra coisa não descobrimos no funcionamento desses regimes. Nunca vemos os parlamentos imprimirem à política e à administração, por imposição e iniciativa próprias, uma orientação qualquer. Isso cabe sempre ao poder Executivo. Não é sem fundamento que a denominação "governo" passou na terminologia corrente a se aplicar unicamente a esse poder. É ele o verdadeiro e único governo.

Nas condições atuais e dentro das funções extraordinariamente desenvolvidas do Estado moderno, o papel de legislar, isto é, de editar normais gerais e abstratas, torna-se função exclusiva da sua aplicação. É essa aplicação, isto é, a forma pela qual ela se faz, que vai dar às leis, depois de promulgadas, o seu verdadeiro conteúdo, a sua significação concreta e real. Daí o papel predominante que nos regimes burgueses cabe ao aparelhamento administrativo, essa imensa máquina burocrática que praticamente por si só resume todo o Estado moderno. Concentrando em suas mãos todo o funcionamento do Estado e se constituindo, como é, em organismo completamente independente do parlamento, nele se perde toda influência que a representação popular pudesse por acaso ter na direção efetiva do Estado. E, se considerarmos que na própria feitura das leis que deveriam em teoria traçar a ação ao Executivo, impondo-lhe esta ou aquela orientação, é ainda esse poder Executivo que, pela iniciativa, que em regra lhe pertence, pela intervenção parlamentar direta ou indireta, aberta ou velada, e pela sanção, é ainda esse poder que decisivamente intervém, teremos um quadro completo do papel praticamente nulo dos parlamentos modernos na efetiva direção política e administrativa. E quanto ao argumento de que esse Executivo não é, no fim das contas, senão uma emanação popular e, portanto, um poder democrático, a observação dos fatos – não a consideração de teorias – nos mostra quanto há de falso nessa ficção constitucional. Se aos parlamentos ainda podemos atribuir, embora longinquamente e com grande dose de boa vontade, este caráter de emanação popular[1], só a mais obstinada

---

[1] Os modernos constitucionalistas burgueses, constrangidos pela evidência dos fatos, já reconhecem isso, embora a contragosto. E toda essa nova técnica constitucional, que recebeu o pitoresco nome de "racionalização do poder" (racionalização por quê?), não tem, pelo menos confessadamente, outro intuito senão o de restituir à representação popular um caráter democrático que as condições políticas atuais praticamente anularam.

incompreensão do que seja a verdadeira política moderna poderia atribuir a mesma coisa ao Executivo. Mesmo nos regimes parlamentares, onde os governos saem diretamente das câmaras, não são estas, e muito menos o povo, quem detrás da cortina puxa os cordéis...

Como se vê, a divisão dos poderes, longe de traduzir, nas condições políticas atuais, um princípio de organização democrática, representa, pelo contrário, a sua mais completa negação. Entre as massas populares e a direção efetiva do poder, ela ergue a barreira intransponível do complicado aparelhamento burocrático do Estado moderno.

Na União Soviética, os órgãos populares, os sovietes, concentram todos os poderes, Executivo e Legislativo. É a eles que compete não só a feitura das leis e demais atos públicos (inclusive a sua iniciativa), mas ainda – e é isto o importante – a sua aplicação. Formam, assim, órgãos políticos e administrativos supremos e únicos dentro dos limites da sua jurisdição territorial. Desse modo, as massas populares não estão separadas da direção efetiva do poder pelo compartimento estanque de órgãos que dela não emanam – especialmente a burocracia –, mas realizam elas mesmas essa direção.

É certo que os sovietes ainda não conseguiram assumir a plenitude de suas funções, e não se poderia dizer que, por enquanto, essa ativa participação popular se realize de forma cabal. A burocracia[2] ainda se mantém na União Soviética e continua fazendo grande parte do trabalho administrativo do país. A sua supressão completa depende naturalmente de uma educação política e administrativa da massa trabalhadora que não poderia ser atingida no período relativamente curto da revolução. E isso é tanto mais difícil que, pela natureza do regime, o Estado teve seu raio de ação muitíssimo desenvolvido. Para fazer face a essas múltiplas funções, não se podia contar apenas com a colaboração de uma massa sem o preparo e a experiência necessários.

Mesmo assim, contudo, o sistema antiburocrático da administração soviética permanece em essência. Em primeiro lugar, porque o

---

[2] A burocracia deve ser entendida como um organismo hierarquizado, formando um corpo mais ou menos autônomo do controle popular e que emana diretamente do poder público, subordinando-se de todo a ele.

aparelhamento burocrático existente é, por natureza, precário. Ele não assenta, como se dá nos países de organização burguesa, nas necessidades de um regime que não pode contar com a colaboração efetiva e favorável da maioria da população. Funda-se, pelo contrário, em contingências passageiras, em circunstâncias que tendem a desaparecer com o desenvolvimento gradual da educação popular. Segundo, essa mesma educação encontra nos sovietes o mais eficiente impulso. Os sovietes constituem a melhor escola de administração pública. Por eles, os trabalhadores soviéticos estão em contato permanente com a administração do país e vão assim, pela prática de todos os dias, adquirindo a experiência e o preparo que lhes faltam. As palavras de Lênin, "é preciso que cada cozinheira aprenda a dirigir o Estado", encontram nos sovietes a máxima possibilidade de realização. É no contato diário com os negócios públicos que os trabalhadores soviéticos aprenderão a lidar com eles.

Existe, portanto, uma tendência natural do regime de substituir as formas burocráticas da administração pela livre e espontânea iniciativa popular. E essa tendência é reforçada pela propaganda intensa que se faz na União Soviética contra tudo o que se aproxima dessas formas. A imprensa e os demais órgãos de publicidade não se cansam de apontar os males que ocasionam, e poucas são as dificuldades do regime que, direta ou indiretamente, não lhes sejam atribuídas. Ora, esse reconhecimento franco do mal e a luta aberta e tenaz que contra ele se trava não poderão deixar de produzir os seus efeitos.

Trata-se apenas de uma questão de tempo. E, em grande parte, essa obra já está realizada. Os sovietes são os organismos fundamentais da vida política e administrativa do país. Deles emana toda essa vida, e o aparelhamento burocrático existente não representa senão um organismo de funções puramente supletivas.

Essa descrição sumária dos sovietes e suas funções mostra o conteúdo visceralmente democrático do regime soviético. Ao contrário do regime burguês, que por cima das classes trabalhadoras – e, portanto, das verdadeiras classes democráticas, da maioria – lhes imprime rumos ditados por interesses estranhos, o Estado soviético realiza integralmente o princípio que em tese é o das democracias burguesas: governo do povo, pelo povo e para o povo. Não será o povo tomado em conjunto, as classes em geral. Isso, dentro dos interesses contraditórios das classes, não é possível. Mas é a sua grande maioria. O trabalhador soviético não é o cidadão das democracias burguesas, que sente sobre si o peso de um poder estranho e adverso. É um participante ativo desse poder. Suas funções políticas não se limitam ao direito de eleger representantes que, agindo em seu nome, agem na realidade como bem entendem. Os sovietes não são parlamentos; são delegações dos trabalhadores que funcionam sob as vistas e debaixo do imediato controle deles. Um mandatário soviético pode ser a qualquer momento destituído pelos seus mandantes. O Estado soviético não é, assim, uma coisa estranha e superior à grande maioria da população; é a organização política dela para o exercício efetivo do poder. [Na União Soviética,] os sovietes surgiram em 1917, sob o domínio de um governo burguês, para defender, como delegações dos operários e camponeses russos, os interesses dos trabalhadores. Concentrando em suas mãos todo o poder, depois de destruído aquele governo, eles continuaram sendo a mesma coisa. Não será isso a verdadeira democracia?

O PARTIDO COMUNISTA DA URSS

É comum, na apreciação do regime soviético, a confusão entre ditadura do proletariado e ditadura do partido comunista, isto é, de um grupo de indivíduos que, tendo galgado o poder, impõe ao resto da população, pela força, a sua vontade soberana. É essa a concepção que, do papel do partido comunista no regime soviético, faz a generalidade dos autores burgueses que tratam do assunto. No capítulo anterior, fiz uma descrição sumária da organização política da URSS e creio que isso tenha sido suficiente para mostrar que o partido comunista absolutamente não ocupa nela essa posição que lhe é atribuída. O regime soviético é a organização do proletariado em classe dominante; não é, portanto, a ditadura de um partido. Mas, então, o que significa esse partido que domina incontrastavelmente na URSS, com exclusão de todos os demais, e que é o supremo e único responsável pela direção política do país? Essa circunstância, que incontestavelmente é real, torna-se incompreensível se confundimos o partido comunista, em sua organização e seus fins, com os demais partidos com que estamos acostumados a lidar em outros países. O partido comunista se distingue radicalmente desses outros partidos. De comum só tem o nome de partido político. No mais, é uma organização completamente distinta.

Em primeiro lugar, seus membros não são simplesmente contribuintes ou eleitores, ficando as funções propriamente políticas nas mãos dos dirigentes, líderes ou chefes. Os membros do partido comunista são todos, sem exceção, militantes ativos que consagram grande parte de sua vida à atividade política. São indivíduos que de corpo e alma se entregaram ao partido a que pertencem. Um chefe comunista tinha por hábito fazer, a todos os candidatos do partido que se apresentavam, a seguinte pergunta, que define muito bem a posição de um comunista militante: "Estás preparado para pôr a coleira da disciplina bolchevista? Se não, é melhor esperar, pois, entrando para o partido, subordinas tua vontade e tua vida pessoal à vontade e à sorte de todo o partido". Eis aí o que esperar de um membro do partido comunista.

Quanto ao recrutamento, ele não é menos severo. O candidato deve ser apresentado por três membros efetivos, alistados há mais de três anos – quando o candidato é operário ou camponês. Nos demais casos, são exigidos cinco membros antigos de cinco anos pelo menos. Apresentado o candidato, seu nome é afixado no lugar onde trabalha, e são seus companheiros de trabalho, aqueles, portanto, que melhor o conhecem, membros ou não do partido, que vão dizer se ele é digno de ser aceito. Vem depois o estágio – operários, seis meses; camponeses, um ano; outras categorias, dois anos. Durante esse estágio, o candidato é submetido a uma prova severa e deve demonstrar cabalmente suas qualidades e capacidades. Essa prova é particularmente rigorosa e exige força de vontade e energia incomuns. Durante minha viagem, nunca deixei de indagar de todos os sem partido com que tive ocasião de conversar por que não ingressavam nele. A resposta mais comum era sempre o receio que inspirava o famoso estágio. Poucos se sentiam com forças de suportar até o fim suas dificuldades.

A par disso, a vida e a atividade dos membros do partido são continuamente submetidas a um rigoroso controle, de forma que dificilmente se mantém nele, por muito tempo, alguém que escape da disciplina e demais exigências partidárias. Periodicamente, procede-se a uma depuração geral. A situação de todos os membros, sem exceção, é submetida a um exame rigoroso, e o partido passa por uma limpeza em regra. Tive ocasião de assistir a uma dessas depurações periódicas, realizada justamente durante minha permanência na União Soviética. Houve lugares em que a exclusão ultrapassou 50% dos membros. No sovcoz Verblud, por exemplo, onde estive em contato com a comissão depuradora, essa proporção chegou mesmo a 80%. Por aí se verifica o rigor que existe na seleção dos membros do partido.

Além disso, os comunistas são rigorosamente preparados para exercer com eficiência suas funções políticas. A instrução política não é deixada na União Soviética ao acaso da intuição ou da experiência pessoal de cada um. Ela é matéria de estudos profundos e sistemáticos para todos os que queiram se dedicar à vida pública. Por toda parte – clubes, sindicatos etc. – existem cursos frequentados por todos os membros do partido. Em grau superior e mais especializado, funcionam as universidades comunistas, espalhadas pelas cidades mais importantes do país e destinadas a formar os quadros técnicos do partido.

Nessas condições, vê-se que o partido comunista é alguma coisa de muito diferente de um simples grupo que disputa o poder e os cargos públicos. Selecionados pela forma que vimos e completamente integrados na atividade política, os membros do partido comunista não são apenas eleitores e contribuintes nem meros endossantes de programas políticos: foram antes de tudo a vanguarda da revolução, os seus orientadores. Conscientes dos fins da revolução, com ânimo firme para realizá-los e capacitados para isso, eles são os condutores da massa trabalhadora soviética no caminho da edificação de uma nova sociedade. E aí reside o motivo do que à primeira vista parece incompreensível a muita gente: a existência de um só partido. Dentro das finalidades do regime, não há de fato lugar para outro partido que não seja um motor ativo da revolução, que não represente legitimamente a classe revolucionária que exerce o poder. E isso o partido comunista realiza na íntegra: pela sua composição e pela sua estrutura. Vimos como ele forma um verdadeiro crivo no qual se faz a seleção do que o proletariado da União Soviética possui de mais digno e capaz de ocupar a direção do país. Um comunista é sempre um modelo. Pode-se ter certeza de que a fração comunista de uma fábrica ou de outra empresa qualquer é sempre composta de seus melhores elementos, reconhecidos por todos como tal. O partido forma, por isso, a vanguarda da classe, a sua parte mais consciente e capaz.

Essa feição classista do partido é completada pela sua estrutura. A organização básica em que assenta é a *célula*. Em toda unidade econômica (usina, fazenda etc.) onde há três ou mais membros do partido, eles se reúnem numa *célula*. Assim constituídas, as células do partido funcionam dentro das unidades econômicas respectivas, e seus componentes não só são trabalhadores, mas ainda participam integralmente da mesma vida de seus companheiros de trabalho sem partido. O contato entre eles e a classe a que pertencem é, portanto, completo. E sobre essa base, das células, visceralmente proletária por natureza, ergue-se toda a estrutura do partido. Este mergulha, pois, a fundo suas raízes no seio do proletariado; liga-se no íntimo a ele; e pode-se dizer que forma com ele um mesmo corpo apenas diferenciado. Não se pode querer tipo de organização que realize melhor a representação de uma classe. O partido comunista da União Soviética é incontestavelmente um legítimo representante do proletariado.

Que significaria, portanto, outro partido funcionando a seu lado e fazendo-lhe concorrência? Uma força oposta ao proletariado ou, o que vem a dar no mesmo, um obstáculo à realização das finalidades revolucionárias. E isso naturalmente, dentro do caráter do regime, seria inadmissível.

É certo que, de acordo com o critério liberal, essa consideração seria destituída de fundamento. Não sendo os interesses proletários os únicos existentes – ainda permanecem na União Soviética interesses não proletários –, ela não é suficiente para justificar a exclusão desses outros interesses da atividade política do país. Deveria caber-lhes, da mesma forma que ao proletariado, o direito de se fazerem representar por partidos próprios. À unidade do partido comunista se substituiria, assim, a multiplicidade que observamos noutros países. Mas o regime soviético não é liberal: é uma ditadura de classe; é o domínio incontrastável e incontrastado de uma classe que não aceita e não pode aceitar, dentro da lógica de seus princípios, qualquer outra influência política que não seja a sua própria; ou, o que é o mesmo, qualquer atividade que não reflita a sua orientação de classe revolucionária. E um outro partido, seja qual for, não representaria outra coisa que a intervenção de uma influência e de uma atividade não proletária e, por conseguinte, contrarrevolucionária.

E aí está por que na União Soviética só existe um partido. Não se trata da imposição de um grupo que quer usufruir sozinho as vantagens do poder, mas resulta da essência do regime: a ditadura de uma classe revolucionária, o proletariado. Dessa classe o partido não é senão a vanguarda mais consciente e mais capaz.

Não falei ainda das relações que existem entre esse partido e o governo, isto é, o poder público. Este é outro ponto em que reina confusão. Preocupados em caracterizar o regime soviético como ditadura de um partido, os críticos burgueses atribuem em regra ao partido comunista uma posição superior, que paira acima de todos os órgãos governamentais e lhes imprime, por ordens vindas de cima para baixo, as diretrizes que entende. Costuma-se mesmo comparar o sistema político da URSS com o da Itália fascista, onde os órgãos do partido dominante são ao mesmo tempo órgãos de governo. Mas nada disso se verifica na União Soviética. Não existe ligação oficial alguma entre o partido comunista e o governo soviético. Nem a direção do partido se realiza por cima, submetendo por qualquer forma os dirigentes soviéticos à sua orientação política e administrativa. O partido age por suas *frações,* isto é, os seus representantes nos vários órgãos políticos do país.

Formando como forma a vanguarda política do proletariado, reunindo como reúne em seu seio os melhores elementos, a elite dessa classe – e também da massa trabalhadora em geral –, é natural que esteja representado em todos os órgãos políticos, administrativos, econômicos e culturais do país: sovietes, sindicatos, cooperativas etc. É por esses representantes, que formam as suas frações, que o partido faz penetrar sua influência nas várias esferas da vida soviética e consegue impor-lhes a sua orientação. Dado o incontestável prestígio do partido perante as massas trabalhadoras – ninguém ignora como e por quem é constituído –, não é de estranhar que essas diretivas sejam as preferidas. E é por isso que se nota na orientação política e administrativa da União Soviética essa uniformidade que faz os observadores superficiais, que veem as coisas somente do lado de fora, falarem em ditadura de um partido. Poderia haver essa ditadura se o partido comunista ocupasse, na direção do país, uma posição hierarquicamente superior aos vários órgãos governamentais da União Soviética. Mas não é isso, como vimos, o que se dá. Estamos, portanto, muito longe de uma ditadura de partido.

ORGANIZAÇÃO ECONÔMICA

CARACTERES GERAIS DA ECONOMIA SOVIÉTICA

As mais fantasiosas lendas ainda correm o mundo a respeito da economia soviética. Desde uma reversão pura e simples ao capitalismo até as mais imaginárias organizações igualitárias, tudo isso e mais alguma coisa continuam dominando no estrangeiro as concepções correntes sobre a União Soviética. Ouve-se às vezes falar numa volta ao capitalismo, que se manifesta sob a forma do restabelecimento do direito de propriedade. Mas, pouco depois, fala-se novamente nessa máquina compressora que é o regime soviético e que, pela violência e pela aplicação brutal e arbitrária de princípios abstratos, pretende nivelar os homens, reduzindo-os a repetições mecânicas uns dos outros.

Ora, tudo isso pode convir muito bem para tema de controvérsias políticas, para essas campanhas antissoviéticas ininterruptas que desde o advento da revolução enchem a imprensa capitalista de todo o mundo. Mas não serve evidentemente como ponto de partida de uma análise objetiva da organização econômica da União Soviética. Se não fosse a preocupação de atacar a todo o transe, seria de admirar que essas invectivas "sentimentais" figurassem ainda em obras que se presumem sérias. Certa ou errada (não sei o que se pode entender por uma economia "certa" ou "errada"), o fato é que a economia soviética tem persistido, é uma realidade que já conta atrás de si com uma história de mais de dezesseis anos. E, nesses dezesseis anos, não só se manteve, apesar da pressão que de todos os lados e sob todas as formas sofreu, mas ainda conseguiu realizar coisas que por mais céticos que sejamos temos de reconhecer. Nessas condições, é uma exigência do mais rudimentar bom senso admitir que, pelo menos, essa economia possui alguma coisa de organizado, não é apenas a encarnação da desordem e da anarquia. Para isso não é preciso ser comunista, não é preciso renegar o capitalismo, mas tão somente conceder um pequeno lugar, por menor que seja, à razão e à inteligência.

Não existe, na União Soviética, ao contrário do que muita gente imagina, a preocupação em aplicar meia dúzia de princípios utópicos. Pensa-se em geral que os bolchevistas tomaram como modelo uma sociedade futura, construída com todas as peças em sua imaginação, e que a política soviética tem por fim enquadrar a humanidade atual, pela força e pela violência, dentro desse esquema. Nessa ordem de ideias, julga-se por exemplo que, sendo essa sociedade futura igualitária, isto é, onde tenham desaparecido entre os homens quaisquer diferenças materiais, a política dos sovietes consiste em ir desde já nivelando os indivíduos por um padrão mais ou menos arbitrariamente fixado. A verdade é muito diferente. Essa sociedade futura está, é certo, dentro das previsões dos bolchevistas, que, como marxistas que são, admitem para os tempos vindouros uma organização igualitária, comunista. Mas daí a usar essa organização como modelo e procurar copiá-la como faria um pintor que reproduz na tela o modelo que tem sob as vistas vai uma distância enorme. Essa ideia absolutamente falsa da política soviética é fruto de um marxismo muito mal digerido. E, se ela fosse a dos bolchevistas, cabia-lhes com toda razão a pecha de utopistas com que tantas vezes já foram gratificados. A sociedade humana não é um conjunto de tintas que um pintor combina à vontade. É um organismo vivo, que evolui de acordo com leis que podem ser cientificamente determinadas e que não estão sujeitas ao arbítrio de doutrinadores, por mais bem-intencionados que sejam. E ninguém sabe disso melhor que os bolchevistas, cujo senso prático, assente numa concepção rigorosamente objetiva e científica dos fatos sociais e apurado por uma longa luta revolucionária que sempre os colocou no fogo dos mais vivos e intensos embates humanos, não os deixaria serem levados pelas miragens de uma utopia, por mais generosa que fosse.

O comunismo, tal como, dentro dos limitados recursos de nossos conhecimentos, o podemos prever, depende de condições de que a humanidade atual ainda está longe. Em primeiro lugar, de uma técnica muito superior à que possuímos, porque, para haver igualdade material entre os homens, é preciso uma capacidade produtiva que dê para satisfazer todas as necessidades de todos os homens com a mesma abundância com que o ar atmosférico satisfaz à respiração de todo mundo. Enquanto houver limitação de riquezas, haverá luta em torno delas, e naturalmente uns, os mais bem aquinhoados pela natureza, receberão mais. Poderá, quando muito, haver a intervenção de uma força superior – o Estado ou outra organização semelhante – para compensar o mais possível pela sua ação essa desigualdade natural; mas, ainda assim, estaremos muito longe da igualdade comunista e do princípio básico em que se funda: de todos, segundo suas possibilidades; a todos, segundo suas necessidades.

Em segundo lugar, será necessária para a sociedade comunista – e isso nada mais será que uma consequência do primeiro fator assinalado – uma transformação completa das ideias e concepções da humanidade atual. Enquanto dominar nesta humanidade o individualismo acentuado, que é fruto do sistema em que hoje vivemos, a existência numa sociedade comunista perfeita será impossível. É mister, antes, uma reeducação dos homens numa base de solidariedade social. E, para que essa reeducação seja possível, exige-se um sistema social compatível com ela.

Enquanto não se realizam essas condições, o comunismo é impossível e fica adiado para um futuro que nos é desconhecido. Por isso ele não entra em nada para a orientação política imediata dos bolchevistas. Tanto assim que não só uma desigualdade material relativamente acentuada subsiste na União Soviética, como ainda não se cogita suprimi-la. O salário mensal de um operário oscila entre noventa e duzentos rublos. Ao lado disso, um técnico chega a perceber até 2 mil rublos. Essas diferenças são de certa forma atenuadas pelas vantagens que gozam os operários: maior cota de racionamento, aluguel de habitações proporcional aos salários etc. Contudo, elas permanecem e são sensíveis. O padrão de vida de um técnico ou de um empregado graduado é muito superior ao dos simples operários. E nada indica, tão cedo, uma transformação nesse terreno. Pelo contrário, pode-se até dizer que é o oposto que se está dando. O sistema de salário por tarefa – que faz o salário depender estreitamente da habilitação e da capacidade do trabalhador, predicados por excelência individuais e onde a desigualdade é naturalmente a regra – tem sido aos poucos estendido nestes últimos anos a todas as indústrias soviéticas. É hoje a regra uniformemente adotada, com grande prejuízo, está visto, para a igualdade material entre os indivíduos. Doutro lado, certos exageros que floresceram nos primeiros anos da revolução e que pretendiam o nivelamento precipitado foram postos de lado. Foi o que se deu, por exemplo, nas comunas agrícolas, onde se ensaiou a princípio esse comunismo por decreto, fazendo-se entre seus membros uma divisão rigorosamente igualitária dos produtos. Diante dos péssimos resultados desse sistema, ele foi abolido, e a desigualdade passou a imperar outra vez. Hoje nem se pensa mais em aplicar na União Soviética esses processos utópicos e artificiais.

Não é no nivelamento dos indivíduos que se deve procurar o caráter fundamental da economia soviética tal como hoje se apresenta. O que se está realizando na União Soviética é o socialismo ou, como Marx o denominava, a fase inferior do comunismo. Será dentro desse socialismo e como fruto de sua evolução que se formará a sociedade comunista. O que será essa sociedade, qual será sua estrutura, isso escapa à previsão atual. O comunismo deve ser compreendido como uma organização futura de que se conhece apenas o caráter geral; quanto às suas formas concretas, estas são imprevisíveis e somente vão surgir com o decorrer do tempo. Indagar quais sejam desde hoje é utopia.

Mas que vem a ser este socialismo, que é a ordem atual da União Soviética? Em primeiro lugar, não se deve compreender o socialismo como uma forma estável, um tipo definido de organização. Ele é antes um processo, um sistema em transformação. Consiste numa substituição da economia capitalista, fundada na propriedade privada dos meios de produção – solo, subsolo, fábricas etc. – e caracterizada por formas privadas de atividade econômica, por uma economia que tenha por base a propriedade coletiva e por norma uma atividade econômica também coletiva. Nisso se resume o socialismo. As suas fases, portanto, são múltiplas. A substituição de um sistema por outro atravessa etapas sucessivas em que vamos encontrar, lado a lado, em proporções variáveis, caracteres de um e de outro: os do primitivo, em vias de desaparecimento; os do novo, desenvolvendo-se continuamente. O desaparecimento total das formas capitalistas coincidirá com o comunismo.

O que nos interessa, portanto, na análise do sistema soviético atual são as formas concretas de que se reveste essa socialização. Em outras palavras, como ela se processa, de que modo a economia soviética está passando do capitalismo para o comunismo.

Tal estudo tem de ser feito por partes. Na indústria, na agricultura ou no comércio, a socialização seguiu linhas diferentes de evolução. Não sendo homogênea, isto é, possuindo os seus vários setores característicos próprios, a economia da União Soviética adotou para cada um desses setores soluções diversas. É o que procurarei mostrar adiante, quando a analisar por partes.

Antes vejamos a significação social e econômica desse processo. Numa palavra: ele representa a abolição da exploração do trabalho humano. A esta expressão – exploração do trabalho humano – empresta-se vulgarmente um sentido ético. Noutras palavras, tratar-se-ia de uma forma contrária a certos princípios de ética universal ou de justiça eterna superior às contingências humanas. Posta nestes termos, a questão descamba para o terreno puramente opinativo da significação, do conteúdo dessa ética ou justiça, tão incertas e fugitivas quanto irreais. Não é nesse sentido que se deve cientificamente tomar a expressão citada. A exploração do trabalho humano significa simplesmente *apropriação do produto do trabalho alheio*. E como tal não é boa nem é má; não é justa nem injusta; é tão somente um fato, uma relação que tem presidido a vida social dos homens através de toda sua história. E tampouco devemos nos revoltar contra esse fato, porque ele tem sido responsável, em grande parte, pelo progresso da humanidade.

A história nos mostra que as formas dessa apropriação têm variado consideravelmente. Em muitos casos, ela é franca, declarada, impõe-se à mais leve análise. Assim no caso dos escravos ou dos servos medievais. Quando o senhor de escravos ou o barão feudal fazia trabalharem para si escravos ou servos, a apropriação do produto do trabalho destes é patente e não sofre dúvidas. Mas há outros casos em que ela é encoberta, em que se esconde atrás de formas enganadoras. É o caso justamente da economia capitalista. Atrás de equitativas relações contratuais, em que capitalistas e trabalhadores se defrontam cada qual dando alguma coisa e recebendo outra em troca, disfarça-se a mesma apropriação do trabalho alheio que é tão manifesta no caso da escravidão e da servidão. Ela se dá porque a produção do operário, isto é, o seu valor, é superior à remuneração que recebe, o seu salário. É a diferença que constitui o mais-valor e que, sob várias formas – interesse do capital, lucros comerciais, renda fundiária etc. –, se distribui às várias classes não produtivas da sociedade, cuja existência, por si só, já é a prova mais cabal de que existe uma apropriação de trabalho alheio. Doutra forma, como subsistiriam elas?

Na economia socialista, desaparecendo a propriedade privada dos meios de produção – terra, fábricas etc. –, desaparecem também as relações de capitalista para trabalhador, patrões para operários. Ninguém mais trabalha para outrem, mas sim para a comunidade, que é a titular desses meios de produção. Deixa, portanto, de haver apropriação do produto do trabalho alheio ou, antes, essa apropriação é em benefício da coletividade, não dos indivíduos. Tal é o significado da socialização.

Antes de entrar propriamente no processo dessa socialização, há um ponto a ser esclarecido: os meios empregados para levar a economia soviética a esse fim. Escusado dizer que é pela intervenção do Estado. Não é, aliás, outra a finalidade da ditadura do proletariado. O controle do Estado soviético sobre a economia do país está na base do processo de socialização.

Os fundamentos desse controle foram lançados logo no advento da revolução com a nacionalização da terra, dos meios de transporte, das indústrias mais importantes e com o monopólio do crédito e do comércio externo. E o sentido da revolução tem sido sempre o desenvolvimento e a consolidação crescentes da intervenção do Estado. Hoje ela é absoluta. Com o aumento da indústria de Estado (isto é, de propriedade do

Estado), a interferência dela na agricultura – além de proprietário do solo e único dispensador de crédito, é o Estado que fornece aos camponeses os instrumentos agrícolas de que precisam e é ele o principal comprador de seus produtos – e no comércio, através das cooperativas cuja organização e funcionamento são por ele presididas, o Estado soviético obteve um controle completo de toda a economia do país. E esse controle, ele o regulariza por meio do *planejamento.* Sobre isso preciso me estender mais.

Ninguém ignora que toda a atividade econômica da União Soviética está hoje subordinada a um plano de antemão traçado. Não há ninguém que não tenha ouvido falar nos famosos planos quinquenais. Mas aquilo de que muitas vezes se esquece é o papel primordial que os planos representam no funcionamento da economia soviética. Eles não constituem uma medida simplesmente destinada a desenvolver, em certo momento, a capacidade industrial do país, como se deu, por exemplo, com o primeiro plano quinquenal – era esta a principal tarefa desse plano. O planejamento é parte integrante da economia soviética. Representa para ela uma questão de vida ou morte.

A razão é simples. Todos sabem que, no regime capitalista, o regulador da economia é a concorrência; a produção capitalista se assenta na atividade de inúmeros produtores independentes, de cuja concorrência no mercado resulta o aproximado equilíbrio que observamos entre a produção e o consumo e entre as respectivas cotas dos vários produtores. Naturalmente, esse equilíbrio é apenas, como disse, aproximado. Constantemente ele se rompe e, quando o desvio é muito acentuado, temos as crises. A economia capitalista se caracteriza por esses rompimentos e restabelecimentos sucessivos e constantes do equilíbrio. E o fator que atua no sentido de corrigir tais desvios, trazendo sempre a economia para o seu ponto de equilíbrio, é a concorrência. Assim, o capitalismo possui um regulador, embora o seu funcionamento seja mais que imperfeito. Sem ele, não se manteria nem um instante.

No socialismo, desaparecem os produtores independentes; desaparece a concorrência. Com a socialização, a atividade econômica deixa de ser privada para se tornar coletiva; passa a englobar a sociedade toda numa só unidade e não a divide, como faz no capitalismo, em inúmeras forças autônomas que atuam independentemente umas contra as outras, fazendo-se uma desenfreada concorrência. Deixa de existir, portanto, o regulador econômico que conhecíamos. Não é mais ele que atuará para manter a economia em equilíbrio. No entanto, um regulador é sempre necessário. O seu substituto no socialismo será o *plano econômico*.

Na economia socialista, o ajustamento de seus vários setores se realiza por um plano conjunto de antemão traçado. É essa a única forma de conseguir, num regime socialista, o funcionamento regular da economia, isto é, o seu equilíbrio. Na economia capitalista, os vários produtores sabem quanto devem produzir, porque são advertidos pelo movimento dos preços no mercado, movimento esse que resulta da concorrência. Na economia socialista, não há concorrência, não há, portanto, um mercado livre e movimento de preços. Para se calcularem, portanto, as necessidades do consumo e adaptar a elas a produção, é necessário usar de outros processos. Esses processos consistem na previsão das necessidades futuras, realizando-se a produção de acordo com um plano traçado na base dessas previsões. E é isso o que se faz na União Soviética. O planejamento é, portanto, um elemento substancial da sua economia.

Logo nos primeiros anos da revolução, pouco se pôde realizar nesse terreno. Estava-se num período de guerra, não de construção econômica. Convém lembrar, contudo, o plano de eletrificação (Goelro) traçado por iniciativa de Lênin e que serviu de base para todos os planos subsequentes. Ao mesmo tempo, planos parciais eram assentados pelos vários comissariados do povo, cada qual para os setores econômicos da sua competência. Mas tudo isso evidentemente era mais que insuficiente.

Em 1921, foi organizado o Comitê de Planejamento do Estado (Gosplan), destinado a unificar e sistematizar todo esse trabalho particular de planejamento dos comissariados. Mesmo assim, o planejamento continuou sendo feito parceladamente, embora pelo Gosplan. Limitou-se o Comitê de Planejamento a estabelecer certos planos particulares, referentes a um ou outro setor da economia soviética. Faltava ainda um trabalho de conjunto.

Isso só foi feito em 1925, com o estabelecimento das *cifras de controle*. Com estas cifras, o planejamento passou a abranger, num só plano de

conjunto, toda a economia da União Soviética. Finalmente em 1926-
-1927, tendo o país atingido o nível econômico anterior à guerra e entrando num período de reconstrução completa, as cifras de controle, por
si sós, já não satisfaziam as exigências da economia soviética. Abrangendo
essas cifras apenas o período limitado de um ano, não se podiam incluir
nelas obras que por seu vulto exigissem prazos mais dilatados. Cogitou-
se, então, estabelecer um plano geral de desenvolvimento econômico do
país, que abrangesse vários anos. Calculado a princípio para quinze anos
e depois para dez, fixou-se afinal esse prazo em cinco anos. Esse plano
geral foi objeto de longos e acurados estudos e só em 1929 conseguiu ser
definitivamente estabelecido para cobrir o período 1928-1929 a 1932-
-1933[1]. Tal é a história do famoso primeiro plano quinquenal.

O planejamento da economia soviética engloba, assim, dois elementos: em primeiro lugar, um plano geral de desenvolvimento traçado para
períodos relativamente longos (cinco anos, tal tem sido a regra). Em
segundo lugar, as cifras de controle, que se estabelecem na base desses
planos gerais. Essas cifras são organizadas anualmente para abranger
o período do ano seguinte. Os planos quinquenais que conhecemos
formam, assim, um esquema geral, dentro de que se fixam a cifras de
controle, isto é, o programa particular de cada ano.

Com o primeiro plano quinquenal, o planejamento da economia soviética deu o passo mais decisivo da sua história. Depois dele, pode-se dizer
que tomou o caráter que realmente deve ter. Já não se trata mais de uma
simples análise estatística do desenvolvimento potencial da União Soviética
para o fim único de articular a economia do país, como até então fora o
caso, mas da tarefa de traçar um plano geral de construção econômica.

Não caberia aqui uma análise completa do conteúdo dos planos soviéticos. Para isso seria preciso um novo livro. Esboçarei, contudo, os seus
pontos essenciais e básicos, as linhas gerais que lhes servem de roteiro.
É o bastante para dar uma ideia da sua amplidão.

---

[1] O ano econômico na União Soviética ia de 1º de outubro a 30 de setembro. Como
se sabe, o prazo do plano foi posteriormente reduzido para quatro anos, tendo ex-
pirado em 31 de dezembro de 1932. Hoje o ano econômico coincide com o civil.

A questão fundamental do planejamento consiste no cálculo das possibilidades econômicas do país; noutras palavras, no volume da renda nacional, naquilo com que o país pode contar para alimentar a sua economia. Esse cálculo é feito na mais ampla base possível, tomando-se em consideração seus elementos fundamentais: de um lado, o volume da população em geral e da população trabalhadora em particular; doutro, os índices da produtividade do trabalho. A quantidade de trabalhadores e a produtividade média de cada um nos dão naturalmente o volume da renda nacional. Tomam-se por base os dados obtidos em anos anteriores e calcula-se o desenvolvimento futuro dentro do prazo abrangido pelo plano.

Obtidos assim os recursos, planeja-se a sua repartição. Em primeiro lugar, entre o consumo (incluídas as despesas do Estado) e a acumulação (capitalização); depois, a parte que cabe à acumulação, entre os vários setores da economia: indústria pesada, indústria leve, agricultura etc. Nesta base, estabelece-se o plano particular de cada unidade produtora, industrial ou agrícola. Completa-se, assim, a distribuição dos recursos do país por toda sua economia.

Entra finalmente em linha de conta o remate do planejamento, que é a sua parte financeira. Numa economia monetária – e tal ainda é o caráter da economia soviética –, é pela circulação da moeda que se fazem a distribuição e a redistribuição dos recursos do país pelos vários setores da sua economia. A moeda é o veículo que movimenta a riqueza. O plano financeiro estabelece, por isso, todos os elementos daquela circulação – volume, preços, salários, taxas etc. –, de modo a garantir o preenchimento das tarefas do plano econômico, isto é, de forma que a distribuição e redistribuição dos recursos do país se faça de acordo com as linhas estabelecidas pelo planejamento.

Como se vê, os planos da URSS cobrem hoje toda a economia do país[2]. Trata-se, portanto, de uma metodização completa de toda a sua

---

[2] Os planos também abrangem o terreno cultural e questões da vida social. Não trato em particular dessa matéria porque refiro-me aqui unicamente à organização econômica da União Soviética.

vida e a sua atividade. Não é preciso mais para se compreenderem as dificuldades com que luta a administração soviética para fazer dos seus planos alguma coisa mais que um alinhamento de algarismos inexpressivos, para torná-los uma realidade vivida por todo o país. E é incontestável que isso ela já conseguiu em proporções consideráveis. O primeiro plano quinquenal, cujo prazo expirou em 1932, deixou o país completamente transformado. Falarei dessa transformação, com mais pormenores, quando tratar das realizações materiais do regime. De país retardatário a União Soviética passou em poucos anos para o primeiro plano das grandes potências do mundo moderno. Ora, esses resultados não seriam possíveis se os planos em que se assentou a reconstrução do país não correspondessem à sua realidade econômica e social e fossem fruto apenas da fantasia dos dirigentes soviéticos. Erros evidentemente não faltam. Mas esses erros, tratando-se principalmente de uma fase por assim dizer preliminar do planejamento soviético, não podem ser superestimados. Quando se observa quais foram nesse terreno os progressos realizados, desde os acanhados planos dos primeiros anos do regime até os complexos e imensos planos de hoje, não há mais razão para duvidar da possibilidade de levar até os últimos extremos da minúcia e perfeição o planejamento da vida econômica e social de um país.

A União Soviética indicou o caminho; outros irão por ele. Projetos nesse sentido não faltam, e não são poucos os economistas burgueses que descobrem no planejamento um último e único recurso para o salvamento da nau desarvorada do capitalismo moderno. Não discutirei as possibilidades com que conta o regime capitalista para seguir neste terreno as pegadas dos sovietes. Mas lembro essas opiniões porque elas são sintomas de que o ceticismo com que os primeiros planos soviéticos foram recebidos já não se sente mais tão seguro de si. De utopias eles já passaram para a categoria de possíveis modelos.

INDÚSTRIA

Como se sabe, a indústria soviética é propriedade do Estado. Salvo a indústria artesã, isto é, de pequenos produtores individuais – falarei dela adiante –, que representa menos de 1% de toda a produção soviética, a indústria está na URSS concentrada nas mãos do Estado.

Tal circunstância faz muitos economistas equipararem a economia soviética a um vasto capitalismo de Estado, que, embora levado a proporções nunca vistas, em nada se diferencia daquele que conhecemos em outros países.

Realmente, na sua forma, a indústria de Estado soviética em nada se distingue da indústria de Estado burguesa. Tanto uma como outra são propriedade do Estado e são por ele dirigidas – a questão da forma de administração, direta ou indireta, não tem aqui importância. Mas esse critério comparativo é puramente formal. Embora idêntica na forma, a estrutura industrial da União Soviética se distingue radicalmente da indústria de Estado de países burgueses. E, se a esta reservamos a designação de *capitalismo de Estado*, não podemos conservá-la para designar a indústria soviética. A distinção entre ambas é fundamental.

De fato, o que representa a indústria de Estado no regime capitalista? Uma simples engrenagem no conjunto da economia, que é privada. Nada mais. Sua finalidade consiste unicamente em fortalecer o setor privado ou substituir a iniciativa privada onde o funcionamento dela não é perfeito, e isso apenas em benefício da ordem capitalista em geral. É o que vemos, por exemplo, na indústria dos correios, que na generalidade dos países é monopólio do Estado. Quando não isso, serve apenas para produzir uma margem suplementar de rendas públicas (monopólios diversos, como o do tabaco, por exemplo, que é comum a muitos países). Qualquer empresa ou atividade industrial de um Estado burguês se enquadra em uma dessas categorias. E, em qualquer uma delas, a indústria de Estado não passa de um simples acessório em relação ao principal, que é sempre o capitalismo privado.

Mesmo nos países onde o capitalismo mais procura se disfarçar com uma indumentária pseudossocialista verifica-se essa circunstância. Em primeiro plano sempre está o capital privado; o capitalismo de Estado não representa outro papel que não de simples auxiliar. Nunca se viu em país burguês o Estado desbancar o capital privado de uma indústria qualquer a não ser no interesse mesmo desse capital. Substituí-lo simplesmente para diminuir-lhe o raio de ação em benefício da coletividade não é obra de nenhum Estado burguês.

Pelo contrário, na União Soviética a indústria de Estado se substituiu integralmente ao capitalismo privado. Este não só deixou de ser a base da economia soviética, como ainda desapareceu por completo. Já não se trata, portanto, de um órgão subsidiário, meramente auxiliar, como se dá nos países capitalistas, mas de uma função principal e mesmo única. Não é, portanto, a mesma coisa. De uma modificação quantitativa passamos para uma qualitativa. A indústria de Estado soviética não é apenas maior que a indústria de Estado burguesa; ela é qualitativamente diversa.

Mas trata-se realmente de uma organização socialista? O socialismo, já acentuei, não é um dogma, um conjunto codificado de princípios de organização social. É um processo de transformação, uma passagem da economia capitalista, assente na propriedade privada dos meios de produção e numa atividade econômica também privada, para a propriedade coletiva daqueles meios e a socialização geral de toda essa atividade. Nessas condições, a questão deve ser analisada dentro do critério da contribuição que para a socialização traz a indústria de Estado.

Na grande indústria concentrada (é desta, em oposição à indústria artesã, que aqui me ocupo), não é possível sair do sistema de organização capitalista senão pela indústria de Estado. Em outras palavras, não é possível suprimir a propriedade industrial privada sem ser pela propriedade industrial do Estado. É essa a condição necessária da socialização. Agora a organização futura que surgirá daí, depois de abolido o Estado, esta não pode evidentemente ser, por enquanto, objeto de cogitações.

Feitas essas observações, vejamos a estrutura da indústria soviética e como ela funciona.

As empresas industriais da União Soviética são divididas em duas categorias: as de importância nacional e as de importância local ou regional. As primeiras estão subordinadas aos vários departamentos da administração nacional: Conselho Supremo da Economia Nacional (para a indústria leve em geral)[3], Comissariado do Abastecimento (para as indústrias alimentares e similares) e Comissariado da Indústria Pesada. As empresas de importância local subordinam-se à administração das repúblicas constituintes, em cujo território estão localizadas. Essas repúblicas possuem, em regra, uma organização semelhante à da administração nacional: Conselho Superior da Economia Nacional e Comissariado do Abastecimento, aos quais estão afetas respectivamente as indústrias leve e alimentares. Quanto à indústria pesada, ela é sempre considerada de interesse nacional e depende, por isso, toda ela, da administração nacional.

Esta classificação das empresas segundo sua importância, nacional ou local, é só para os efeitos da administração *direta*. Aos poderes nacionais da União Soviética compete sempre, indistintamente, um controle geral sobre toda a indústria do país. Esse controle é exercido não só pelo planejamento – afeto como vimos a um organismo nacional, o Gosplan –, mas também por diretivas emanadas dos comissariados da União Soviética.

Todos esses departamentos da administração dirigem a indústria soviética por meio de vários organismos autônomos e hierarquicamente sobrepostos. Veremos como se combinam autonomia e hierarquia. Esses organismos são as *corporações*, os *trustes* e as *empresas*.

As corporações (*obyedineye*) são organizações que abrangem em regra todo um ramo industrial (por exemplo, a Soiuzneft, corporação central para a indústria do petróleo) ou certo ramo em determinada região (por exemplo, a Vostokugol, corporação para a indústria do carvão na parte ocidental da União Soviética). As corporações agrupam e combinam todas as empresas desse ramo industrial particular.

As corporações se distinguem das demais organizações industriais (em particular dos trustes, que também são, como elas, combinações de empresas) porque, além da sua jurisdição sobre as empresas que lhe são diretamente subordinadas, possuem certo controle sobre as outras empresas similares que não estão neste caso. Esse controle diz respeito

---

[3] Indústria leve é a que produz objetos de consumo imediato; indústria pesada, a que produz meios de produção: maquinismos etc.

à supervisão dos planos econômicos dessas empresas. As corporações intervêm na elaboração desses planos, fiscalizam sua aplicação e contribuem com suas diretrizes para o preenchimento deles. Assim, a Veo (corporação central para a indústria elétrica da União Soviética), que é uma corporação nacional, não só dirige e administra as várias empresas de caráter nacional que lhe são diretamente subordinadas, mas ainda possui um controle geral e indistinto sobre toda a indústria elétrica da União Soviética, inclusive aquela de caráter local, subordinada às repúblicas constituintes e que por isso não está sob a administração direta dela.

As corporações surgiram recentemente. Até 1929, suas funções peculiares (planejamento, controle geral de um ramo industrial) pertenciam em regra a *sindicatos* que reuniam por grupos os vários trustes similares. Depois dessa data, os sindicatos foram abolidos e substituídos por corporações. Hoje são estas que agrupam os trustes.

Vejamos os *trustes*. Eles formaram, no início da revolução, a organização central da indústria soviética. Sua constituição foi o primeiro passo dado no sentido da concentração e articulação das várias empresas industriais do país. Os trustes têm por fim agrupar certo número de empresas semelhantes. Como já referi, divergem das corporações porque sua competência se exerce unicamente na direção das empresas que lhes são diretamente subordinadas. Ao mesmo tempo, formam na hierarquia administrativa da indústria soviética um elo intermediário, superior às simples empresas que dirigem e subordinado às corporações de que fazem parte. Com o desenvolvimento das funções atribuídas às corporações, os trustes foram perdendo em importância. Em inúmeras indústrias, já foram abolidos, restando apenas na escala hierárquica dessas indústrias os organismos extremos: corporações e empresas.

As *empresas*, finalmente (fábricas, minas, estradas de ferro etc.), constituem os órgãos básicos da estrutura industrial soviética. É da sua reunião por grupos que se constituem os trustes e as corporações. Formam, assim, as unidades elementares do sistema.

Sua organização se apoia num rigoroso princípio de administração individual. Nisso elas não se distinguem em nada de suas congêneres de regimes capitalistas. Talvez levem esse princípio de administração e responsabilidade individuais a maiores extremos ainda. O diretor de uma empresa soviética, que é nomeado pela direção do truste ou da corporação (quando não há truste intermediário) de que sua empresa depende, só responde perante essa direção e, para os negócios particulares da empresa que dirige, possui todos os poderes. Entra em relações diretas (e não por meio de organismos superiores, corporações ou trustes) com outras empresas industriais ou comerciais, com que firma quaisquer contratos de fornecimento, venda da produção ou outros; em matéria de crédito, também mantém relações diretas com o banco do Estado. Possui toda a liberdade no engajamento e na dispensa de empregados e operários. Estes são protegidos pelos seus sindicatos, cuja competência nesse terreno se limita ao direito de recorrer dos atos da direção para os órgãos competentes (tribunais do trabalho). Quanto à responsabilidade, o diretor de uma empresa responde pessoalmente por todo o funcionamento da empresa e pelo preenchimento que lhe é imposto das tarefas estabelecidas pelos planos.

O que há de mais curioso na estrutura das empresas soviéticas são as suas relações interiores, entre as várias partes em que se divide. Cada oficina conserva uma autonomia administrativa e financeira quase absoluta. O chefe da oficina, responsável apenas perante o diretor da empresa, é absolutamente livre na sua gestão. Em termos financeiros, a autonomia das oficinas se revela numa contabilidade à parte, revertendo quaisquer saldos da receita sobre a despesa da oficina em benefício dela própria.

Essa autonomia é o último reflexo da larga descentralização administrativa que regula o funcionamento de toda a indústria soviética. Essa descentralização é limitada apenas pelo controle superior exercido pelo planejamento. Mas, dentro das diretivas dos planos, a autonomia dos vários organismos industriais é completa. A indústria soviética combina uma estreita centralização no estabelecimento das linhas básicas da sua atividade econômica e financeira (e isso por meio do plano) com larga descentralização administrativa. Quanto à centralização realizada pelo plano, já falei dela. Toda a indústria soviética trabalha, como vimos, subordinada aos planos, e cada empresa possui o seu plano particular de trabalho: o *promfinplan*. Mas, ao lado dessa centralização, está a autonomia administrativa.

Desde 1921 – antes disso foi o período do "comunismo de guerra", quando as condições excepcionais do momento, guerra civil e intervenção estrangeira exigiam um controle direto e absoluto do Estado –, a indústria soviética funciona em uma base rigorosamente comercial e, portanto, de autonomia econômica e financeira. Cada unidade industrial (corporação, truste, empresa) possui personalidade jurídica e autonomia completa no que diz respeito aos assuntos do seu interesse particular; opera com capital próprio; deve balancear, exclusivamente com seus recursos e como faria qualquer comerciante em país capitalista, receita e despesa. Seu movimento financeiro é, assim, absolutamente independente do Estado e não figura nos orçamentos públicos. Também não responde pelas obrigações do Estado, nem este pelas dela. Estado e indústria de Estado formam, assim, entidades completamente distintas.

O funcionamento desse sistema é obtido em primeiro lugar por uma cuidadosa especificação de funções. A competência dos vários organismos industriais soviéticos, desde o Conselho Supremo da Economia Nacional e os vários comissariados até a simples empresa, é minuciosamente fixada na legislação vigente de forma a evitar qualquer confusão de funções. Em segundo lugar, todas as relações entre as várias unidades industriais – vertical e horizontalmente – são regidas por contratos que em substância não se distinguem dos contratos privados de regimes capitalistas. Estabelecem-se neles direitos e obrigações recíprocos. As partes são plenamente responsáveis pelo preenchimento dessas obrigações contratuais e sujeitas a multas e outras sanções no caso de infração das cláusulas. Como se vê, estamos navegando em águas capitalistas.

Mas nem por isso devemos equiparar as empresas industriais soviéticas às dos países burgueses. Já não me refiro naturalmente à sua propriedade, que aqui a questão não se propõe: nas primeiras ela é coletiva; nestas últimas, privada. Refiro-me ao funcionamento e à repercussão social que ele tem.

Antes de qualquer coisa, não se pode esquecer que acima dessa autonomia comercial da indústria soviética está a autoridade do plano, que, em última análise, é o que regula o seu funcionamento. A autonomia das empresas se limita à execução, por conta própria e com independência, das tarifas estabelecidas por um plano que, ao contrário das empresas capitalistas, não são elas que estabelecem. Enquanto isso, o princípio comercial na economia da União Soviética, o princípio da *base de negócios*, como o chamam, se distingue do princípio semelhante que vigora nos países capitalistas por dois caracteres principais.

Em primeiro lugar, ao contrário deste último, ele tem por finalidade última não o interesse do produtor, mas sim o do consumo, isto é, o da coletividade. Não havendo na indústria soviética propriedade privada e não existindo um interesse do Estado (único proprietário) diferente do da coletividade que ele representa, todo o funcionamento da indústria soviética está subordinado a esse interesse coletivo. A produção torna-se, dessa forma, função exclusiva do interesse dos consumidores, portanto da sociedade em geral.

É verdade que os economistas burgueses, ainda mais os da escola clássica liberal, descobrem a mesma coisa na produção capitalista. Para eles, também na economia burguesa a produção se subordina ao interesse do consumo e a oposição entre produtor e consumidor não é senão aparente. O verdadeiro e bem entendido interesse do primeiro se confunde com o do segundo. Uma das figuras mais proeminentes do capitalismo moderno, Henry Ford, que, depois de fazer economia prática, fabricando automóveis, passou a fazê-la em teoria, dedicou sua segunda fase de atividade quase exclusivamente à demonstração deste princípio que, segundo ele, representa o único segredo do sucesso de suas empresas. E é incontestavelmente verdade que, até certo ponto, isto é exato: a produção tem por base a boa vontade, a simpatia do consumidor. Mas, se formos mais ao fundo da questão, havemos de descobrir que, para a confecção dessa boa vontade do consumidor, concorrem, em maior ou menor proporção, conforme o caso, fatores completamente estranhos ao verdadeiro interesse dele e derivados apenas da maior ou menor habilidade do produtor. Desses fatores podemos destacar, em primeiro lugar, o reclame. Todo mundo sabe que o estado psicológico criado pela propaganda comercial entra em proporção considerável no grau de aceitação de um produto. E aí o que está em jogo não é o interesse do consumidor, mas única e exclusivamente o do produtor que faz o reclame. A ideia de que todos os indivíduos possuem um conhecimento enciclopédico e perfeito das mercadorias é, como observou Marx, uma ficção jurídica que nem por isso corresponde à realidade. O consumidor não é inspirado só pelo seu interesse, mas por aquilo que julga ser tal. E o próprio Estado liberal, quando se vê forçado a impor restrições à produção e ao comércio de certos artigos (bebidas alcoólicas, estupefacientes etc.), é o primeiro a desmentir na prática os postulados da economia liberal.

Mas, além disso, deve-se considerar o papel importantíssimo que representa na economia capitalista moderna o consumo forçado que se realiza por trustes e monopólios açambarcadores e em cuja formação o interesse do consumidor não entra, está visto, para nada.

Interesse do produtor e do consumidor não se confundem; poderão coincidir, mas também podem se opor de forma radical. E, enquanto no regime capitalista o centro da economia é ocupado pela produção, na União Soviética, pelo contrário, esse lugar cabe ao consumo.

Não é, contudo, somente esse caráter que distingue o funcionamento da indústria soviética. Onde a distinção se torna flagrante é na forma pela qual se combinam os fatores da produção. Refiro-me à remuneração do trabalho. Os salários não resultam, na União Soviética, do simples jogo de valores no mercado de trabalho. O trabalho não constitui, como no capitalismo, uma mercadoria, e sua remuneração deriva de dois fatores completamente estranhos àquele mercado: as necessidades do trabalhador e a disponibilidade do país em gêneros de que ele necessita.

———

São essas, em linhas gerais, a estrutura e o funcionamento da indústria soviética. Como se vê, ela combina inúmeros caracteres comuns à economia capitalista: a base comercial em que opera; a sua organização em trustes e corporações, que realizam a concentração dentro das mesmas linhas formais que a economia capitalista; e o princípio da direção única e da responsabilidade individual – são outros tantos caracteres que a economia soviética emprestou ao capitalismo. Isso não quer dizer, longe disso – e procurei indicar em cada caso suas particularidades –, que a economia da União Soviética não seja outra coisa mais, como já se afirmou, que uma fórmula capitalista embora aperfeiçoada. A diferença é fundamental e não sofre nos seus caracteres básicos e essenciais comparação alguma. Mas a identidade de vários dos seus princípios com os do capitalismo mostra que a reconstrução econômica da União Soviética se faz numa base concreta, numa base que é dada por toda a evolução econômica anterior, em regime capitalista, não por esquemas abstratos e utópicos. A política soviética não consiste em transformar a sociedade arbitrariamente, mas em construir, com materiais acumulados pelo capitalismo, uma sociedade socialista.

———

Vejamos agora o segundo compartimento da indústria soviética: o artesanato. Mesmo nos países economicamente mais evoluídos, subsiste sempre, ao lado da grande indústria concentrada, a indústria dos pequenos produtores individuais: o sapateiro, o alfaiate etc. É mesmo essa persistência de formas primitivas no seio da economia capitalista, ou antes, à sua margem, que faz muitos economistas contestarem a lei da concentração capitalista. Mas essa opinião não nos interessa aqui. Com a revolução, está claro que o artesanato não desapareceu na União Soviética. Não havia razão para que não se mantivesse.

De que modo foi ele arrastado para o socialismo? Se a socialização é relativamente fácil na grande indústria, pela sua transformação em indústria de Estado, o mesmo não se dá, e isso é intuitivo, na indústria artesã. Não se pode transformar em indústria de Estado a indústria de milhares de pequenos produtores independentes. Realizou-se, por isso, a socialização pelo *cooperativismo*.

O papel do cooperativismo na economia soviética é de grande importância. Veremos adiante que também na agricultura e no comércio é ainda ele que desempenha a função de elo entre o capitalismo e o socialismo. Muitos estranharão essa circunstância, visto que, mesmo nos regimes capitalistas, o cooperativismo é fato banal. Em alguns lugares, chega mesmo a tomar grande vulto, como se dá, por exemplo, na Dinamarca.

Existem, contudo, características essenciais que diferenciam o cooperativismo soviético do seu congênere de países capitalistas. Já sem falar na sua extensão e importância econômica – nos países capitalistas ele nunca alcançou e provavelmente nunca poderá alcançar as proporções que tem na União Soviética –, ele possui fundamentos bem diversos.

O cooperativismo – mesmo o de países capitalistas – combina elementos burgueses e socialistas. O que importa são as proporções dessa combinação. O cooperativismo burguês se detém num ponto em que as características capitalistas não só predominam, mas ainda lhe dão o caráter substancial. Ele é nitidamente burguês; aliás, seu papel não é senão garantir e favorecer interesses de natureza burguesa, individualista. O cooperativismo soviético, pelo contrário, é evolutivo. Não é uma forma que se cristalizou ou está destinada a se cristalizar. É um simples processo de socialização. Não se destina a proteger interesses burgueses e individualistas, mas, pelo contrário, a suprimi-los. Assim, mesmo quando encontramos na economia soviética formas cooperativas nas quais a predominância ainda é de elementos burgueses (é o caso, por exemplo, das formas elementares dos colcozes agrícolas, os sozes, de que falarei adiante), os caracteres fundamentais dessas formas já são distintos dos do cooperativismo de países capitalistas. Isso porque elas não constituem tipos definitivos, mas simplesmente transições, formas evolutivas. O cooperativismo soviético tende a transformar o produtor independente, pequeno-burguês, num trabalhador coletivizado. Trata-se, portanto, de um processo nítido de socialização.

Mas voltemos ao artesanato. A grande maioria dos pequenos produtores soviéticos está hoje organizada em cooperativas de produção. Essas cooperativas não têm simplesmente finalidades comerciais, como é a regra nos países capitalistas. Elas socializam a própria produção. Não só vendem os produtos, como fornecem a seus membros a matéria-prima e os instrumentos de trabalho. Os membros das cooperativas – os cidadãos coletivizados, como se chamam – são, assim, meros operários. Sua contribuição para a produção se limita ao trabalho que fornecem. E, por esse trabalho, são pagos com salário. Trata-se, portanto, como no caso de qualquer outro operário industrial, de simples assalariados.

Essa coletivização em massa dos artesãos soviéticos foi obtida principalmente por medidas fiscais. Os produtores independentes são taxados de forma relativamente elevada. Isso, ainda mais, quando empregam auxiliares. Também não lhes é concedida carta de racionamento. Pagam, desse modo, no comércio, preços muito mais elevados[4]. Ao mesmo tempo, aos cidadãos coletivizados são concedidas as mesmas regalias e vantagens que aos operários em geral: assistência, seguro social etc. – o que não se dá com os produtores independentes.

AGRICULTURA

A organização agrícola da União Soviética talvez seja o aspecto mais interessante da economia do país, dado o papel que representou na revolução. A União Soviética sempre foi essencialmente agrária. Somente no decorrer da execução do primeiro plano quinquenal foi que a produção industrial chegou a superar a agrícola. Quanto à maioria da população, ela ainda é, até hoje, constituída de camponeses. Nessas condições, pode-se avaliar a importância que tem para a revolução o problema da transformação da agricultura. O seu sucesso esteve sempre ligado ao apoio que lhe fosse dispensado pelos camponeses e à possibilidade de os arrastar para o socialismo. "Dez anos de boas relações com os camponeses", dizia Lênin, "e o regime estará definitivamente consolidado".

Para se compreender o problema agrário que a revolução teve de enfrentar, é preciso recordar sua história. Como se sabe, à insurreição de 1917 seguiram-se imediatamente a nacionalização do solo e a entrega dele, em usufruto, aos camponeses. Foi esse o preço do apoio dado pelos camponeses à política dos bolchevistas e a ponte que ligou a revolução agrária que lavrava intensamente no país à ditadura do proletariado. Constituiu, por isso, o objeto do primeiro decreto promulgado pelos sovietes logo depois da tomada do poder.

Como resultado imediato dessa medida, deu-se um parcelamento considerável da terra, antes concentrada em grande parte nas mãos da

---

[4] Esta questão do racionamento será analisada adiante. Por ora, basta lembrar que os preços são, com a carta de racionamento, bem mais baixos – em regra dez vezes – que sem ela.

coroa e da nobreza. O número de propriedades passou de 16 milhões para mais de 25 milhões.

Mas não tardou que sobre as ruínas da antiga economia agrária semifeudal do tsarismo se reconstituísse a propriedade capitalista dos cúlaques, os camponeses abastados. Seis anos de lutas ininterruptas, guerra externa, guerra civil e intervenção estrangeira tinham esgotado o país. Em 1921, a situação era desesperadora. A indústria paralisada, as comunicações quase interrompidas pela destruição dos meios de transporte, os campos devastados. Enfim, a economia completamente desorganizada. O efeito imediato foi a fome tremenda que naquele ano lavrou em todo o país. Foi preciso recuar. Ao sistema adotado desde o advento da revolução e que, sob o nome de "comunismo de guerra", consistia na nacionalização completa de toda a economia – supressão do comércio, da moeda, distribuição rigorosamente dosada e controlada, feita pelo Estado, de todos os gêneros necessários à população –, a esse sistema substitui-se o da Nova Economia Política [Nova Política Econômica], a NEP, como foi chamada. Nas suas linhas gerais, o programa da NEP consistia num alargamento da margem de atividade concedida à iniciativa privada; noutras palavras, num restabelecimento parcial de formas capitalistas antes abolidas. Voltaram a moeda e o mercado livre, o comércio passou para as mãos de comerciantes privados.

Essa situação repercutiu imediatamente sobre a economia agrária do país. À sombra da liberdade outorgada pelo novo sistema, pôde o capitalismo se desenvolver normalmente no campo, ao abrigo da intervenção do Estado, porque o escoamento dos produtos se fazia, independentemente dessa intervenção, através do comércio privado. Restabeleceram-se, assim, no campo, relações capitalistas de produção. Como resultado, processou-se, o que era fatal, a concentração da produção; e logo surgiu uma classe de camponeses abastados, os cúlaques, que passaram a explorar o trabalho de camponeses pobres reduzidos a assalariados.

Enquanto o Estado soviético não conseguiu reerguer a economia do país, viu-se obrigado a tolerar tal situação. Com todos os seus inconvenientes sob o ponto de vista revolucionário, era a única forma de restabelecer e manter a produção agrícola e, principalmente, obter dos camponeses os produtos agrícolas necessários ao abastecimento das cidades e da população industrial. O Estado soviético ainda estava, neste terreno, na dependência dos cúlaques e da economia capitalista que se implantara no campo.

Isso se prolongou até o início do primeiro plano quinquenal. Foi então que o Estado soviético, já fortalecido pelo desenvolvimento econômico do país (que já em 1926 atingira o nível anterior à guerra), pôde iniciar a sua grande ofensiva socialista, prevista pelo plano e que acabaria por liquidar definitivamente com o cúlaque e o capitalismo agrário, introduzindo no campo as primeiras formas socialistas. Esse processo de socialização começou propriamente em 1929.

A socialização da economia agrária soviética seguiu o mesmo caminho da indústria artesã, a que me referi no capítulo anterior. Realizou-se pela cooperação, isto é, pela reunião dos camponeses em cooperativas de produção. Essas cooperativas abrangem hoje 60% das primitivas economias camponesas, ou seja, 15 milhões num total de 25 milhões, e cobrem cerca de 70% da área cultivada da União Soviética.

Três são as formas típicas dessas cooperativas – ou, como são mais conhecidas, pela sua denominação em russo, colcozes –, que vêm a ser: *soz, artel*, comuna. A primeira pertence hoje unicamente à história. Serviu de transição para os *artels* e já foi de todo substituída por eles. Lembro-a, contudo, porque é interessante acompanhar em todas as suas fases a transformação agrícola do país.

Os sozes constituem tipos elementares de cooperação. A terra é trabalhada em comum por todos os camponeses, e os instrumentos de trabalho também são usados em comum. Mas isso apenas esporadicamente, só por ocasião do trabalho nos campos postos em comum[5]. Fora dali, cada um guarda o que é seu. Enquanto isso, a repartição dos produtos é feita na base dos bens com que cada membro contribuiu para a produção coletiva. Trata-se, portanto, de uma espécie de sociedade em que cada camponês é titular de uma cota equivalente ao capital (instrumentos, gado etc.) com que contribui para a coletividade de que faz parte. Depois

---

[5] Os camponeses conservam para seu uso exclusivo e individual algumas parcelas.

de vendido o produto, os membros do *soz* têm direito a, além do salário (remuneração do seu trabalho), parte dos lucros líquidos proporcional à cota do capital respectivo.

Esse tipo de cooperativa, como disse, desapareceu. Preparou os camponeses para as formas superiores de cooperação: *artels* e comunas. Nos *artels*, os camponeses põem em comum a terra, os instrumentos e seu trabalho. E isso permanente e definitivamente. Quanto aos resultados econômicos da produção, eles são divididos na base do trabalho fornecido por camponês. Existe, portanto, uma diferença fundamental em relação aos sozes.

Mas nem toda a produção nos *artels* está assim coletivizada. Isso se dá apenas com relação à produção principal: nos *artels* de cereais, os cereais; nos de criação, o gado. Ao lado dessa produção principal, cada membro do *artel* possui a sua produção individual, que lhe pertence exclusivamente e que ele explora por conta própria e por si só: pequenas culturas, algum gado que cria (salvo nos *artels* de criação etc.) etc. É o caso do colono das fazendas paulistas, que, além de trabalhar no cafezal (em nosso caso, para o fazendeiro, no caso da União Soviética, seria para a cooperativa de que faz parte), trabalha também particularmente na sua roça ou cria alguns animais. O camponês membro do *artel* apresenta, assim, dois caracteres: é ao mesmo tempo um trabalhador coletivizado e individual. E o *artel* carrega estes dois aspectos: por um lado, é uma organização coletiva, socialista; por outro, individual, pequeno-burguesa. E é nisso que se distingue do terceiro tipo de cooperativa agrícola: a comuna.

Na comuna tudo é coletivo, salvo, naturalmente, os objetos do consumo particular de cada um. Seus membros só trabalham para a coletividade, e todo o trabalho individual e privado é abolido. A comuna é, assim, uma forma de cooperação superior em que a produção está integralmente socializada.

Dado esse caráter, fundamentalmente contrário à psicologia do camponês médio de hoje, o tipo de exploração representado pela comuna não podia encontrar na União Soviética a mesma acolhida do *artel*. Por isso só abrange por enquanto 7% da área cultivada do país, contra 60% que cabem aos *artels*. Mas também, em compensação, formadas como são de camponeses muito mais avançados e cultos, as comunas atingem uma técnica e, portanto, uma capacidade produtiva muito superiores às dos *artels*.

A comuna, como organização socialista, é enormemente interessante. É uma organização que contraria todos os impulsos naturais do camponês que conhecemos, individualista por excelência. Ainda no *artel*, compreende-se que aceite o trabalho coletivo porque ao lado pode realizar um trabalho individual. Dadas as vantagens da coletivização, que ele percebe sob a forma de uma produtividade cada vez maior de seus esforços, ele a aceita. Mas a aceita porque lhe é concedida uma margem de trabalho individual pela qual pode dar expansão a seus impulsos individualistas. Na comuna, nada disso lhe resta; e por isso ela já representa um estágio avançado da ideologia camponesa. Constitui-se de indivíduos já libertos em grande parte da herança individualista que vem de regimes passados.

As consequências práticas dessa composição das comunas, como assinalei, são sensíveis. Sob um ponto de vista técnico, elas realizam o que pode haver de perfeito em matéria de exploração agrícola. Algumas que visitei, a comuna Seattle no Cáucaso do Norte, por exemplo, são verdadeiras fazendas-modelo. Tudo nelas é levado ao extremo da perfeição, e o rendimento, pode-se dizer que é o máximo possível. Nada é descurado, e a meticulosidade nos menores detalhes é realmente admirável. As comunas não têm a esse respeito nada que invejar às mais aperfeiçoadas explorações agrícolas modernas.

Os *artels*, naturalmente, ainda estão longe desse progresso. Embora representem já um avanço considerável sobre a arcaica rotina do antigo mujique, muito ainda falta para transformar os *artels*, ou pelo menos sua grande maioria, em explorações tão perfeitas. No entanto, uma coisa já realizaram: tornaram possível a introdução de processos agrícolas modernos. O que o antigo camponês russo, isolado no seu canto de terra, nunca teria conseguido (e é esta mais ou menos a situação atual da grande maioria dos camponeses em todo o mundo) consegue-o hoje graças à cooperação que está na base da coletivização agrícola. E esse progresso técnico é obtido não à custa do sacrifício da massa camponesa em benefício apenas de uma minoria de lavradores abastados – como se deu, por exemplo, nos Estados Unidos com a mecanização verificada nestes últimos anos em sua agricultura –, mas com a elevação simultânea de toda essa massa.

O que dissemos dos colcozes (*artels* e comunas) é suficiente para compreender que eles não são empresas de Estado. Fundam-se na cooperação e, como qualquer cooperativa, pertencem a seus membros. A intervenção do Estado se limita à fixação de uma cota da produção que lhe é obrigatoriamente vendida. Ao mesmo tempo, presta aos colcozes todo auxílio técnico possível, especialmente por intermédio das Estações de Máquinas e Tratores, espalhadas por toda a União Soviética[6] e que fornecem aos colcozes o maquinário agrícola de que precisam nas suas culturas. Esse auxílio é pago com uma parte da produção, fixada em contrato firmado entre a cooperativa interessada e a estação.

Se os colcozes pertencem a seus membros, naturalmente são também estes que exercem a direção. As deliberações são tomadas em assembleia de que participam todos os membros, homens e mulheres, com mais de dezesseis anos. Existe ao lado dessa assembleia uma diretoria, eleita por ela, com funções executivas e que pode ser demitida a qualquer momento. Tal sistema de direção coletiva dá, segundo me informou o diretor da comuna Seattle de que já falei, muito bons resultados. É certo, confessou-me ele, que as deliberações se tornavam por esse sistema mais morosas e difíceis de serem tomadas que num regime de direção individual. Mas, em compensação, eram executadas muito melhor. Qualquer medida, uma vez aprovada, encontrava em cada membro da coletividade um realizador decidido. E, por isso, tudo se fazia bem, dispensando qualquer fiscalização. O membro do colcoz, tendo colaborado na adoção de uma providência qualquer, tornava-se por isso mesmo intransigente na sua rigorosa execução. Aos feitores e capatazes do capitalismo substituía-se, assim, a consciência e a livre vontade de cada trabalhador. O rendimento, então, não podia deixar de ser superior.

Como se vê, a morosidade das decisões coletivas é largamente compensada pelos resultados finais. Naturalmente a observação no caso

---

[6] Existem hoje cerca de 2,5 mil dessas estações, que servem mais de 50% da área cultivada dos colcozes.

citado se referia a uma comuna, que, sob todos os pontos de vista, como aliás já assinalei, é muito superior aos simples *artels*. As coisas talvez não corram nestes com tamanho êxito. Mas o que interessa mais no caso é constatar que não existe uma contradição absoluta entre a direção coletiva e o bom funcionamento de uma exploração econômica. As falhas nesse terreno devem ser atribuídas a condições especiais, por natureza passageiras, não ao sistema em si. Nisso, como no mais, os *artels* são para os camponeses a primeira escola do socialismo. E tudo mostra que tal escola lhes é proveitosa.

É curioso notar esta diferença que no terreno da administração separa a indústria da agricultura. Enquanto na primeira a direção é, como vimos, individual, nesta última ela é em regra coletiva. Só é individual nas fazendas do Estado, os sovcozes, de que falarei adiante. A razão da diferença está, em primeiro lugar, no tipo de organização que predomina em cada uma delas. As empresas industriais pertencem ao Estado, que é assim o único diretamente interessado nelas. Não há motivo, portanto, para entregar a sua direção aos trabalhadores nelas empregados. O mesmo não se dá nas cooperativas, que pertencem a seus membros. Existe aqui um interesse direto destes. É natural, pois, que também intervenham na gestão. Além disso, enquanto as necessidades da agricultura estão mais ou menos ao alcance de qualquer camponês, a indústria, pelo contrário, requer conhecimentos especializados, que os simples operários não possuem.

Os colcozes soviéticos são articulados entre si por uma série de organizações: distritais, que reúnem os vários colcozes de um distrito; regionais, que reúnem as organizações distritais de uma região; estas últimas, por seu turno, são reunidas em organizações nacionais das várias repúblicas constituintes. Assim, na RSFSR [República Socialista Federativa Soviética da Rússia] existe o Kolkhozcenter, para as cooperativas agrícolas, o Zhivotnovodcenter, para as cooperativas de produção animal etc. Finalmente, algumas dessas organizações das repúblicas constituintes são unidas num sistema central para toda a União Soviética.

A coletivização da agricultura soviética abrange hoje, como já referi, cerca de 70% da área cultivada do país. E não se julgue que isso foi obtido, como às vezes se alega, pelo emprego da coação. Abusos houve, é certo, mas sempre encontraram a mais formal desaprovação dos dirigentes soviéticos e do partido comunista, que, sempre que lhes foi possível, denunciaram tais processos com energia. A coletivização deve encontrar o apoio e a mais franca simpatia dos camponeses; só deve ser realizada quando os camponeses reconhecem suas vantagens: é essa a verdadeira orientação do partido. Tudo o mais constitui abuso, que não pode ser levado a débito da revolução. Tive ocasião, durante minha viagem, de constatar pelos jornais soviéticos, especialmente pelo *Pravda*, órgão oficial dos comunistas, a energia com que os dirigentes do país se batem por processos suasórios e as críticas severas que fazem às violências de que têm notícias. Aliás, já no XVI Congresso do partido, realizado em 1930, [Yacov] Yacovlev[7], relator da questão agrária, afirmava: "Não obrigaremos ninguém a entrar para os *artels*. Mais ainda, todos aqueles que procuram agir por esta forma, nós os consideramos como inimigos do partido, do poder soviético e agentes dos cúlaques". E qualquer pessoa que, mesmo de leve, conheça a União Soviética sabe o que lá significam essas acusações. O sucesso da coletivização é fruto de uma prova, levada ao extremo da evidência, de que o colcoz constitui a solução imediata de todos os problemas camponeses. E isso significa para a socialização da agricultura soviética – e contra a opinião dos que a consideravam impossível – um sucesso hoje incontestável. É uma esplêndida realidade que encontra nos próprios camponeses o mais decidido apoio.

Naturalmente, como formas socialistas, os *artels* ainda se encontram numa fase primitiva. Como vimos, conserva-se neles, ao lado da exploração coletiva, um setor privado, cuja importância é mesmo relativamente grande. Assim, a produção do camponês coletivizado ainda é, em parte, individualista, pequeno-burguesa. Mas isso não tira aos *artels* o seu conteúdo principal, que é sem dúvida socialista pela importância econômica e social muito maior e, além disso, fundamental que representa a parte

---

7 Hoje é comissário do povo para a agricultura.

coletiva. O *artel*, se não é uma forma puramente socialista, representa, contudo, dentro das condições ambientes, um tipo de organização muito mais próximo do socialismo que do capitalismo. Em todo caso, sua evolução natural é para aquele e não para este. A resultante fatal para que tendem os *artels* são as comunas, isto é, organizações em que os caracteres burgueses ou pequeno-burgueses *da produção* já desapareceram por completo. Os *artels* não são senão formas transitórias que se resolvem naturalmente nas comunas.

É certo que esse processo de transição para as comunas é relativamente lento e mesmo, no momento atual, muito pouco animado pelos dirigentes soviéticos. Eles reconhecem que, por enquanto, é cedo para se pensar numa adaptação geral da massa camponesa a um tipo de organização que requer predicados que a maioria dessa massa ainda está longe de possuir. Mas as comunas que já existem e cujo número tende, apesar de tudo, a crescer não só mostram a possibilidade de se realizar no campo um regime integralmente socialista, como nos dão o quadro futuro da economia agrária da União Soviética.

———

Ao lado da cooperação, que acabo de descrever, figura na agricultura soviética outra forma socialista. São os sovcozes, isto é, as fazendas do Estado. Tudo quanto disse a propósito da indústria de Estado aplica-se, *mutatis mutandis*, aos sovcozes. Ao contrário das cooperativas, os sovcozes são, como as empresas industriais, propriedade do Estado. E os que neles trabalham são, como os operários industriais, simples assalariados. Tal identidade faz mesmo com que vulgarmente se denominem os sovcozes fábricas de grãos.

Não preciso, por isso, estender-me sobre sua organização, que em tudo é semelhante à das indústrias, já descrita. Os sovcozes também são divididos em sovcozes de interesse nacional (subordinados, por conseguinte, ao governo da União Soviética) e de caráter local (subordinados às repúblicas constituintes). Também como as empresas industriais, são agrupados em organizações superiores (trustes etc.) que reúnem vários sovcozes similares (por exemplo, o *Zernotrust*, que abrange todos os sovcozes de cereais; o *Soiuzkhlopok*, a que estão subordinados os sovcozes dedicados ao cultivo do algodão etc.). Quanto à direção suprema, ela cabe aos comissariados da agricultura da União Soviética e das repúblicas constituintes.

Os sovcozes, além da finalidade principal de fortalecer as posições econômicas do Estado soviético, têm dois objetivos: fornecer ao Estado um excesso de cereais e outros produtos agrícolas para completar as suas necessidades naquilo que a produção dos colcozes se mostra insuficiente; e, em segundo lugar, servir de modelo aos colcozes da vizinhança, que encontram neles todo auxílio técnico e material de que necessitam. Existem hoje, na União Soviética, cerca de 5 mil sovcozes, que ocupam 3% da área cultivada do país.

Resta-me falar do setor privado da agricultura soviética, isto é, a sua parte ainda não abrangida pela coletivização. Ela é representada atualmente por 10 milhões de economias camponesas (ou seja, 40% do número total primitivo), que ocupam 30% da área cultivada da União Soviética.

Este setor privado, pequeno-burguês, é hoje, tanto pela sua importância relativa como pelo papel que representa na economia soviética, um simples resíduo do passado. A sua liquidação se processa aceleradamente. Quando o Estado soviético enfrentou a tarefa de liquidar o capitalismo agrário e coletivizar a sua agricultura, as dificuldades pareciam quase insuperáveis. No próprio seio do partido comunista não faltou quem abertamente o proclamasse. Nisso se confundiram os oposicionistas de todos os matizes, desde a esquerda chefiada por Trótski até os direitistas com Bukhárin (um dos maiores teóricos do marxismo) à frente. No entanto, os resultados da política adotada foram os mais satisfatórios possíveis. Ultrapassaram três vezes as previsões iniciais do plano quinquenal. E isso é o penhor seguro de que a coletivização não tardará a abranger o que ficou até o momento fora dela. Tanto mais certo que a ditadura proletária, para realizar essa tarefa, já conta hoje com elementos que a princípio lhe faltavam por completo. São eles a importância econômica e social considerável da cooperação já organizada, dos 200 mil colcozes existentes e do peso numérico de 15 milhões de economias camponesas já coletivizadas. Isso representa o apoio à sua política das maiores forças camponesas. Considerando-se tais circunstâncias, pode-se ter por assegurada a vitória final da coletivização. O maior obstáculo – a incompreensão das massas camponesas, solidamente aferradas à sua ideologia pequeno-burguesa – já foi vencido pelos resultados práticos que a coletivização trouxe. Em todos os terrenos ela melhorou consideravelmente a situação dos camponeses. Voltarei noutro capítulo a essa melhoria das condições de vida no campo, trazida pela coletivização. Diante dela ninguém poderá mais duvidar de que a relutância dos camponeses está definitivamente relegada ao passado.

COMÉRCIO

O comércio soviético externo é, como se sabe, monopólio do Estado desde o advento da revolução. Essa monopolização obedeceu a dois imperativos. Em primeiro lugar, por sua significação e sua importância econômica, o comércio externo figura, ao lado do crédito, dos transportes, das grandes empresas industriais etc., entre as chamadas "indústrias de base", aquelas que formam as chaves do sistema econômico de um país. São elas que comandam todo esse sistema. A monopolização do comércio externo pelo Estado teve, assim, por objeto o controle da economia soviética. Em segundo lugar, ela se impunha porque, formando a União Soviética um sistema econômico fundamentalmente distinto do dos demais países, era necessário que o contato entre esses sistemas diversos, socialista e capitalista, se realizasse através de um órgão capaz de neutralizar as influências nocivas que o segundo pudesse ter sobre o primeiro. Assim, por exemplo, o planejamento econômico que, já vimos por que, está na base do sistema soviético não seria possível se, através do comércio externo livre, a economia do país estivesse sujeita às contingências e às flutuações do sistema capitalista que o circunda, isto é, se não fosse possível corrigir e orientar convenientemente essas contingências e flutuações nas suas repercussões dentro do país. E aquele órgão não podia ser outro senão o Estado. O monopólio do comércio externo é, assim, parte inerente do sistema econômico e político da União Soviética.

O Estado exerce esse seu monopólio por meio de empresas organizadas exatamente como as empresas industriais, isto é, numa base de negócios. Noutras palavras, são empresas autônomas, com personalidade jurídica e capital próprio. Para cada ramo do comércio externo, de exportação ou de importação, existe uma dessas empresas. Assim, por exemplo, a Metalloimport para a importação de máquinas em geral; a Khimimport para a de produtos químicos; a Exportkhleb para a exportação de produtos agrícolas; a Soiuzneftexport para a de gasolina etc. Todas essas empresas são subordinadas ao Comissariado do Comércio Externo (*Narcomvneshtorg*).

Nada há de particular nesse terreno. Lembrarei apenas o caso de uma dessas empresas, a Torgsin, que, embora opere unicamente dentro do território soviético, é considerada uma empresa de exportação. Isso porque seus armazéns, espalhados por todas as cidades mais importantes da União Soviética, somente recebem pagamentos em ouro ou moeda estrangeira. Equipara-se, portanto, a uma empresa exportadora. Destinam-se esses armazéns da Torgsin aos estrangeiros em viagem e às pessoas em geral que recebem dinheiro do estrangeiro, de parentes emigrados, por exemplo. A União Soviética recebe anualmente, por esses canais, somas consideráveis.

Esse curioso sistema de *exportação interior* – é o nome que lhe dão – não existe unicamente com relação à Torgsin. Hotéis, estradas de ferro, agências de turismo e outras organizações também recebem pagamentos em moeda estrangeira. Nos restaurantes de alguma importância, por exemplo, os preços são marcados em rublo papel e rublo ouro, que exprime sempre uma equivalência em moeda estrangeira[8]. É essa uma forma de drenar o ouro – ou seu equivalente, que são as moedas estrangeiras – em mãos do público para o Estado, que dele precisa para satisfazer seus compromissos no exterior.

Vejamos o comércio interno. Logo depois da instituição do governo soviético, desapareceu momentaneamente, por completo, toda atividade comercial do país. Substituiu-se a ela, como já vimos, um sistema de

---

[8] Não existe rublo ouro em circulação. O rublo ouro designa apenas uma equivalência em moeda estrangeira e só pode ser saldado com esta espécie.

distribuição pelo Estado. Isso durou até o estabelecimento da NEP, em 1921. O Estado soviético abandonou, então, este seu papel de distribuidor e restituiu ao comércio as suas funções. Desenvolveu-se em larga escala o comércio privado e, à custa dele, chegou mesmo a se constituir uma categoria de ricos negociantes. Esses "*profiteurs*" da NEP hoje desaparecidos passaram para a história com o nome sugestivo de *nepmans*, homens da NEP.

Mas, ao mesmo tempo que o comércio privado assim se desenvolvia, iam-se formando a seu lado, e com a vantagem de um forte apoio do Estado, as cooperativas de consumo. Foi por essas cooperativas que se realizou a socialização do comércio soviético.

Aos poucos, foram elas absorvendo toda a atividade comercial do país e substituindo-se aos negociantes privados. Hoje praticamente todo o comércio soviético está nas mãos das cooperativas. A seu lado figuram apenas os armazéns de Estado, de que falarei adiante. Quanto ao comércio privado, ele só se mantém em certas regiões economicamente mais atrasadas da União Soviética, nas repúblicas do Cáucaso, por exemplo, onde, aliás, todo o processo da socialização retarda enormemente, na indústria e na agricultura inclusive.

As cooperativas de consumo soviéticas formam-se, como as de qualquer outro país, pela associação de consumidores que entram com uma cota para a constituição do capital. Só podem ser membros das cooperativas os trabalhadores, isto é, aqueles que desempenham uma função ativa e legalmente reconhecida.

Existem vários tipos de cooperativa. Cada empresa industrial possui em regra a sua para empregados e operários que nela trabalham. Além dessas, há as cooperativas de bairro para os habitantes do lugar. A gestão das cooperativas é exercida por uma diretoria escolhida, em geral, pelos seus membros. A exceção é unicamente para as cooperativas de empresas industriais, cuja direção passou ultimamente para a administração das respectivas empresas. As cooperativas são todas articuladas entre si e subordinadas a um organismo supremo, o *Centrozoius*.

Na base do comércio cooperativo está o racionamento. Isto é, os membros das cooperativas só podem comprar nelas até concorrência de uma cota fixa. O racionamento foi introduzido na União Soviética em 1929. Ele obedeceu à necessidade de regularizar o escoamento e a distribuição dos gêneros cuja produção não satisfazia ainda às necessidades normais do consumo. E a maior parte deles, especialmente os de primeira necessidade, está nesse caso. Noutro capítulo farei a crítica desse sistema.

Hoje praticamente toda a população do país está organizada em cooperativas de consumo[9]. Fazer parte de uma delas é condição indispensável para obter uma carta de racionamento. E, sem essa carta – ou além da cota que fixa –, os preços são em regra dez vezes superiores.

Ao lado das cooperativas estão os armazéns do Estado. Exatamente como as demais organizações econômicas do Estado, formam os armazéns entidades autônomas que operam numa base rigorosamente comercial. Esses armazéns são em regra subordinados aos sovietes urbanos locais. A diferença entre armazéns do Estado e cooperativas está no fato de que estas só vendem aos seus membros e mediante a apresentação da carta de racionamento. Os armazéns do Estado, pelo contrário, negociam com todo mundo e independentemente da carta. Por isso também seus preços são em geral dez vezes superiores. Pergunta-se, então, como podem esses armazéns subsistirem com preços tão elevados. Primeiro, porque todo mundo consome, em regra, mais do que está fixado na carta, e então é indiferente comprar nas cooperativas ou nos armazéns do Estado. Segundo, esses armazéns são geralmente mais bem sortidos ou negociam com mercadorias não sujeitas a racionamento e que por isso acabam não sendo encontradas nas cooperativas; por exemplo, livros, brinquedos, instrumentos técnicos, aparelhos esportivos, objetos de luxo etc.

Resta-me falar dum último setor do comércio soviético: os mercados colcozianos. Esses mercados foram estabelecidos em 1931 para permitir aos camponeses a venda dos produtos não adquiridos pelo Estado. Até aquela data, toda ou quase toda a produção agrícola era obrigatoriamente

---

[9] É interessante notar aqui que o movimento cooperativo já era, na Rússia, antes mesmo da revolução, muito antigo. A primeira cooperativa de consumo data de 1864, e já em 1905 as cooperativas de consumo contavam nada menos que 13 milhões de membros. A revolução não fez mais que generalizar e universalizar esse sistema.

vendida ao Estado. Tal sistema deu péssimos resultados. Os camponeses, mesmo os coletivizados, ainda conservam a sua mentalidade pequeno--burguesa de produtores independentes. A cessão obrigatória ao Estado de seus produtos, por um preço que não correspondia ao valor que alcançariam num mercado livre (inexistente na época), sempre foi por eles encarada como uma espécie de extorsão. Daí a falta de estímulo com que trabalhavam e, além disso, as dificuldades da fiscalização, os desvios e as sonegações constantes. Diante disso, viu-se o poder soviético obrigado a transigir. Limitou as suas exigências a uma cota calculada na base das possibilidades de cada colcoz ou camponês individual, ficando os produtores com a livre disposição do resto. E, para escoar tais excedentes sobre a cota fixada, criaram-se os mercados colcozianos (chamam-se colcozianos, mas qualquer camponês, mesmo não coletivizado, é neles admitido).

Os preços nesses mercados, ao contrário do que se dá no resto do comércio soviético, onde são fixados pelo Estado, dependem unicamente da oferta e procura, da concorrência de vendedores e compradores. Numa palavra, trata-se de um mercado livre.

Pode-se falar aqui num recuo da política soviética? De fato, organizados ultimamente, os mercados colcozianos reintroduziram no comércio um setor privado que, findo o período da NEP, praticamente desaparecera. É verdade que não se trata propriamente de um comércio livre, porque nos mercados colcozianos não aparecem intermediários, as mercadorias passam direto do produtor ao consumidor. Assim mesmo, contudo, esses mercados não deixam de constituir, na economia soviética, uma nota dissonante, porque criam, ao lado do comércio socializado, um mercado livre, independente do controle direto do Estado e em contraste com o sistema socialista do país. Trata-se, portanto, incontestavelmente, de um recuo. Diante da hostilidade dos camponeses contra o antigo sistema, era preciso contemporizar e ceder, pelo menos por um tempo. E foi o que se fez.

Esse recuo tem sido interpretado por muitos críticos como um sintoma de desagregação do sistema soviético. Mas, analisada com atenção, verifica-se que essa crítica não procede. Em primeiro lugar, os mercados colcozianos já apareceram há quase dois anos. No entanto, até hoje, a prevista desagregação nem de leve se manifestou. Pelo contrário, a socialização da economia soviética só tem ganhado terreno. Em segundo lugar, a importância dos mercados colcozianos não tomou nem de longe o vulto que se esperava. Acha-se mais ou menos estacionária e não criou dentro do sistema econômico do país uma contradição que seriamente o ameaçasse.

A questão dos mercados colcozianos deve ser colocada nos seguintes termos: o plano quinquenal foi um período de rápida desvalorização da moeda, provocada por uma inflação considerável. Deu-se, por isso, um desajustamento de preços, que trouxe como consequência a citada reação dos camponeses. A solução do caso, portanto, está num reajustamento da economia soviética que a execução do primeiro plano quinquenal submeteu a uma prova tremenda[10].

Não se pode, portanto, dizer que os mercados colcozianos representem uma brecha no sistema econômico do país. São um organismo que resolve de modo satisfatório uma dificuldade momentânea, nada mais. Desaparecerão fatalmente com essa dificuldade. Isso porque não se integraram com caráter definitivo na economia soviética. Pela forma com que funcionam e não dispondo de um aparelhamento comercial autônomo (como se dava no período da NEP com o comércio livre), os mercados colcozianos se conservam na dependência do sistema socialista da União Soviética. Nessas condições, logo que desaparecerem as circunstâncias do momento que determinaram sua criação, eles serão fatalmente reabsorvidos por aquele sistema.

---

[10] Sobre os efeitos diretos e indiretos do plano quinquenal sobre a economia soviética, vou-me estender com mais vagar noutro capítulo.

ORGANIZAÇÃO SOCIAL

VIDA E RELAÇÕES SOCIAIS

A ditadura do proletariado não é, na União Soviética, apenas um fato político e não representa somente uma transformação econômica total. Ela também imprimiu profundamente o seu cunho na vida social do país, alterando por completo os seus hábitos, as concepções dominantes, invertendo todos os valores sociais.

Esse fenômeno não é novo. Todas as classes que no curso da história ocuparam o poder sempre ditaram à sociedade que dominavam o seu modo particular de ser e de pensar. A moral, os costumes, a religião, a própria ciência oficial não foram nunca mais que o produto das classes dominantes. É com essas armas ideológicas que elas completam o seu domínio político e econômico. A mesma coisa se deu na União Soviética. Passando a dominar, o proletariado russo subordinou a seu modo particular de ser e de pensar toda a vida do país. E, em caso algum, esse fato é tão sensível. A transformação brusca do regime, a originalidade do sistema soviético, isolado entre organizações completamente distintas, o que torna patentes os contrastes, tudo isso empresta às particularidades da vida soviética um realce considerável. Dificilmente se encontraria na história outro fato que de modo mais palpável indicasse o caráter classista de um regime político e social.

A União Soviética é verdadeiramente um país de trabalhadores, de operários. Mesmo sem aprofundar as suas observações, é essa uma impressão que o viajante colhe apenas entra em contato com ela. Revela-o a própria fisionomia do país. Por toda parte, seja onde for, a multidão com que depara é uniformemente a mesma. Nas ruas, nos teatros, nos cinemas, nos museus, em qualquer lugar, o que vê são sempre trabalhadores. A União Soviética tem o aspecto exterior de um grande bairro operário de país capitalista. Embora se mantenham diferenças materiais entre os indivíduos, elas mal se notam. É que não trazem, como nos países burgueses, segregação. Todo mundo na União Soviética se confunde. Todas as portas se abrem igualmente para todos: as diferenças materiais não significam diferenças sociais. Nas cidades, a homogeneidade da população em todos os bairros é completa. Não há setores privilegiados que se reservam para determinadas categorias. Em Moscou, nada menos de 500 mil operários afluíram depois da revolução para os bairros centrais, habitados até então, quase exclusivamente, pelas classes abastadas. E são ainda operários que ocupam, em Leningrado, os magníficos palácios da antiga aristocracia tsarista. E o mesmo se dá em toda parte.

O que se verifica nas casas dá-se também nas funções. Em todas elas, sejam políticas, administrativas, sejam econômicas, são sempre operários ou antigos operários que predominam. Os principais dirigentes soviéticos são, com poucas exceções, operários. Nos sovietes, a grande maioria também é formada por eles[1]. Entre os funcionários públicos, os empregados das empresas industriais ou comerciais, mesmo entre os técnicos, são também antigos operários que figuram em maior número.

Esse contato permanente com elementos saídos do proletariado dá logo ao observador estrangeiro uma amostra palpável do caráter do regime. Ninguém na União Soviética, a menos que feche deliberadamente os olhos, poderá duvidar um só instante que se encontra num país diferente dos outros, em que a ordem social que prevalece no resto do mundo foi totalmente invertida.

---

[1] Salvo, naturalmente, nos sovietes rurais, onde a predominância é de camponeses. Em regra, os mais pobres.

Nos hábitos, as distinções ainda são mais patentes. Uma circunstância que logo chama atenção é a ausência total de toda essa ostentação vazia dos países burgueses, de tal forma neles radicada que já mal se nota. O contraste que nesse terreno oferece a União Soviética é considerável. Não existe lá nenhuma dessas encenações que cercam os menores acontecimentos da vida burguesa. Essa observação quase não comporta exemplos, porque é fruto de uma impressão constante, de todos os momentos. Destaco, no entanto, alguns fatos particulares que presenciei e que mais me impressionaram. Eles servirão para dar aos leitores uma ideia desta minha impressão, que é, aliás, a de todo mundo que visita a União Soviética.

Visitando um *profilactorium* de prostitutas de Moscou, fui introduzido, com vários visitantes (um grupo de cinco ou seis pessoas), numa sala reservada ao museu da instituição. Realizava-se ocasionalmente nessa sala uma conferência de delegados das várias repúblicas soviéticas, reunidos para assentarem novas medidas de combate à prostituição e às moléstias venéreas. Tratava-se, portanto, de um congresso de grande importância, de que aliás participavam as maiores notabilidades soviéticas na matéria. Nem por isso os congressistas se vexaram com nossa importuna intromissão. Embora se tratasse de visitantes estranhos à sua especialidade, sem representação alguma para eles, não tiveram a menor dúvida em interromper o seu trabalho e, sem ao menos as apresentações e demais formalidades preliminares do estilo burguês, puseram-se com a maior boa vontade à nossa disposição para qualquer esclarecimento desejado. Não lhes importava nossa qualidade; bastava o fato de estarmos interessados num assunto em que o seu auxílio podia ser útil. Não posso imaginar semelhante cena em outro país qualquer, onde tudo, inclusive a ciência, serve de pretexto para encenações solenes.

A mesma falta de espetaculosidade nota-se nos tribunais, exemplo característico, porque todo mundo conhece a ostentação e os formalismos puramente decorativos que cercam o funcionamento da justiça burguesa. Na União Soviética, tudo é o mais simples possível. Em plena sessão, os juízes tratam todo mundo e são tratados de igual para igual. Ninguém se levanta à sua entrada ou saída nem dá quaisquer outras mostras exteriores de respeito ou homenagem. Fuma-se à vontade e, durante os intervalos, advogados, procuradores, funcionários do tribunal e os próprios juízes deixam os seus lugares e vão se misturar com o público. Mais que a uma sessão de tribunal, tem-se a impressão de assistir a uma reunião de amigos e companheiros.

Seja nas grandes, seja nas pequenas coisas, a vida soviética sempre respira essa mesma simplicidade de um país de trabalhadores em que o fausto, a ostentação e tudo aquilo que faz o brilho externo e enganador da sociedade burguesa foi por completo abolido.

Mas esse caráter proletário da vida soviética não fica apenas na superfície, no seu aspecto exterior e mais sensível. Penetra-o integralmente e contribui, talvez mais que qualquer outra das peculiaridades do regime, para fazer da União Soviética um mundo verdadeiramente à parte. Haja vista o que se dá com o "trabalho". Pode-se dizer que tudo na União Soviética gira em torno dele. País de trabalhadores, o trabalho é naturalmente o supremo valor. Já não se trata, como nos países burgueses, de uma simples obrigação, imposta pela necessidade da subsistência. É a própria razão de ser do homem. Não é um meio; é um fim. A identificação da vida soviética com o trabalho é completa. A União Soviética faz lembrar essas comunidades de insetos em que tudo é função imediata do trabalho. Nas próprias distrações, o trabalho conserva o seu domínio. Nunca se sabe ao certo onde este acaba e começam aquelas. Trabalho e distrações se justapõem e se completam. Os clubes operários, por exemplo, não são mais que prolongamentos da oficina. O operário, que, findo o seu dia, para eles se dirige, não faz mais que reatar um trabalho apenas interrompido. O clube dos ferroviários de Karkov, por exemplo, é uma empresa ferroviária em miniatura. Nada lhe falta para isso. Uma pequena linha, material rodante completo, estações, armazéns, cabines de sinalização, oficinas etc. E tudo isso, embora em reduzida escala, reproduz a realidade com rigorosa precisão. Existe ainda no clube um laboratório e um pequeno museu onde são expostos aparelhos ferroviários e amostras de material empregado nas estradas. É nesse ambiente, que reproduz com fidelidade a oficina onde trabalham, que os sócios do clube passam as suas horas de repouso.

Essa impregnação do trabalho se manifesta em todos os setores da vida soviética. É ele, por assim dizer, que a define, que a enquadra. As verdadeiras células elementares da nova sociedade soviética são os quadros de trabalho. É com seus companheiros de trabalho que o cidadão soviético passa a maior parte de sua existência, mesmo na sua atividade fora do trabalho. Os clubes são todos profissionais. O mesmo se dá, em grande parte, com outros centros de diversão: cinemas, teatros, campos de esporte etc. Também as casas de repouso onde o trabalhador vai gozar suas férias são organizadas por profissões.

Em paralelo, deu-se uma completa inversão de valores sociais, que passaram a girar unicamente em torno da questão trabalho. O único padrão por que hoje se aferem os valores na União Soviética é o trabalho. Vale mais, goza de maior consideração, sobe no conceito de todo mundo quem mais ou melhor trabalha. Temos disso uma prova sensível no critério pelo qual se distribuem as ordens honoríficas criadas pela revolução. Em regra, elas são conferidas, quase com exclusividade, aos que se destacam no trabalho. Mas onde essa valorização extrema do trabalho, elevado a título supremo de mérito, se manifesta de forma patente é na emulação que em torno dele se criou. É esse um dos aspectos mais interessantes da União Soviética. O país está hoje transformado numa arena imensa onde se disputa com todo ardor uma prova de que o mundo ainda não teve notícia: a prova do trabalho. Destacar-se nela é a ambição suprema do cidadão soviético. Não exagero. Quem visita a União Soviética tem constantemente sob os olhos a prova disso. Cada empresa – fábrica, usina, fazenda – possui o seu quadro de honra em que figuram os nomes daqueles que nesse terreno se salientam. A inclusão nesse quadro representa, para o trabalhador soviético, um título que certamente vale mais que qualquer recompensa material. Significa para ele a consideração de todos os seus companheiros. E não só desses. A emulação está na União Soviética organizada em escala nacional. Por toda parte, em teatros, cinemas, edifícios públicos, até praças e ruas, abundam outros tantos daqueles quadros de honra. Finalmente, a imprensa e o rádio se encarregam de levar para todo o país o nome desses novos heróis que o regime soviético criou: os heróis do trabalho.

110   Caio Prado Júnior

E há mais. Se na União Soviética se pode falar numa elite, esta é formada pelas *brigadas de choque*. A fama dessas brigadas já passou as fronteiras soviéticas, e não há hoje quem não tenha ouvido falar nelas. Constituem-se, em cada empresa, dos seus melhores trabalhadores, aqueles que satisfazem não só a sua tarefa normal, mas alguma coisa mais que isso; aqueles que estão prontos, a todo momento, para realizar um trabalho extra. São contingentes de trabalhadores em estado de permanente mobilização e que ao primeiro apelo devem acorrer para onde quer que seja preciso um esforço suplementar.

Os membros dessas brigadas gozam de uma consideração notável. Todo mundo os respeita e admira. Quando se quer recomendar alguém na União Soviética, a melhor referência é sempre esta: é um brigadeiro de choque.

Essa valorização máxima do trabalho, elevado a critério único de classificação social, só se explica pelo caráter do regime. De fato, ele traduz um dos traços mais salientes da psicologia proletária. A vida de um operário gira inteiramente em torno do seu trabalho, de que ele faz o centro único das suas preocupações. A isso o educou e educa o capitalismo. Mais que qualquer outra categoria social, onde a maior ou menor participação na propriedade privada cria caracteres peculiares, derivados dessa propriedade, ele se identifica ao trabalho que lhe absorve todas as atenções. Ninguém melhor que um operário compreende a significação econômica e social do trabalho. Para isso não precisa dos tratados de economia e sociologia; ele o aprende com a experiência de todos os dias. Não admira, portanto, que, impregnado dessa concepção que lhe advém da posição social que ocupa, ele a imponha à sociedade em que domina.

––––––

Outro caráter que o regime soviético imprimiu na vida do país é a ausência de qualquer hierarquia social. Não que exista igualdade material. Dessa igualdade a União Soviética ainda está, como já indiquei, relativamente longe. Mas essa diferença fica no terreno estritamente material. Não traz, em absoluto, contrastes de ordem social, não cria categorias sociais hierarquizadas. A distinção não é sutil. Ela é sensível para qualquer observador da vida soviética. A diferença que há neste terreno para as sociedades de organização burguesa é notável. Uma situação material mais folgada ou uma posição social de destaque não traz consigo privilégio algum, não coloca o indivíduo em nenhum plano superior. Nesse sentido, a igualdade é absoluta.

Isso se nota nas próprias relações exteriores entre os indivíduos, em que todas essas marcas de respeito ou homenagem que constituem o complicado código burguês das atitudes e dos tratamentos convencionais foram por completo abolidas. A norma é sempre a mesma para todo mundo. Um único tratamento –o *camarada* dos operários – é indistintamente empregado. Camaradas são todos, do simples trabalhador não qualificado, com oitenta rublos apenas de salário mensal, aos comissários do povo. E as saudações também são as mesmas, trate-se de quem for.

É difícil reproduzir com palavras a impressão de igualdade que se tem na União Soviética. Para senti-la é preciso ter lá estado. Também nos países burgueses se fala em igualdade; no entanto, trata-se de uma igualdade bem diferente da igualdade soviética. Palavras não bastam. O nosso vocabulário é insuficiente para descrever uma situação para que ele não foi feito.

Pode-se fazer uma ideia aproximada da igualdade que reina na União Soviética analisando-se a organização do seu exército. Fez-se nele a distinção destas duas coisas: hierarquia militar e hierarquia social. Estamos tão acostumados com a organização dos exércitos burgueses que nem percebemos mais que atrás da hierarquia militar se esconde uma hierarquia social. O oficial burguês não é apenas um superior militar; é também, com relação aos simples soldados, um superior na ordem social. E por isso o igualitarismo do sistema soviético salta aos olhos quando estudamos a organização do Exército Vermelho. Isso porque até nessa organização, onde à primeira vista nem parece ser o caso, ele imprimiu o seu cunho. Não se conservou na hierarquia do Exército soviético o mais leve traço de caráter social. Entre superiores e inferiores mantém-se apenas uma distinção puramente militar, técnica. Como profissionais, uns dirigem, outros seguem. E é só. Fora daí, a igualdade é completa. A não ser nos assuntos estritamente militares, desaparece qualquer subordinação; nem a continência, fora do serviço, é mantida. Nos bondes, trens e outros lugares públicos, é comum verem-se oficiais das mais altas patentes de pé e soldados comodamente assentados. Não passaria pela cabeça de nenhum a ideia de ceder o seu lugar.

Tal é, em reduzida escala, o aspecto geral da sociedade soviética. As democracias burguesas inscrevem pomposamente nas suas bandeiras o lema da igualdade entre os homens. Mas é a "tirania" soviética o único regime que verdadeiramente a realiza.

FAMÍLIA

Costuma-se alegar que os sovietes são "contra" a família. Confunde-se nessa crítica um processo histórico – a transformação da família com o advento da revolução – com uma hostilidade deliberada que não existe e não teria razão de ser. É incontestável que a família tem sofrido na União Soviética profundas modificações. Nem era de esperar outra coisa. Não seria compreensível que permanecessem tais quais as relações de família enquanto todo o resto da estrutura econômica e social do país passava por transformações radicais. A família como realidade acima das contingências históricas, como fato independente da evolução social, só pode existir para quem nunca observou as várias fases, todas elas distintas umas das outras, por que passou e passa, no tempo e no espaço, a organização familiar. A família é, como qualquer outro fenômeno social, um simples produto de circunstâncias históricas. Sempre variou e continua a variar. Não há motivo, portanto, para se descobrir naquela que hoje possuímos um tipo fixo e definitivo. Se até hoje a variabilidade tem sido a regra, por que duvidar que essa variabilidade se mantenha no futuro? Foi isso o que se deu na União Soviética. Realizando-se nesse país uma reforma econômica e social completa, a família naturalmente seguiu o mesmo caminho. A transformação da família na União Soviética é a resultante natural do processo revolucionário que o país atravessa.

Aliás, o regime soviético não fez mais, nesse terreno, que resolver uma contradição que há muito já vem minando os alicerces da família burguesa. Na sociedade burguesa atual, a consistência da família é mantida apenas pela persistência de leis, costumes e uma moral obsoletos. Desde o advento do capitalismo, a família, tal como a conhecemos, está condenada. Quando as necessidades da produção começaram a chamar para o trabalho fora do lar doméstico mulher e filhos em tenra idade, iniciou-se a dissolução da família sem que houvesse lei ou prédica moral que impedisse. Que significa a família numa sociedade em que a maior parte da vida e atividade de seus membros se passa fora do lar doméstico? A desagregação tinha por força que se operar. E foi o que se deu. A liberação da mulher da dependência econômica do marido trouxe como consequência sua gradual emancipação social. O obstáculo que esse processo encontra nas leis e na moral vigentes é o único entrave que a sociedade burguesa ainda opõe à destruição das bases em que assenta a família de hoje. Uma vez a mulher completamente emancipada, a família que conhecemos entrará na sua fase final. Por isso a sociedade burguesa reluta. A família ainda é um de seus mais poderosos esteios – não é sem fundamento que figura, ao lado da religião e da pátria, em todas as bandeiras da reação – e, à sua destruição pura e simples, ela prefere todas as contradições e os conflitos insanáveis que a rasgam.

A Revolução Russa não fez mais que completar esse processo que herdou do regime que a precedera. Consagrou a emancipação definitiva e total da mulher. Fez mais. Preparou as condições necessárias para tornar efetiva essa emancipação.

Em primeiro lugar, tratou de abolir o trabalho doméstico da mulher. É esse trabalho, como se sabe, um dos maiores entraves à emancipação feminina. Impondo à mulher funções dentro do lar que absorvem grande parte da sua atividade, ele a coloca na dependência completa do marido naquilo que diz respeito à sua subsistência. E sem independência econômica não se pode falar em emancipação. Para abolir o trabalho doméstico da mulher, criaram-se as habitações e restaurantes coletivos. Todas as grandes empresas mantêm restaurantes para os seus empregados. Além disso, existem organizações independentes que fornecem em domicílio refeições preparadas. Quanto às habitações coletivas, elas estão organizadas de modo a libertar a mulher de todas as demais ocupações domésticas: limpeza etc.

A mesma coisa se dá com relação à criação e educação dos filhos. Na medida em que essas funções ainda precisam caber à mulher, uma série de providências torna possível harmonizar o seu desempenho com uma atividade produtiva extrafamiliar. A gestação deixou de ser um obstáculo ao trabalho da mulher. Dois meses antes do parto e até igual período depois, ela é licenciada, percebendo salários integrais. Por sua vez, as creches, que existem praticamente em todas as grandes empresas e em todos os bairros de população operária densa, substituem as mães nas horas de trabalho[2]. E, durante o período da amamentação, é-lhes concedido o direito de interromper o trabalho tantas vezes quantas forem necessárias, de acordo com as prescrições médicas, para alimentar os filhos. Nada, portanto, se opõe a que a mulher adquira pelo trabalho uma posição econômica independente e dessa forma se libere por completo da autoridade marital.

Isso quanto à posição da mulher. Em relação aos filhos, a criação e a educação ainda cabem, na maior parte, dentro da órbita familiar. São ainda os pais que representam nesse terreno o principal papel. Mas a autoridade paterna se exerce unicamente dentro dos limites fixados pelo interesse dos filhos. Tudo o que escapa desses limites – e que nos países de organização burguesa é ainda tão sensível, principalmente sob a forma grandemente generalizada da exploração do trabalho dos filhos – foi abolido. Nessa sua função educacional, e rigorosamente só nela, está a última razão de ser da família soviética.

Contudo, mesmo nesse terreno, o seu raio de ação acha-se limitado por uma série de instituições que, contrabalançando e até certo ponto contrariando e corrigindo a orientação familiar, completam a educação e formação infantis. Sem contar a escola – que não é, nem procura ser, pelo contrário, um "prolongamento da família", segundo a tendência mais pronunciada da pedagogia burguesa –, existem ainda outras organizações – pioneiros, uniões da juventude etc. – que fazem da criança outra coisa mais que simples produtos do ambiente familial. Desde cedo, procura-se integrar a criança na vida social, extrafamiliar, reduzindo, assim, ao mínimo possível a influência dos pais.

---

[2] No campo é a mesma coisa. Sovcozes e colcozes, todos possuem as suas creches.

Esse processo de dupla emancipação da mulher e dos filhos do poder paterno, que as instituições soviéticas, ao contrário das burguesas, não só consagram, mas ainda de todas as formas favorecem, constitui o ponto de partida para a transformação da família soviética. Perdendo a consistência que essas relações de dependência entre seus membros lhe conferiam, ela deixou de representar o papel de base que lhe cabe nos regimes burgueses. Sua permanência resulta hoje unicamente – afora o peso da tradição – da necessidade de manter uma instituição cujas funções ainda não se transferiram por completo e por enquanto não se podem transferir para outros órgãos.

Subsistindo a família, o direito soviético naturalmente a reconhece. Mas não é a família como tal que está em jogo, e sim apenas a necessidade da proteção aos indivíduos que a compõem. Nisso o direito soviético difere radicalmente do direito burguês. Ele não procura, como este último, *proteger* a família. Consagra-a, sim, como meio de garantir os interesses, e direitos daí derivados, de cônjuges e filhos. Ao contrário do direito burguês, que parte da família e de acordo com ela regula a situação de seus membros, o direito soviético em primeiro lugar considera o interesse destes últimos e a ele subordina a organização da família. E é por isso que não estabelece distinção alguma entre situações simplesmente de fato e situações legalizadas. Ambas são consideradas, para todos os efeitos, situações de direito. A legalização de qualquer relação familial é uma simples garantia suplementar que, gerando presunções, torna as situações mais claras e definidas. Assim o casamento não deriva só do registro. Este é mera formalidade. O casamento nasce da *situação de casado*, isto é, da vida em comum de homem e mulher. Os tribunais são obrigados a declará-lo quando invocados, e a sentença tem o mesmo efeito que o registro, isto é, legaliza a situação. Isso também se dá com o divórcio. A separação de fato dos cônjuges tem os mesmos efeitos que o divórcio legalizado, isto é, registrado. E a legalização, tal qual no caso do casamento, pode ser obtida, independentemente do registro, por sentença dos tribunais.

Esses princípios também se aplicam aos filhos. Isto é, não há distinção alguma entre filhos nascidos na vigência do casamento ou fora dele.

Noutras palavras, não existe diferença entre filhos naturais e legítimos. A situação dos filhos é sempre a mesma, sejam quais forem as relações entre os pais na data do nascimento ou da concepção. Como se vê, não existe na legislação soviética preocupação relativa à estabilidade da família. O seu interesse é unicamente para os indivíduos que a compõem.

Não pretendo discutir aqui qual dos dois sistemas, o soviético ou o burguês, se justifica. Nem cabe tal indagação quando estamos diante de duas organizações sociais distintas, cada qual com sua finalidade própria. O regime burguês tem razões de sobra para conservar a família que conhecemos. Acima de quaisquer outras considerações está naturalmente para ele a questão da sua própria conservação e estabilidade. E para isso contribui enormemente a organização atual da família. Por várias razões. Sua rígida hierarquia, que sobrepõe marido a mulher, pais a filhos, e estabelece ainda distinções no valor respectivo dos sexos – a mãe e as filhas estão sempre em plano inferior ao do pai e dos filhos –, cria desde cedo na criança a ideia da necessidade das diferenças sociais, cerca os indivíduos já na infância de uma pequena sociedade que reproduz em miniatura a hierarquia da sociedade burguesa. E a ela os vai acostumando. A disciplina, o respeito à ordem estabelecida, fatores de maior importância para o regime burguês, encontram na família sua primeira e mais profícua escola. Por sua vez, o ambiente familial desenvolve no indivíduo o apego por valores individualistas, ofuscando os ideais coletivos, que substitui pelos da família. Isso é particularmente importante para a ordem burguesa. Pondo em primeira linha segurança e bem-estar da família, ela mina os ideais e a solidariedade de classe do proletariado, que fragmenta numa infinidade de pequenos círculos fortemente apegados a mesquinhos e estreitos interesses individualistas. Nos grandes movimentos de massa, greves ou lutas políticas, a família tem sempre representado o papel de freio. É assim, como diz Edwin Hoernle, "um aliado invisível da ordem burguesa, ameaçada por estes movimentos"[3].

Com tais caracteres, é natural que a família mereça do regime burguês os maiores esforços em prol da sua manutenção. O mesmo não se dá,

---

[3] Edwin Hoernle, *Educação burguesa e educação proletária* [(São Paulo, Unitas, 1934)].

é óbvio, com o regime soviético. A conservação da família lhe interessa unicamente na medida em que faltam outros órgãos que lhe encampem todas as funções. Nada impede, portanto, que ele a adapte às condições econômicas e sociais vigentes, isto é, que lhe tire a estabilidade em proveito de outros interesses mais importantes em jogo. Não se pode, portanto, em boa lógica, encarar a família soviética através do mesmo prisma que a burguesa. A ambas competem atribuições distintas. É em função dessas atribuições que devem ser julgadas.

Neste sentido, a que chegou o regime soviético? Noutras palavras, que repercussões sociais teve a transformação da família? Quero antes notar que esse processo de transformação está longe do fim. O que antes eu disse refere-se mais ao sentido geral da evolução familial da União Soviética do que às etapas realmente transpostas. Abrindo amplamente as portas para essa evolução, o regime soviético não forçou por elas a família. Retirou os entraves, preparou condições propícias para ela, mas ainda não a levou a termo. Atrás da família e sustentando-a, acumula-se um passado demasiado longo para qualquer mudança brusca. A família, tal qual a conhecemos, ainda conserva na União Soviética grande parte de sua força. As relações entre seus membros, salvo no que diz respeito à subordinação de uns a outros, no sentido de uma submissão quase absoluta da mulher ao marido e dos filhos aos pais – tal subordinação praticamente desapareceu –, no mais essas relações ainda conservam substancialmente o mesmo caráter das da família burguesa. Os sentimentos familiais, por exemplo, na medida em que pude observá-los, e sempre naturalmente com a exceção assinalada, conservam-se mais ou menos os mesmos. Numa palavra, mantém-se a coesão da família soviética num grau apreciável, e certamente sua dissolução total não é para as atuais gerações.

Por sua vez, na sua significação social, na sua projeção exterior, a família perdeu, se não toda, pelo menos quase toda a importância. As suas funções precípuas, se não passaram por completo para outros órgãos e instituições, pelo menos sofrem a intervenção de influências decisivas vindas de fora. Influências estas que só tendem a crescer. Nessas condições, a família no regime soviético está longe de ser o que é nas sociedades de

118 Caio Prado Júnior

constituição burguesa, onde, apesar dos tímidos ensaios da legislação mais recente, ela ainda é soberana em seus domínios.

Em conclusão, se o regime soviético não suprimiu a família, tirou-lhe pelo menos os caracteres negativos, aqueles a que se opõe a satisfação do que podemos considerar as mais legítimas aspirações da humanidade atual: a emancipação definitiva da mulher e a formação das novas gerações dentro de um largo espírito de solidariedade coletiva e não de mesquinhos egoísmos domésticos e individualistas.

RELIGIÃO

A questão religiosa tem sido, e ainda é, um dos temas favoritos de que se servem os adversários da URSS para ilustrar o "terror soviético". Não preciso repetir o que vem sendo essa campanha. Quem não ouviu falar ainda dos fuzilamentos em massa de sacerdotes, saque de templos e outras tantas atrocidades cometidas pelos sovietes contra esses neomártires do século XX que são os cristãos russos? Os motivos reais dessa campanha não podiam escapar aos prevenidos. Jogar com o sentimento religioso dos homens é expediente político de longa data. A burguesia internacional que se propusera destruir o regime vigente na União Soviética, fosse por que meio fosse, não poderia esquecer tão preciosa arma. Mas nem todo mundo é assim inacessível ao martelar incessante de uma propaganda sistemática e tenaz. E por isso a suposta política de repressão violenta ao pensamento religioso na União Soviética já passou para muita gente em julgado. Não são poucos aqueles que, na maior boa-fé, ainda acreditam que todas essas atrocidades que a imprensa capitalista do mundo inteiro veicula são a expressão da verdade. No entanto, visitando-se a União Soviética, logo se constata a sua absoluta falsidade. Para isso não são necessárias pesquisas ou inquéritos complicados; basta a mais ligeira e superficial observação.

Na União Soviética, existe completa liberdade religiosa não só nas leis (é esta uma das garantias inscritas na Constituição de todas as repúblicas soviéticas), como ainda nos fatos. Por toda parte ainda existem templos afetos ao culto e em pleno e normal funcionamento. São fechados ou votados a outros fins unicamente aqueles que não se podem manter por falta de fiéis. E, mesmo assim, ainda é exigida para essa providência a requisição dos habitantes do lugar servido pelo templo em questão. Esse assunto é minuciosamente regulado em lei de forma a afastar a possibilidade de qualquer abuso. E esse rigor da lei é tão verdadeiro, é tão real na prática, que a religião ainda conserva em muitos lugares seus mais suntuosos templos. Assim, em Kiev, a Catedral de Santa Sofia, um dos mais notáveis monumentos históricos e artísticos da União Soviética, se não da Europa inteira, continua até hoje afeta ao culto. Eu mesmo tive ocasião de assistir nela a uma cerimônia religiosa. E, o que é mais de se estranhar, essas igrejas, exatamente como fariam no país mais carola do mundo, repicam seus sinos para convocar os fiéis. Observei também que os sacerdotes, revestidos de todas as suas insígnias, apresentavam-se em público, nas ruas ou em qualquer outra parte, com a mesma naturalidade que em outro país qualquer. Ninguém os molestava, nem ao menos sua presença era notada, e certamente não se sentiriam mais garantidos nas ruas da Cidade do Vaticano. Esses fatos, parece-me, não depõem muito a favor do terror antirreligioso dos sovietes.

Pode-se até dizer que há hoje na União Soviética mais liberdade religiosa que nos tempos dos tsares. Parece paradoxo, mas não é. Todo mundo tende a esquecer que o império tsarista nunca formou mais que uma unidade política e que dentro dessa unidade se comprimiam dezenas de nacionalidades diferentes, cada qual com seus hábitos próprios, seus costumes, sua religião. E todas essas religiões, salvo a oficial, a da Igreja Ortodoxa Russa, sempre foram vítimas, por parte do governo tsarista, da maior intolerância. As perseguições que sofriam tomavam às vezes o caráter de verdadeiros massacres, de que são exemplo os famosos *pogroms* contra os judeus. Desses fatos não se lembram os detratores do regime soviético. Fora da ortodoxia nunca se gozou de paz e liberdade religiosa na Rússia tsarista.

Pelo contrário, os sovietes puseram todas as religiões em pé de igualdade. Reconheceram-lhes os mesmos direitos, as mesmas regalias. Hoje professa-se na União Soviética a religião que se quer, o que não acontecia na Rússia imperial. Existe ou não, portanto, maior liberdade?

Resta a propaganda antirreligiosa. Ela existe e é fortemente amparada pelo poder soviético. Desde o advento da revolução, foi declarada contra o pensamento religioso uma guerra de morte, e liquidá-lo definitivamente tem sido uma das principais cogitações do regime soviético. Por quê?

Essa oposição tem suas raízes na própria essência da revolução. Não resulta de um ódio improvisado. É a atitude lógica e coerente de um regime revolucionário, isto é, transformador, que na realização de sua tarefa precisa neutralizar e destruir todos os obstáculos com que depara no caminho. Ou isso, ou a renúncia. Não é aqui o lugar próprio para debater a questão do reacionarismo do pensamento religioso. Houve religiões que encarnaram ideologias revolucionárias. Foi o caso, por exemplo, da Reforma. Mas isso passou. Hoje as religiões são, sem exceção, reacionárias. Representam um obstáculo considerável oposto à revolução social. Com suas superstições, com o obscurantismo que as caracteriza e, principalmente, pela resignação e pela passividade que infundem nas massas, elas são aliadas naturais da ordem estabelecida, da ordem burguesa. Não é por acaso que todo recrudescimento da reação é sempre acompanhado de um revigoramento da religião. A razão é que esta é sempre um instrumento daquela. Exemplos nesse terreno não faltam. Não precisamos ir longe. Basta-nos observar o que hoje em dia se passa no Brasil.

São estes os fundamentos da luta antirreligiosa na União Soviética. Não são possíveis a destruição da sociedade burguesa e a construção de uma nova sociedade com um povo mergulhado na ignorância e passividade religiosa. Mas, antes de criticar essa luta, veja-se em que consiste.

Os exemplos que citei mostram que não intervém em nada a coação, a repressão violenta. Os únicos processos empregados são a educação e a propaganda. O ensino tornou-se não só leigo, mas ateu. Procura-se afastar o povo do culto religioso atraindo-o a outras ocupações, espetáculos, comícios etc. que se realizam na mesma hora que as cerimônias religiosas e em lugares próximos aos templos. Quanto à propaganda, ela se reveste de todas as formas possíveis. Imprensa, rádio, literatura, cinema, teatro, tudo contribui. Por toda parte se organizam ligas e associações antirreligiosas. Criaram-se finalmente os já famosos museus antirreligiosos.

É esse o aspecto mais interessante dessa campanha. Estou convicto de que a visita a um desses museus abalaria a fé do crente mais fervoroso. Destruiria pelo menos todo o respeito e a simpatia que tivesse pelos agentes da religião: o clero. A reconstituição extremamente viva e rigorosamente objetiva que se faz nos museus soviéticos, da história das religiões e dos seus processos, é de molde a convencer qualquer pessoa. Gráficos e esquemas mostram o custo da manutenção do clero na Rússia pré-revolucionária – somas astronômicas, que eram anualmente canalizadas para satisfazer o luxo extravagante e desbragado de uma casta parasitária. Fotografias e outras ilustrações indicam as fontes de renda desse clero: comércio de relíquias, velas, imagens sagradas; larga participação na propriedade capitalista; latifúndios imensos e em que trabalhavam centenas de milhares de camponeses vergados sob o peso de uma exploração e opressão inauditas; títulos de empresas industriais etc. Os podres da Igreja são postos a nu. Exibem-se documentos secretos da antiga polícia tsarista contendo informações sobre atividades revolucionárias, colhidas por sacerdotes no confessionário. Fotografias e quadros ilustram a atividade do clero durante a guerra mundial, quando o nome de Deus servia para atirar na luta, em holocausto às ambições das classes dominantes, o povo explorado e oprimido. Os pseudomilagres com que a Igreja explora a credulidade pública são cientificamente explicados. O Museu Antirreligioso de Leningrado, um dos mais perfeitos da União Soviética, que está instalado na antiga catedral de Santo Isaac, expõe o corpo mumificado do príncipe Teodósio de Chernigov, falecido em 1596 e que, em 1896 – portanto, três séculos depois –, foi encontrado em perfeito estado de conservação. Tendo-se atribuído esse fato a um milagre, Teodósio – que, diga-se de passagem, fora em vida um modelo de crueldade e depravação – foi santificado, e sua memória, entregue oficialmente à veneração dos crentes. Trazido depois da revolução para o museu de Leningrado, o corpo é apresentado com um laudo pericial em que o "milagre" é atribuído a um caso comum de mumificação natural, frequente em regiões frias. E, para comprovar essas conclusões, exibem-se conjuntamente várias múmias idênticas trazidas da Sibéria, onde certas tribos de naturais, em vez de enterrarem seus mortos, deixam-nos expostos em caixões descobertos. E, como regra, eles se mumificam, sem que para isso seja necessária a intervenção divina.

O obscurantismo reacionário da religião também encontra o seu lugar nos museus soviéticos. No mesmo museu de Leningrado é relatado, com figuras e desenhos, o famoso processo de Galileu, e ao lado reproduz-se a experiência do pêndulo de Foucault. Pode-se imaginar representação mais sugestiva do contraste de processos empregados pela religião e pela ciência na busca da verdade?

Agora pergunto: pode-se negar a alguém ou a um regime o direito de combater a religião apelando para a razão e a inteligência do indivíduo, abrindo-lhe os olhos para a verdade? Uma vez que se permite à religião, nos países burgueses, fazer a propaganda por esses processos indecorosos de mistificação que são os milagres e outros expedientes do mesmo gênero, por que acusar os sovietes, que fazem a sua propaganda com a ciência e a verdade?

Hoje, graças a essa luta sem tréguas de muitos anos, a religião deixou de ser um problema na União Soviética. O país é atualmente um país sem religião, um país de ateus. Conservam-se fiéis à religião apenas os que já trouxeram do regime passado uma mentalidade cristalizada, incapaz de evoluir, de se transformar. As novas gerações, pelo contrário, já se libertaram por completo de qualquer superstição religiosa. Nas igrejas não se vê um só moço. Aliás, a frequência geral nelas é diminuta.

Mas, se ninguém ou quase ninguém é a favor da religião, ninguém é propriamente contra. Na União Soviética já não há mais religião nem antirreligião. Há simplesmente irreligião, indiferença completa. Nas cidades recém-construídas (Dnieprogués, Magnitogorsk e tantas outras) nem ao menos a presença de templos faz lembrar que houve um tempo em que os homens mergulhavam nas trevas da ignorância religiosa. O cidadão soviético de hoje, especialmente o da geração formada já no espírito da vida nova que anima o país, incomoda-se com todas as religiões como nós nos incomodamos com o budismo ou o bramanismo. Simples curiosidade científica, nada mais.

A obra é sólida. Tem a alicerçá-la não a supressão artificial e passageira gerada pela coação e repressão violentas (que em época alguma da história deram resultados), mas sim a sólida base do desprezo completo por fantasmas e bruxarias que trouxe a elevação do nível cultural do país. E por isso é definitiva. Pensar numa renascença do espírito religioso na União Soviética é desconhecer por completo os fundamentos reais da religião. Já não existe no país ambiente para ela. Voltará, se voltar, todo o regime passado. Mas, nas condições atuais, em meio do espírito que hoje anima o país, admitir para a religião uma probabilidade, por menor que seja, de ver restabelecido seu domínio, nisto poderá talvez acreditar um crente otimista que nunca tivesse estado na União Soviética. Mas uma vez em contato com o espírito profundamente ateu que impregna por completo a formação intelectual de todos os cidadãos soviéticos, mesmo esse crente perderá, por certo, qualquer ilusão a esse respeito. O regime soviético destruiu para sempre os ídolos do passado porque para eles não há lugar numa nova sociedade em que a exploração e a opressão tenham sido substituídas pela colaboração e pela solidariedade humana. Os homens do futuro – e é desta qualidade que os cidadãos soviéticos já hoje, de certa forma, participam – não precisarão da fé. Precisarão apenas do adversário irredutível dela: a ciência.

REALIZAÇÕES

REALIZAÇÕES MATERIAIS

Tratei nos capítulos anteriores unicamente da organização soviética. Para não confundir assuntos, deixei para o fim as realizações do regime; em outras palavras, o que a revolução produziu no sentido do progresso material e cultural do país.

No terreno material, a revolução encontrou um país que se colocava entre os últimos do universo. Pondo de lado colônias e semicolônias – estas naturalmente, pelas suas condições políticas e sociais particulares não podem servir de ponto de referência –, pode-se dizer que a Rússia permaneceu até o fim do regime passado numa situação de manifesta inferioridade. Embora contasse com recursos naturais que com tamanha abundância só se encontram reunidos num outro país, os Estados Unidos, ela se distanciava enormemente de todas as demais nações. Suas riquezas jaziam quase abandonadas; muito pouco se fizera para aproveitá-las. A indústria estava em seus primeiros passos. Quanto à agricultura, ela sufocava dentro de uma organização agrária que conservava acentuados traços feudais. O atraso e a rotina eram nela a regra.

Essa situação da economia russa, já por si lamentável, recebeu, com a guerra de 1914 e a agitação interna que a seguiu, um golpe que se pode considerar mortal. Praticamente tudo teve de ser refeito. Já exausto com três anos de luta externa, o país ainda sofreu mais três de guerra civil e intervenção estrangeira. Só em 1921 pôde a revolução encetar a sua obra construtiva. E para isso teve como ponto de partida uma economia completamente desorganizada: a indústria quase paralisada, os campos devastados, os meios de transporte destruídos e, como consequência de tudo isso, a produção reduzida a uma ínfima fração do que fora antes. E, por cima de tudo, um equilíbrio político e social ainda precário, que ameaçava o país a cada momento com novas lutas e convulsões. Foi esse o ponto de partida que teve a revolução para realizar a sua tarefa de reconstrução econômica e social do país. Não se deve esquecê-lo para avaliar com justiça o caminho percorrido.

Até 1926-1927, o país foi se restabelecendo. Somente nessa época logrou atingir o seu nível econômico de antes da guerra. Lança-se, então, na realização do primeiro plano quinquenal, destinado a transformá-lo completamente e criar para sua economia uma base industrial considerável. Iniciado, depois de longos e cuidadosos estudos, em 1928, o plano encerra seu exercício um ano antes do termo de começo fixado. Em 31 de dezembro de 1932, ele é dado por concluído. Em que situação deixou o país?

O plano quinquenal resolveu cabalmente os dois problemas econômicos fundamentais da revolução: a industrialização e a coletivização da agricultura. De um lado, dotou a União Soviética de uma base industrial poderosa e, doutro, transformou sua agricultura, de rotineira e atrasada que era, na organização agrícola mais avançada do mundo. Analisarei separadamente esses dois aspectos da obra realizada pelo plano quinquenal.

A industrialização intensiva da União Soviética obedeceu a vários imperativos ditados pela situação econômica, social e política do país. A revolução herdara do antigo regime, como vimos, uma economia rudimentar. Se a guerra e a revolução agrária que a seguiu tornaram possível a transformação da ordem política do país e com ela o advento da revolução socialista, no terreno econômico as condições estavam longe de ser favoráveis à realização do socialismo. Sobre a base de uma indústria incipiente e de uma economia agrária camponesa não era possível a reconstrução socialista do país. A industrialização resolveu a primeira dificuldade e preparou o terreno para a solução da segunda. Só com a indústria desenvolvida foi possível transferir a agricultura da base pequeno-burguesa em que assentava para a da grande exploração mecanizada.

Enquanto isso, faltando-lhe a indústria, a economia do país tinha que evolver numa estreita dependência do exterior, do mundo burguês, portanto. Sofreria, por isso, com a mesma intensidade que ele, a anarquia da economia capitalista. Faria parte do sistema capitalista – com a agravante de sofrer a sua permanente hostilidade – e nunca poderia opor-se a ele, organizar-se autonomamente de acordo com as diretrizes da revolução, como hoje faz. Sua situação não seria muito melhor que a dos países coloniais.

A industrialização finalmente preparou a União Soviética para fazer face a um mundo hostil. Sem indústria não existe possibilidade de se armar e se defender contra agressões. E destas a União Soviética nunca esteve e ainda não está livre. Tentar desarmada a transformação social do país, cercada de um mundo que encara tal transformação com acentuada e irredutível hostilidade, seria de uma inconsciência e uma falta de previdência inconcebíveis.

Foram essas as circunstâncias que ditaram à União Soviética a necessidade da industrialização intensiva. Os resultados dessa política transformaram o país, em quatro anos apenas, de agrário e, portanto, pobre, numa potência industrial. Hoje a União Soviética se alista entre os grandes países industriais do mundo. As suas reservas naturais (carvão, ferro, petróleo e outros minerais), apenas tocadas sob o regime tsarista, acham-se em franca exploração. Na siderurgia – pedra de toque da grandeza industrial de um país –, ela se equipara aos países mais avançados. A indústria de construção mecânica, que antes da guerra praticamente desconhecia e que ainda hoje é apanágio de cinco ou seis potências industriais, desenvolveu-se consideravelmente. Na construção de tratores e máquinas agrícolas, a União Soviética ocupa mesmo o primeiro lugar. Não é possível dar aqui um quadro completo da indústria soviética. Cito esses exemplos porque são o índice mais seguro do progresso industrial do país e mostram que a União Soviética está atualmente dotada de uma estrutura industrial solidamente alicerçada.

O mais interessante nessa evolução industrial soviética é a forma pela qual se processou. Ao contrário dos demais países que a precederam nesse terreno, e nos quais a industrialização se desenvolveu simultaneamente em todos os terrenos, a industrialização soviética se processou de uma forma sistemática, isto é, começou nos setores de maior importância, deixando os demais para depois. Resultou daí um contraste acentuado entre o desenvolvimento enorme de parte da indústria e o relativo atraso de outra. Isso se dá especialmente com relação à indústria pesada e leve. Aquela, como vimos pelos índices que citei, já não sofre com a comparação de qualquer outro país. A indústria leve, pelo contrário, conservou-se numa posição de sensível inferioridade. A razão disso, como afirmei, reside na fórmula sistemática em que se realiza a industrialização do país. Antes de completar o seu sistema industrial, a União Soviética consolidou os fundamentos dele, a base em que esse sistema há de assentar e que é justamente a indústria pesada. Veremos adiante os efeitos que isso tem sobre a economia do país em geral, em especial sobre o padrão de vida da população.

O aspecto negativo da industrialização soviética reside na qualidade e eficiência da produção. Nesse sentido, segundo as próprias declarações oficiais, a indústria da União Soviética ainda deixa muito a desejar. A intensidade do desenvolvimento foi tal que a formação paralela e indispensável de quadros técnicos competentes não foi possível. Esses quadros não puderam seguir o passo. A falta na União Soviética não só de diretores e técnicos capazes em número suficiente, mas também de operários qualificados é sensível. Os claros têm sido em grande parte preenchidos por estrangeiros. E o tratamento excepcional que lhes é dispensado mostra como sua presença é necessária.

Contudo, mesmo com esse subsídio, a falta desses elementos ainda é a regra. Ou seja, o nível técnico ainda é muito inferior ao nível material. E isso se revela em tudo: qualidade dos produtos, custo elevado da produção, considerável refugo na produção etc.

Esse desajuste técnico é o maior problema da indústria soviética. Mas os esforços para remediá-lo são consideráveis. No segundo plano quinquenal, ele ocupa o lugar de mais destaque. Já se organizou em todas as empresas um controle especial e meticuloso da eficiência produtiva.

Observei na usina Selmachstroi de Rostov-sobre-o-Don (construção de máquinas agrícolas) como se cuida dessa questão. Em cada oficina existe um quadro em que a porcentagem das peças refugadas e os seus defeitos são cuidadosamente anotados. Esse quadro é diariamente submetido ao controle, que designa, conforme o caso, técnicos especiais que vão pessoalmente acompanhar uma fase qualquer da produção que se tenha revelado menos eficiente. Esses técnicos conservam-se ao lado dos operários, observando suas falhas e dando-lhes instruções. E tudo isso é anotado em detalhes. Assim, não só o preparo dos trabalhadores é levado ao máximo da eficiência, como ainda a capacidade e a habilidade de cada operário são submetidas a um teste rigoroso, o que permite o seu aproveitamento na função que mais lhe convém. Tais processos, sistemática e metodicamente aplicados numa escala nacional, com certeza resolverão em relativamente curto prazo o problema da ineficiência produtiva atual da indústria soviética. Aliás, os quadros que me mostraram e que assinalavam os progressos consideráveis já realizados nesse terreno são disso um índice seguro.

O *aperfeiçoamento* está na ordem do dia de todas as atividades soviéticas. E não se despreza nenhum processo para descobrir falhas e saná-las. Poderia citar inúmeras circunstâncias que ilustram perfeitamente essa verdadeira obsessão que hoje domina o país. Depois de qualquer visita – a empresas industriais ou qualquer outra organização –, sempre os diretores procuravam com todo o interesse conhecer minha impressão. E não se satisfaziam com respostas gerais nem, muito menos, com elogios. Queriam críticas. E, mesmo quando eram severas, longe de se melindrarem, agradeciam, de forma a não deixar dúvidas sobre a sua sinceridade, aquilo que consideravam uma colaboração à obra de aperfeiçoamento em que estavam empenhados. Essa acessibilidade a críticas – e críticas de estranhos que se apresentavam na qualidade de simples "turistas" – mostra que os dirigentes soviéticos sabem pôr de lado o amor-próprio quando se trata de melhorar o rendimento do seu trabalho. Não pode haver estado de espírito mais favorável ao progresso.

Além disso, a indústria, como tudo mais da União Soviética, para alcançar seus objetivos, conta com um fator completamente desconhecido

130 Caio Prado Júnior

nos outros países: refiro-me à emulação no trabalho de que já falei noutro capítulo. Para quem sabe o que representa essa emulação, para quem a viu em funcionamento e observou seus resultados, ela é um penhor seguro de que as dificuldades que assinalei não durarão muito.

Vejamos a questão agrícola. Antes da coletivização, contava a União Soviética com 25 milhões de economias camponesas independentes. Como base para a socialização, não se podem imaginar condições mais adversas. E também como obstáculo ao progresso técnico da agricultura. Não era possível a adoção de processos modernos e aperfeiçoados de exploração do solo em uma economia agrícola de tal modo fracionada. A concentração seria para isso um passo preliminar e indispensável.

Dois caminhos estavam abertos para essa concentração. O caminho capitalista: expropriação da maioria camponesa, que seria deslocada do campo ou simplesmente proletarizada, em proveito de uma minoria de capitalistas agrários. É o que se verifica na generalidade dos países burgueses e, com muito mais intensidade, devido ao progresso econômico maior, nos Estados Unidos, onde o fenômeno é típico. Foi ainda o que se deu, em parte, na União Soviética, durante o período da NEP. O segundo caminho estava na coletivização. Assim, a coletivização não só realiza o objetivo essencial da revolução – socialização dos meios de produção –, como ainda, pela concentração, torna possível o progresso técnico da agricultura.

A coletivização foi praticamente iniciada, como vimos, em 1928--1929. Antes disso, pouco ou nada se fizera nesse sentido. A oposição que a princípio encontrou por parte dos camponeses foi considerável. Não voltarei a essa questão, que já ficou esclarecida em outro capítulo. Mas o resultado foi esplêndido. Dos 25 milhões de economias camponesas que existiam primitivamente, 15 milhões, ou seja, 60% estão hoje reunidos nos *artels*, que ocupam 70% da área cultivada da União Soviética. Tecnicamente, isso tem uma significação que é inútil encarecer. Em vez de uma poeira de... 15 milhões de economias independentes, de pequenos camponeses isolados no seu canto de terra e, portanto, inacessíveis ao progresso, temos hoje apenas 211 mil fazendas coletivas, que, cobrindo cada uma áreas enormes, estão em condições de se aparelhar com todos os requisitos da técnica agrícola moderna. Já em 50% da área cultivada dos *artels* é hoje empregado completo maquinário agrícola. Como índices, posso citar os 150 mil tratores, os 10 mil automóveis e as 10,5 mil ceifeiras-debulhadoras que agora emprega a agricultura soviética. Em 1929, esses números eram respectivamente 29 mil, 1,8 mil e nenhuma ceifeira-debulhadora. Não se pode querer progresso mais rápido.

Mas, para avaliar com exatidão o nível técnico da agricultura soviética, é preciso analisar os fundamentos em que assenta. Em nenhum outro lugar a ciência é posta mais a serviço da agricultura que na União Soviética. Escolas, institutos agronômicos, campos de experimentação contam-se por centenas, espalhados por todos os cantos do país. E isso sem incluir os sovcozes, que, como vimos, têm essa função subsidiária de servir de fazendas-modelo. Para preencherem tal finalidade, os sovcozes são aparelhados com o que há de mais perfeito em matéria de técnica agrícola. Cada sovcoz cobre extensões enormes (por exemplo, 126 mil hectares para o Gigant, 110 mil hectares para o Verblud, ambos no Cáucaso do Norte, extensões estas integralmente aproveitadas, até a última polegada); e toda a produção, desde o preparo da terra até o transporte e a expedição dos produtos, assenta numa técnica e mecanização levadas ao extremo da perfeição. Alguns sovcozes têm mais. Assim, no Verblud, que visitei, trabalham mais de cinquenta técnicos nos vários laboratórios de fitopatologia, parasitologia e química, na estação meteorológica e em outras seções agronômicas. Anexo a ele funciona ainda um instituto de mecânica agrícola, destinado não só a preparar especialistas em máquinas agrícolas, como ainda a proceder a pesquisas sobre a qualidade e eficiência das máquinas utilizadas. Dispõe para isso de vários laboratórios e, entre eles, um de resistência de materiais. Quando visitei esse sovcoz, cursavam as aulas do instituto quinhentos alunos. Como se vê, os sovietes levam até os últimos pormenores a sua preocupação em dotar a agricultura do país com uma técnica a mais perfeita possível, e tudo quanto a ciência moderna põe à disposição da agricultura é por eles intensivamente aproveitado. Compare-se isso que faz a União Soviética, nesse terreno, o primeiro país do mundo, com o que era a agricultura da Rússia tsarista, agricultura de camponeses iletrados e de arado de pau, e ter-se-á uma base para avaliar o progresso realizado.

Padrão de vida da população

A industrialização e a transformação da agricultura são as duas grandes realizações materiais da revolução. Mas qual é a situação da população, seu nível material de vida? O critério a ser empregado nesse assunto é naturalmente a comparação com outros países. Mas é difícil fazer essa comparação. Nos países burgueses, o padrão de vida das várias camadas sociais se extrema de modo considerável. Do milionário ao último assalariado vai uma distância incomensurável, em que existe toda uma escala de diferenças infinitesimais. E, enquanto num extremo existe a superabundância, noutro figura a mais negra miséria. Na União Soviética, a população é mais homogênea. As diferenças, embora sejam grandes se adotarmos para comparação um critério igualitário, quase desaparecem com relação às diferenças nos regimes burgueses. Trata-se, portanto, de saber com que categoria social burguesa se há de comparar o padrão da vida soviética. Com o proletariado, dir-se-á. Mas, mesmo no proletariado de países capitalistas, que diferenças não existem?

Mas há outra dificuldade para se analisar o nível material da população soviética. As estatísticas de nada adiantam nesse terreno. Nem ao menos adiantam os progressos realizados. Dado o sistema de racionamento em vigor, o montante dos salários pouco significa. Não se pode proceder, em relação à União Soviética, como nos demais países, a uma comparação entre o nível dos salários e o nível do custo de vida (isto é, o que se chama o *salário real*, em oposição ao *salário nominal*). O índice de preços, para fins estatísticos, não pode ser calculado. Existem na União Soviética, para os mesmos artigos, três preços diferentes, que, em ordem crescente, são: o das cooperativas (onde, como vimos, as aquisições são feitas mediante apresentação da carta de racionamento); o dos armazéns do Estado; e, finalmente, o do mercado livre (mercados colcozianos). Isso sem contar os preços na Torgsin, onde os pagamentos são em ouro ou moeda estrangeira.

O montante dos salários, portanto, por si só, nada significa. Para se calcular o poder aquisitivo do cidadão soviético, é preciso levar em conta vários outros fatores: cota de racionamento, sobras que porventura lhe restem depois de esgotada sua cota para adquirir um excesso de mercadorias nos armazéns do Estado e no mercado livre. Assim mesmo, o cálculo será incompleto porque nem sempre o comércio está suficientemente abastecido para atender aos pedidos. Mesmo dispondo de meios, nem sempre o consumidor encontra o que deseja. Na União Soviética, ao contrário dos países burgueses, há uma sub, não uma superprodução. Essa deficiência do comércio também é devida, em parte, à sua má organização.

O comércio é na economia soviética o setor que mais retarda e se distancia em matéria de organização e eficiência. As suas falhas são ainda consideráveis, e isso é francamente reconhecido pelos próprios dirigentes soviéticos. Pessoalmente, pude observar muitas dessas falhas; a maior parte delas, contudo, soube pela imprensa, mesmo da imprensa oficial, que nesse terreno dá largas à mais severa crítica – como, aliás, diga-se de passagem, para destruir mais essa balela do estrangeiro, em todos os demais onde ela é cabível.

Há, em primeiro lugar, uma péssima distribuição de mercadorias. Enquanto nalguns lugares elas abundam, noutros a falta é sensível. Os fornecimentos são intermitentes, o que determina acúmulos momentâneos, seguidos logo de faltas prolongadas. É essa a causa principal das famosas caudas que se formam diante dos armazéns e que todos os visitantes da União Soviética têm assinalado. De fato, essas caudas são um espetáculo banal por toda parte e dão, desde logo, uma amostra sensível das falhas do sistema comercial soviético. Quando os armazéns estão abastecidos, todo mundo se precipita, na incerteza do que virá depois. Não é, contudo, somente essa circunstância que determina a formação de caudas. Também contribui para isso a deficiência de locais próprios para o comércio. O aumento do número de cooperativas e armazéns do Estado é uma reclamação que figura constantemente na ordem do dia. E, apesar do que se tem feito e se faz nesse sentido, a falta sempre existe. Deve-se atribuí-la, principalmente, ao desenvolvimento prodigioso das cidades soviéticas. Não foi, aliás, esse o único problema que a hipertrofia dos centros urbanos determinou. Na questão das habitações, dos transportes coletivos, em tudo ela se faz sentir. O desenvolvimento da indústria atraiu para as cidades milhões de novos operários e suas famílias. Moscou passou de menos de 2 milhões de habitantes para cerca de 4 milhões em fins de 1932; Kharkov, de 300 mil para mais de 800 mil; Stalingrado (antiga Tsaritsin), de 150 mil para cerca de 400 mil; Rostov-sobre-o-Don, de 250 mil para 500 mil; e assim por diante. Esse aumento em proporções geométricas tinha que se refletir por força numa insuficiência crônica de todo o aparelhamento destinado ao serviço do público, o comércio inclusive.

A principal causa das deficiências do comércio soviético, contudo, deve ser atribuída, e o é em regra na União Soviética, à falta de preparo dos seus dirigentes. A socialização precipitada dele, a sua passagem brusca e total, em poucos anos, das mãos de negociantes privados para as cooperativas e o Estado não permitiu a formação paralela (exatamente como se deu na indústria) de quadros capacitados. Os atuais dirigentes do comércio soviético foram quase todos improvisados. Não seriam os antigos comerciantes do tempo da NEP que dariam mão forte a um sistema que contrariava de frente os seus interesses. Faltam, portanto, aos novos dirigentes, experiência e preparo, que só o tempo poderá proporcionar.

Em todo caso, essa situação tem uma influência considerável, não é preciso insistir, sobre o padrão de vida da população.

Como se vê, a questão do nível material da vida da população soviética é extremamente complexa, e na sua análise temos de nos contentar com uma apreciação geral, sem referências a índices precisos e rigorosos.

Nesse sentido, pode-se dizer que aquele nível ainda é relativamente baixo. Incontestavelmente superior, em média, ao que era sob o regime tsarista – o que se verifica pelo aumento do consumo interno –, ele ainda deixa, contudo, muito a desejar. Para quase todos os artigos existe, como já disse em outro capítulo, um racionamento rigoroso. E as rações são, em regra, pequenas e inferiores às necessidades normais de cada um. Por isso todo mundo é obrigado a ultrapassar a cota fixada, embora pagando, nesse caso, preços bastante elevados. Dessa forma, a vida se torna cara demais, o que naturalmente reduz muito o poder aquisitivo da população. Além disso, é comum, como assinalei, faltarem gêneros em quantidade considerável. A União Soviética ainda luta contra uma grande falta de gêneros de primeira necessidade, e a indústria leve, tendo ficado muito aquém da indústria pesada, nem sempre está à altura de abastecer suficientemente o mercado. Em termos quantitativos, portanto, os índices do consumo soviético são baixos.

Na qualidade, as condições não são melhores. Os artigos soviéticos são, em regra, de qualidade inferior. Basta observar as vitrines das casas comerciais para verificar isso. A qualidade dos artigos expostos é, com raras exceções, má. A razão disso é dupla. Em primeiro lugar, porque, se em conjunto, como vimos, a produção industrial soviética ainda é qualitativamente deficiente, isso se dá ainda mais com relação à indústria leve, que ocupa menos que a pesada as atenções da administração. Além disso, as imperiosas necessidades soviéticas no exterior – em especial de máquinas para sua indústria em construção, auxílio técnico estrangeiro etc. – exigem pagamentos avultados, que, dadas as restrições de crédito impostas pelos países estrangeiros, só podem ser cobertos com uma exportação equivalente. E, para exportar em quantidade suficiente, a União Soviética precisa reservar para o comércio exterior seus melhores artigos. Desfalca-se, assim, o consumo interno daquilo que a produção do país possui de melhor. E será escusado dizer que toda essa deficiência do mercado interno não é suprida pela importação. A União Soviética, pelas razões assinaladas, só importa o estritamente necessário; e esse necessário é, em regra, constituído apenas de artigos que não são imediatamente consumíveis: máquinas etc. É muito raro encontrarem-se no comércio artigos estrangeiros.

Nessas condições, pode-se dizer que o nível de vida da população soviética ainda é, nesse capítulo do consumo, relativamente baixo. Digo nesse capítulo do consumo porque existem outros fatores mais que contribuem para determinar o padrão material de vida de uma população. Esses fatores serão analisados adiante. Antes, porém, vejamos as causas que contribuem para o estado de coisas descrito.

Em primeiro lugar, a industrialização. Desviando para esse propósito a maior parte das forças do país, ela impôs naturalmente pesados sacrifícios. Uma indústria como a que hoje possui a União Soviética não se constrói em alguns anos sem o custo de privações. Referindo-se a este ponto, Stálin – que transcrevo porque ele resume nesta passagem tudo quanto se poderia dizer sobre esta matéria – escreveu: "É evidente que sobre o bilhão e meio de rublos ouro gastos no exterior durante esse período [refere-se ao primeiro plano quinquenal], poderíamos ter posto de lado a metade para importar algodão, couro, lã, borracha etc. Teríamos, então, mais tecidos, calçados, roupas. Mas não teríamos, então, nem construção de tratores, nem indústria automobilística; não teríamos uma siderurgia que se pudesse considerar seriamente montada; não teríamos metal para a fabricação de máquinas; e estaríamos desarmados em face de um mundo capitalista, armado segundo a última palavra da técnica. Estaríamos privados da possibilidade de fornecer à agricultura tratores e máquinas agrícolas de que ela precisa e estaríamos, portanto, privados de trigo. Não teríamos a possibilidade de vencer os elementos capitalistas do país[1]; aumentaríamos, portanto, enormemente as probabilidades da restauração capitalista. Não teríamos, então, todos os modernos instrumentos de defesa, sem os quais a independência do país é impossível. Nossa situação seria, então, mais ou menos análoga à da China de hoje, que não possui indústria pesada nem indústria de guerra e é, portanto, presa fácil para todos aqueles que a queiram atacar. Em resumo, teríamos, nesse caso, uma intervenção armada. Não pactos de não agressão, mas a guerra, uma guerra perigosa e mortal, uma guerra sangrenta e desigual, porque estaríamos desarmados ante um inimigo que disporia de todos os instrumentos modernos de agressão. Tais são os dados da questão"[2]. O dilema, parece-me, não oferece dificuldade.

Ao mesmo tempo, a coletivização encontrou, a princípio, e hoje ainda em parte, uma grande resistência dos camponeses. A luta foi dura, e seus efeitos, os comuns nesses casos: sabotagem da produção, destruição criminosa de culturas etc. Um caso merece especial menção. Numa só noite, em meados de 1932, foram abatidos e destruídos mais de 2 milhões

---

[1] Já mostrei a importância que a industrialização representa para a socialização da economia do país e, portanto, para a luta contra esses elementos capitalistas a que Stálin se refere.

[2] Balanço do primeiro plano quinquenal: relatório apresentado à sessão plenária comum do Comitê Central e da Comissão de Controle do Partido Comunista da URSS (1933).

de cabeças de gado. É esse um exemplo entre muitos. Está claro que o país tinha de se ressentir dos efeitos tremendos de tal destruição de suas forças produtivas. Seria evitável? Só se a revolução se resignasse a desistir da sua obra. O parto da sociedade socialista é difícil e doloroso. Mas qual progresso não o foi? A ordem capitalista também custou sacrifícios, e muito mais ainda. É esta a lei da evolução. Para progredirem, os homens precisam se resignar a ela.

Ainda há um aspecto da União Soviética que, para um balanço completo da situação material do país, precisa ser lembrado. A resistência à coletivização deslocou boa parte dos camponeses, que, não a aceitando, afluem para os centros urbanos. Aí só encontram ocupação nas indústrias, a que muitas vezes não se afazem. Acostumados com a vida do campo, não se habituam ao trabalho na indústria. Por isso, sem ocupação definida e subsistência certa, passam a viver de expedientes; vagando de cidade em cidade, trabalham um pouco aqui para logo mendigar noutro lugar. Essa população oscilante – verdadeiro lumpemproletariado que a revolução criou –, acumulando-se nos centros urbanos, empresta às cidades soviéticas um aspecto desagradável, que é mais acentuado, dadas as suas causas, nas zonas agrícolas: Cáucaso do Norte e Ucrânia. Em Moscou e Leningrado, pelo contrário, quase não existe.

Essa situação é, contudo, por sua natureza, passageira. A industrialização e a coletivização intensivas, que, direta ou indiretamente, foram suas únicas causas, já estão, em suas linhas gerais, realizadas. O país já possui uma indústria de base considerável, e a coletivização, em grande parte já feita, será facilmente levada a termo. Deixarão, portanto, de atuar como têm atuado até hoje em prejuízo do nível de vida da população. Pelo contrário, aproxima-se a hora em que produzirão os seus frutos. A maior dificuldade do país foi até hoje uma produtividade pequena. Essa dificuldade desapareceu. Com a reorganização de sua indústria e sua agricultura, a União Soviética está aparelhada para produzir em quantidade considerável. E, contando como conta com uma organização econômica em que a distribuição é infinitamente mais perfeita que nos países capitalistas, ela tem a possibilidade de elevar o padrão de vida da população, num futuro muito próximo, a um nível sem paralelo no resto do mundo.

Mas desde já é preciso abonar à revolução aquilo que, nesse terreno da melhoria da situação material da população, ela realizou. Em primeiro lugar, a supressão completa da falta de trabalho. Desde 1931, a economia soviética tem absorvido todos os trabalhadores disponíveis, o que acontece pela primeira vez no mundo desde o advento do capitalismo. Com maior ou menor intensidade, esse fenômeno da falta de trabalho é crônico em todos os países capitalistas, mesmo nas épocas de prosperidade. Ele se disfarça às vezes atrás de uma falta de trabalho parcial (redução dos dias ou das horas de trabalho, conservando-se, contudo, o mesmo salário por hora) e por isso, em regra, não figura nas estatísticas. Mas, em essência, permanece. Por sua natureza, o sistema capitalista, a não ser em períodos muito curtos e excepcionais, gera constantemente uma disponibilidade em braços: é o exército de reserva dos sem trabalho, cujo papel consiste em manter, no nível adequado às necessidades da produção, o montante dos salários.

Tem-se alegado que o desaparecimento da falta de trabalho na União Soviética deve ser atribuído unicamente a circunstâncias excepcionais: a industrialização intensiva de um país retardatário. Nessa condição, o sistema econômico da União Soviética nada teria contribuído para isso. No entanto, basta analisar com atenção esse sistema para verificar que tal apreciação é errônea. A falta de trabalho é consequência, no regime capitalista, da superprodução – superprodução geral ou superprodução em um ramo particular da produção[3]. Pergunta-se, portanto: é possível a superprodução na economia soviética? Não. Em primeiro lugar, porque a produção não tem por limite, na economia soviética, o lucro individual do capitalista, do industrial, mas sim as necessidades da população. A consideração daquele lucro não está em jogo, como na economia capitalista; aquilo que se cogita é unicamente a exigência do consumo, isto é, as necessidades da população. Em segundo lugar, a economia soviética é regulada, planejada. A produção não é deixada aos acasos da concorrência, mas submetida a um plano geral e metódico. Da mesma

---

[3] É impossível analisar aqui esta questão a fundo. Limito-me, portanto, a algumas considerações de ordem geral.

forma que, dentro de uma unidade produtora capitalista (uma empresa, uma fábrica), a produção respectiva de todos os seus setores (as várias oficinas e departamentos) é ajustada de modo que todos trabalhem de forma harmônica e que cada um produza exatamente aquilo de que os demais necessitam, assim na União Soviética se procede com relação a todo o sistema econômico do país, que para os efeitos do planejamento é equiparado a uma única unidade produtiva do tipo capitalista. Vê-se, portanto, que o desaparecimento da falta de trabalho na União Soviética é devido ao próprio sistema econômico, que, pela sua organização, suprime o lucro individual e a anarquia da produção capitalista, causas imediatas da superprodução e, portanto, da falta de trabalho.

O segundo fator da elevação do nível material da população soviética é o desenvolvimento dado pela revolução à legislação social. A redução das horas de trabalho para sete (seis, cinco e até quatro nas indústrias insalubres ou onde o trabalho é excessivamente penoso); a concessão de férias anuais de um a dois meses, conforme a ocupação; a regulamentação minuciosa das condições do trabalho, em benefício do trabalhador – melhoria dos locais do trabalho, defesa contra acidentes etc.; a extensão do seguro social a todas as eventualidades desfavoráveis da vida do trabalhador e cujo ônus é integralmente suportado pelo empregador[4]; e finalmente a assistência médica e hospitalar modelar: tudo isso cria para o trabalhador soviético uma situação privilegiada que os trabalhadores mais protegidos de outros países estão muito longe de conhecer. O trabalhador na União Soviética, desde que nasce até que morre, goza de uma proteção que tira completamente de sua vida esse caráter de luta constante contra os azares da sorte que é o destino de todo operário em regime capitalista.

Isso se refere à população trabalhadora em geral da União Soviética. Quanto aos camponeses em particular – questão importantíssima porque a população rural ainda forma a grande maioria da população soviética –, estes receberam em excesso outros benefícios de maior vulto ainda. Sem dúvida foram os camponeses os maiores beneficiários da revolução.

---

[4] Isto é, a empresa onde o operário trabalha.

O que era a vida dos camponeses antes da revolução, em especial dos camponeses pobres que formavam 60% da população rural, é hoje atestado pelas aldeias onde não penetrou ainda a picareta demolidora e renovadora da revolução. E por aí, embora sem ter conhecido a Rússia tsarista, pude analisá-la. Essas aldeias são o que pode haver de repugnante. Construções de barro, cobertas com palha, sem divisões internas e, por causa do frio, com uma só fenda para o exterior que serve ao mesmo tempo de porta, janela e... chaminé. Como mobília, um monte de palha para cama e, quando muito, alguns assentos de madeira toscamente lavrados. Isso era a habitação-tipo do antigo mujique. No demais, seu padrão de vida se acordava perfeitamente com ela.

Hoje o camponês soviético se transportou para as novas aldeias dos colcozes e sovcozes, onde encontra o mesmo conforto dos centros urbanos: construções de tijolo e cimento armado; acomodações amplas e higiênicas; água corrente; luz elétrica; aquecimento etc. Nem lhe faltam teatros, cinemas, aparelhos de rádio, enfim, tudo quanto a técnica moderna criou para o conforto e bem-estar material dos homens. Quando se visita um destes colcozes ou sovcozes, dificilmente se nota estar em plena zona rural, às vezes a centenas de quilômetros da cidade mais próxima. Para quem conhece a zona rural da generalidade dos países burgueses, isso parece inconcebível.

É isso o que os sovietes entendem por supressão das contradições entre a cidade e o campo: elevar este último, condenado pelo capitalismo a uma estagnação perpétua, ao mesmo nível de cultura e conforto dos centros populosos. E isso eles estão realizando, ninguém pode contestar.

REALIZAÇÕES CULTURAIS

Vejamos agora o que a revolução produziu no terreno cultural. É esse um ponto que merece maior atenção, principalmente daqueles para os quais a revolução consistiu num retorno à barbárie. Se educação significa barbárie, então nada há mais bárbaro que a Revolução Russa. Isso porque nunca se realizou na história da humanidade, como lá, esforço maior para arrancar toda a população de um país da ignorância mais profunda e elevá-la a um nível de cultura invejável. E o regime soviético fez isso com a Rússia em pouco mais de dez anos. Se outra não fosse a obra da revolução, esse fato, por si só, seria o bastante para justificá-la.

A elevação do nível cultural das massas é da essência do regime soviético. Social e politicamente, é este o significado do socialismo: a substituição, na direção da sociedade, de uma minoria dirigente pela comunidade toda. Ora, para isso, a primeira condição é naturalmente uma comunidade homogênea e culta.

A educação em todos os regimes é fruto do caráter deles. O feudalismo nunca se preocupou com ela. Ele precisava da espada, não da pena. As monarquias absolutas, tendo por base principal um aparelhamento administrativo relativamente complexo, tiveram que formar, pela educação, os quadros desse aparelhamento. O capitalismo precisa de operários qualificados e técnicos em profusão. Foi nesse sentido que orientou a educação popular.

O socialismo, além dessa qualificação técnica, precisa de uma sociedade homogênea e capaz de se administrar por si própria, sem intervenção de oligarquias dirigentes e, por isso mesmo, privilegiadas. O socialismo é, por isso, o regime social onde a educação popular toma um máximo de amplidão. E a União Soviética é a prova disso.

Não me estenderei sobre esse assunto porque ele tem sido um dos mais debatidos na literatura sobre a URSS. Pouco ou nada há a acrescentar nesse terreno. Limitar-me-ei, portanto, àquilo que pessoalmente pude observar.

A herança do tsarismo, nessa matéria, foi, como já referi, lamentável. Se excluirmos as elites, a instrução pública quase não existia na Rússia tsarista. Basta lembrar que, nos anos que precederam a guerra, a média anual dos gastos com o ensino era pouco superior, em moeda inglesa, a 8 milhões de libras. Não é de admirar, portanto, a alta porcentagem de analfabetos: 37,2% a 66% da população urbana; 44,9% a 89,2% da população rural.[5]

---

[5] *Encyclopedia Britannica*, artigo RÚSSIA (educação).

Nisso consistiu a primeira tarefa da revolução: alfabetizar. Já descrevi noutro capítulo o que foi a campanha da alfabetização na União Soviética. Citarei apenas, para mostrar seus resultados, dois índices: em 1930, 82,5% da população em idade escolar (oito a dezessete anos) frequentava as escolas[6]. Quanto à porcentagem de analfabetos, ela desceu em 1932 para menos de 10%.

Não pretendo alinhar números, que poderão ser facilmente obtidos por quem se interessar particularmente no assunto. E mesmo não preciso deles para afirmar que a União Soviética é hoje um país altamente alfabetizado. Não há fábrica, usina, fazenda, sindicato, clube nem qualquer outra organização que não conte com sua biblioteca e não disponha de uma pequena livraria própria. Essas bibliotecas e livrarias estão, em regra, colocadas na entrada das fábricas, e, como assisti inúmeras vezes à saída do trabalho, pude pessoalmente observar que sempre grande parte dos operários parava diante delas e adquiria algumas obras. No campo, o mesmo espetáculo. Sovcozes e colcozes possuem jornais próprios que se veem em todas as mãos. Durante o trabalho nos campos, nas horas de repouso, chegam caminhões com pilhas de jornais, e a distribuição é feita entre os trabalhadores. Acrescente-se a isso a tiragem espantosa dos grandes diários soviéticos (superior a 1 milhão de exemplares para alguns deles), e ver-se-á que não exagero quando afirmo que na União Soviética se lê de fato. Esse interesse tão generalizado pela leitura, que é patente e não traz o cunho das estatísticas oficiais, que para muitos poderiam ser suspeitas, só se explica num país de população alfabetizada. Trata-se de índices palpáveis, os quais não estamos acostumados a encontrar em países de analfabetos. Todos nós brasileiros sabemos disso muito bem.

Mas os progressos realizados no terreno cultural não se limitam na União Soviética às primeiras letras. A possibilidade de uma cultura superior existe lá para todo mundo, o que naturalmente contribui sobremaneira para o desenvolvimento cultural do país. A seleção se faz numa massa muito superior à dos demais países, onde o ensino secundário

---

[6] Estes dados são do *Statesman's Year Book* (1933), publicação inglesa de caráter internacional e, portanto, insuspeita nesta matéria.

e superior, como se sabe, está mais ou menos reservado a certas classes privilegiadas. Na União Soviética, qualquer operário, mesmo não qualificado, que mostre inclinação e capacidade para os estudos é logo beneficiado com uma bolsa que lhe permite seguir um curso qualquer, a sua escolha, percebendo na íntegra o salário a que teria direito se estivesse trabalhando. Ele é mesmo solicitado para que se dedique aos estudos. Os fundos de que dispõem as empresas para a constituição dessas bolsas são consideráveis.

Não é preciso ir longe para verificá-lo. Basta constatar o número elevado de antigos operários que hoje se destacam em todos os terrenos científicos. Em suma, a instrução deixou de ser, na União Soviética, um privilégio de classe para se tornar acessível a todo mundo.

Naturalmente não se pode ainda comparar o nível cultural da União Soviética com o de países como a Alemanha, a Inglaterra ou os Estados Unidos, que já contam atrás de si com longos anos de uma educação popular intensiva. Com relação a eles, o atraso da União Soviética ainda é sensível. E isso se nota de início na falta considerável, a que aliás já me referi, de pessoal competente para preencher os quadros técnicos das indústrias. Mas nessa questão não é o critério comparativo, em termos absolutos, o que mais interessa. São as possibilidades que ambos os regimes – soviético e burguês – oferecem para o desenvolvimento da educação popular. Numa estatística recente, calculava-se que, na Alemanha, apenas 40% daqueles que recebem grau de instrução superior conseguem uma colocação de acordo com seus conhecimentos e seu preparo. É essa mais ou menos a situação em todos os países culturalmente desenvolvidos. A educação burguesa é, naturalmente, função das necessidades do regime. Corresponde apenas às exigências técnicas da estrutura econômica desse regime. E, uma vez que tal estrutura é incapaz de absorver todos aqueles que se apresentam, o regime burguês já alcançou o ponto de saturação em matéria de educação popular. No entanto, quão longe ainda nos encontramos, mesmo nos países mais adiantados, de uma cultura verdadeiramente democrática e largamente difundida na massa da população!

E é nisso que consiste a superioridade, no terreno cultural, do regime soviético. A finalidade da educação soviética não é apenas satisfazer às exigências técnicas da economia do país. É, antes de tudo, a cultura em si das massas; a elevação do seu nível intelectual como objeto último e não apenas como meio. E, naturalmente, não existe aí limite algum senão o imposto pela capacidade intelectual de cada indivíduo. O terreno, portanto, está em aberto para um desenvolvimento praticamente ilimitado.

CONCLUSÕES

Quem observa e estuda o regime político, econômico e social da União Soviética não pode ficar simplesmente na contemplação diletante do que viu ou estudou. A União Soviética interessa muito menos em si que pelos ensinamentos sociais que põe ao alcance de todo mundo. A URSS é hoje uma bandeira política. Ataques e defesas são, em regra, vazados em considerações de ordem política e social. Derivam quase sempre unicamente das opiniões e das teorias daquele que analisa o país. E é natural que assim seja. Nem por isso, contudo, os seus ensinamentos são menos aproveitáveis. Mas, para que o sejam no máximo desejável, é preciso antes de tudo distinguir na União Soviética dois aspectos que, embora intimamente ligados, e reciprocamente se determinando, não se confundem. E é disso infelizmente o que muitas vezes se esquece. São esses aspectos, em primeiro lugar, o país em si, 170 milhões de indivíduos habitando determinado território, com sua história e passado próprios, suas tradições, enfim, sua formação peculiar. Doutro lado, o regime sob o qual vive esse país, sua organização política, econômica e social. O primeiro desses aspectos é como o material da construção; o segundo, o seu plano. Ambos devem ser cuidadosamente distinguidos.

No correr deste livro, procurei mostrar, todas as vezes que tive ocasião de fazê-lo, quanto as condições da União Soviética eram no advento da revolução desfavoráveis à realização do socialismo. País atrasado, sem economia madura para uma forma social tão elevada, a revolução teve de precipitar o que noutros países foi obra de uma longa evolução. Nesses quinze anos, o regime soviético fez a Rússia tsarista, autocrática e semi-feudal passar para uma organização altamente desenvolvida, pulando uma fase que, em outros países, durou muitas décadas. O socialismo em países como a Alemanha ou os Estados Unidos, por exemplo, representará pouco mais que a colheita de um fruto já maduro. Na União Soviética, o caso foi outro. A revolução teve que construir, peça por peça, uma estrutura material compatível com a nova organização que pretendia dar ao país. E a matéria-prima com que trabalhou foi realmente a mais insuficiente possível, ou quase. Mas o pior é o isolamento em que viveu, a impossibilidade em que se encontrou de obter auxílio de quem quer que fosse. O que fez, fê-lo sozinha, cercada de um mundo hostil, que, cão de guarda do capitalismo internacional que ela ameaçava, tem rosnado às suas portas sem cessar, e com ímpetos mal contidos de se atirar desesperadamente sobre ela.

Foi esse terreno que se abriu primeiro no mundo para a semente do socialismo. E essa semente vingou. Aí está o primeiro ensinamento da Revolução Russa.

O socialismo, como aspiração, não é de ontem. Já data de mais de um século. Aspiração confusa a princípio, mal delineada e muito mais sentida que compreendida, ela foi-se aos poucos precisando. Em meados do século passado ou pouco depois, pode-se dizer que já se afirmara plenamente como aspiração comum de uma classe, que com o desenvolvimento econômico do mundo começava a fazer sombra a todas as demais: o proletariado. Daí em diante o socialismo deixou de ser uma especulação teórica, uma aspiração abstrata, para se tornar o programa político, econômico e social concreto de uma classe. E, tratando-se de uma classe que, por efeito natural da evolução econômica moderna, tende continuamente a crescer e se fortalecer, o triunfo final do socialismo, isto é, do programa daquela classe, está assegurado. Isso só não se daria se o proletariado subitamente mudasse de programa, o que nada, absoluta-mente nada indica, nem histórica, nem logicamente. O socialismo é a expressão ideológica mais completa e perfeita que se pode imaginar para uma classe social nas condições do proletariado. Nunca houve na história da humanidade programa que com tanta perfeição se adaptasse a todos os interesses e aspirações de uma categoria social qualquer.

Mas a questão mais importante não é a do socialismo em si. É a do caminho que para lá conduz. É nesse terreno que as vicissitudes do proletariado têm sido maiores. As organizações políticas que tomaram a peito a tarefa de o conduzir para a realização do seu programa adotaram orientações diversas.

Enquanto a discussão girou unicamente no terreno das ideias e das teorias, todas as soluções podiam parecer boas. Os partidos operários, todos na oposição, tiveram sempre este argumento que parecia decisivo: o nosso programa é o melhor, mas precisamos do poder para prová-lo concretamente. Com a guerra de 1914-1918, soou a hora do ajuste de contas. O período pós-guerra deu aos vários partidos operários a oportunidade para pôr em prática as suas ideias. Em três países de primeira importância, Inglaterra, Alemanha e Rússia, e por períodos mais ou menos dilatados, eles assumiram o poder. Examinem-se os resultados. Enquanto na Inglaterra e na Alemanha, países altamente desenvolvidos e mais que preparados economicamente para o socialismo, este foi adiado pelos próprios partidos no poder, que se diziam socialistas, para as calendas gregas o partido proletário que na Rússia assumiu a direção do país entrou decisivamente na sua realização imediata, embora dispusesse para isso de material muito menos preparado. A conclusão natural é, portanto, que os partidos operários inglês e alemão, noutras palavras, a social-democracia, não são capazes de conduzir o proletariado pelo caminho do socialismo e que, pelo contrário, os bolchevistas russos não renegaram seus princípios e sua finalidade. Levaram o proletariado para onde prometiam levá-lo. E é esta a primeira lição internacional da revolução na União Soviética: o socialismo só será realizado pelo partido que seguir as pegadas dos bolchevistas, isto é, pela insurreição armada, pela tomada violenta do poder, como se deu na Rússia, não pela via pacífica da conquista da maioria parlamentar, como quer a social-democracia dos partidos socialistas de todo o mundo. Não creio que haja na história um ponto de vista, mais que este, sustentado pela evidência dos fatos.

148 Caio Prado Júnior

Vejamos o segundo ensinamento: a viabilidade do socialismo. Mostrei neste livro quais os princípios em que assenta a organização da União Soviética. E creio que não pode haver dúvidas de que os problemas básicos do regime já estão resolvidos. Recapitulemos. A supressão de classes (isto é, da exploração do trabalho humano, tarefa fundamental do socialismo) é um fato incontestável. Pode-se dizer com segurança que não existe mais na União Soviética a exploração do trabalho humano. A descrição que fiz do sistema soviético é a prova cabal disso. É certo que não basta suprimir as classes; é preciso também suprimir *as condições que determinam o aparecimento das classes.* Doutra forma, elas surgirão novamente. Essas condições são a produção individualista, pequeno-burguesa. O pequeno-burguês é um burguês em gérmen. A sua evolução natural – caso não intervenham forças contrárias – é para o capitalismo, isto é, para a exploração do trabalho humano. Ora, essas condições ainda existem, em parte, na União Soviética. Persistem, tanto na agricultura como na pequena indústria artesã, produtores individuais, independentes, pequeno-burgueses. Mostrei, contudo, que isso é provisório e que a socialização integral da economia soviética, em todos os terrenos, se processa de forma acelerada. Não volto, por isso, a matéria que me parece vencida. A supressão das classes e das causas que geram o seu aparecimento é uma conquista definitiva do regime soviético.

Em segundo lugar, parece plenamente assegurado o desenvolvimento material do país. O nível econômico já atingido pela União Soviética é incomparavelmente superior ao de poucos anos atrás, quando a indústria e a agricultura tinham apenas recuperado o que a guerra externa e a guerra civil lhes fizeram perder. O ritmo acelerado desse desenvolvimento com certeza não se manterá de forma tão intensa para o futuro. Já as previsões do segundo plano quinquenal são bem mais modestas que as do primeiro. E é natural que assim seja. O principal já foi conseguido: a economia do país já está dotada de um fundamento material considerável, uma indústria pesada altamente desenvolvida e a agricultura reorganizada na base da grande exploração mecanizada. Contudo, embora em proporções menores, o ritmo do desenvolvimento material da União Soviética sem dúvida se manterá numa linha continuamente ascendente. Nada há que se oponha a isso, e, pelo contrário, todas as condições objetivas indicam que esse é o caminho do futuro. E nessa ascensão do nível econômico do país está a solução de todos os demais problemas do regime.

Os fundamentos do socialismo estão, portanto, definitivamente assentados na União Soviética. Não quero dizer com isso que todas as dificuldades tenham sido vencidas. Mas nenhuma se apresenta como insuperável. Resumindo, podemos classificar essas dificuldades em duas categorias: políticas e econômicas. Analisemo-las nessa ordem.

Em primeiro lugar, impõe-se a questão da eventualidade de um novo tipo de diferenciação de classes, peculiar ao novo regime, isto é, a possibilidade de surgir na União Soviética uma diferenciação entre a massa e uma minoria dirigente e dominante. A Revolução Russa resultaria, portanto, numa simples substituição das classes do capitalismo por novas classes que, embora de outra categoria, não deixariam, contudo, de participar da mesma natureza de classes sociais. Vejamos a questão mais de perto.

Nenhuma organização social (pelo menos as já de certa forma evoluídas e, por isso mesmo, complexas) pode dispensar uma direção. Nessas condições, deverá surgir na própria sociedade que virá substituir a sociedade burguesa uma diferenciação entre o grupo investido dessa direção e o resto da população. O socialismo, assim, nunca passará de um programa: uma sociedade sem classes é impossível.

Foi um escritor alemão, Robert Michels, quem primeiro, creio, aventou esse argumento. Ele diz o seguinte:

> Ainda que as massas conseguissem arrancar o poder aos burgueses, não haveria aí senão uma aparência: surgirá sempre e necessariamente, no seio das massas, uma nova minoria organizada, que se elevaria à posição de uma classe dirigente. Eternamente em minoridade, a maioria dos homens se veria assim obrigada, mesmo predestinada à triste fatalidade histórica de suportar a dominação de uma pequena minoria saída do seu seio e de servir de pedestal à grandeza de uma oligarquia.[1]

---

[1] Robert Michels, *Les Partis politiques: essai sur les tendances oligarchiques des démocraties* (Paris[, Flammarion], 1919). Lembro que Michels escreveu em 1911, muito antes, portanto, e sem o exemplo da Revolução Russa.

150 Caio Prado Júnior

Esse argumento é tanto mais interessante no momento atual, em que toda esta ala dissidente da Terceira Internacional, chefiada por Trótski, descobre no regime soviético os germens dessa diferenciação, a constituição de uma oligarquia dirigente: a burocracia. A questão é complicada e não caberia neste livro, em que não procuro discutir pontos de vista doutrinários, mas apenas descrever a situação atual da União Soviética, vista através de minha observação pessoal e direta. Limito-me, por isso, a umas poucas considerações sobre um problema que me parece fundamental e, além disso, de grande interesse prático no momento, porque envolve, como já disse, a questão da possibilidade ou não de uma sociedade socialista.

É certo que o perigo assinalado por Michels existe. Bukhárin o reconhece no seu livro *Teoria do materialismo histórico*[2], e parece-me que coloca o problema nos seus devidos termos. Referindo-se justamente ao período transitório da ditadura do proletariado (caráter atual do regime soviético), ele escreve:

> A classe operária vence no momento em que não é ainda – e não pode ser – uma massa homogênea. Ela vence numa situação de queda das forças produtivas e insegurança das massas. Por isso uma *tendência* à "degeneração", isto é, à separação duma camada dirigente, como gérmen de classe, aparecerá fatalmente. Ao mesmo tempo, ela será paralisada por duas tendências opostas: em primeiro lugar, o *crescimento das forças produtivas*; depois, a supressão do *monopólio da instrução*. A produção em grande escala de técnicos e organizadores em geral, saídos do seio da classe operária, corta pela raiz toda nova classe eventual. O resultado da luta depende unicamente de saber quais dessas tendências se mostrarão mais fortes.

Em outra parte deste livro, tive ocasião de me referir ao problema educacional na União Soviética. A rapidez com que se está processando a elevação do nível cultural da população creio que responde satisfatoriamente à questão proposta por Bukhárin no fim do trecho citado. Por sua vez, o próprio sistema político do país oferece a mais ampla possibilidade às massas para a sua educação política e administrativa. Os sovietes, é

---

[2] Nikolai Bukhárin, *Teoria do materialismo histórico* (São Paulo, Caramuru, 1933).

a frase que já escrevi em outro capítulo, constituem a melhor escola de administração pública; por eles, os trabalhadores soviéticos estão em contato permanente com a administração do país e vão, assim, pela prática de todos os dias, adquirindo a experiência e o preparo que lhes faltam.

Parece-me, portanto, que, se até certo ponto existe no regime soviético atual o risco de uma nova diferenciação social, ele é largamente compensado por tendências contrárias, que fatalmente acabarão vencendo.

No terreno econômico, o maior problema do regime talvez esteja ligado à relativa dependência do sistema soviético da economia capitalista que o circunda. Essa dependência tem sido sobrestimada. Incontestavelmente, ela existe. A União Soviética não é, e não pode ser, um mundo segregado. Depende ainda, em muita coisa, do estrangeiro. Em especial no que diz respeito ao aparelhamento técnico do país. Isso sem contar as ligações de ordem política. Por esses canais, a influência nefasta do exterior (duplamente nefasta, primeiro por seu caráter oposto ao regime econômico e social do país e, em segundo lugar, pela sua hostilidade permanente) atua necessariamente sobre a ordem interna da União Soviética. Mas também podemos constatar que essa influência é relativamente pequena. Outra prova não precisamos senão o contraste que oferece hoje a União Soviética, em plena expansão econômica, com o resto do mundo, debatendo-se na mais profunda crise da sua história. Em relação à sua posição internacional, o mais sério problema da União Soviética está na eventualidade de uma agressão externa, sempre possível. Contra essa agressão, a URSS conta com um aparelhamento defensivo que já é hoje considerável e capaz de fazer frente a qualquer guerra exterior. Mesmo assim, uma guerra seria para o país um rude golpe.

Em suma, é incontestável que a União Soviética é capaz de caminhar, nas condições atuais, no sentido da revolução socialista, embora as contingências e as vicissitudes derivadas da sua posição internacional possam, eventualmente, acelerar ou retardar a sua marcha.

Para finalizar, direi que a União Soviética se apresenta hoje como uma vasta estrutura em construção. Não há, creio, comparação que melhor se adapte ao caso. O seu aspecto é realmente este: o de uma construção em que falta ainda o acabamento, o ajustamento final de todas as suas partes. Quem observa a União Soviética superficialmente enxerga uma desordem aparente. É a desordem enganadora de uma construção em que andaimes toscos e provisórios, paredes mal-acabadas e materiais espalhados por toda parte escondem o plano de conjunto que lentamente se vai esboçando no meio dessa confusão que primeiro nos choca os sentidos. É isto a União Soviética atual: um formigueiro de trabalhadores ativamente empenhados em construir uma nova ordem e que, na sua faina, vão deixando o menos premente para depois; que vão destruindo o passado, mas, como fazem os operários de uma construção com os materiais da estrutura que acabam de demolir para substituir por uma nova, deixam empilhados os seus restos num canto, esperando o momento oportuno para os remover. É isso a União Soviética. Visite-se um desses imensos arranha-céus em construção. Ter-se-á uma visão da Rússia de hoje. Afirme-se que esses andaimes provisórios, toda a confusão aparente de um prédio em construção é o permanente, o definitivo; mais ainda, é o que acabará enfim por substituir toda esta parte nuclear e já terminada da obra: a sua estrutura de aço já assentada, as suas lajes de cimento. Ter-se-á afirmado a mesma coisa que os adversários da União Soviética, levados por acidentes que confundem com a substância, não se cansam de apregoar.

O MUNDO DO SOCIALISMO

A meus filhos,
Yolanda,
Caio Graco,
Roberto

1
À GUISA DE INTRODUÇÃO

Sem ser um simples relato de viagem – pois me arrisco a certas "teorizações" –, ainda assim este livro não tem mais pretensões que refletir impressões e conclusões de um viajante. Impressões de um comunista, o que desde logo as inquinará para muitos de "suspeitas". Livros sobre os países socialistas costumam ser sumariamente divididos em duas categorias: contra e a favor. E, nesta última, está claro, será classificado o livro de um comunista.

Ao abordar estas páginas, o eventual leitor, conforme seja ou não simpatizante do socialismo ou adepto mais ou menos conformado do capitalismo e da atual ordem de coisas nesta parte do mundo em que nos encontramos, predisporá o seu espírito à aceitação ou negação, *in limine*, do que vai encontrar pela frente. Ora, esse condicionamento *a priori* das reações que se esperam da leitura de um livro é em qualquer caso prejudicial à compreensão do que o autor pretende dizer. Tanto daqueles que não simpatizam como dos que simpatizam com as ideias de quem escreve.

Assim sendo, e se não é exigir demais, eu pediria a esse leitor um crédito de confiança, no sentido de suspender, provisoriamente, pelo menos, qualquer juízo e aguardar a análise que pretendo efetuar antes de tirar suas conclusões. Julgo-me no direito de fazer esse apelo não porque me considere mais "objetivo" e "imparcial" que outros (e hoje são tantos) que já trataram do assunto. Não me tenho por imparcial e, pelo contrário, sou plenamente consciente da minha parcialidade. Mas é por isso mesmo que me sinto capaz de evitar julgamentos de valor. Não foi para "julgar" que visitei os países socialistas, e sim para analisar as soluções dadas nesses países aos problemas da revolução socialista, isto é, da transformação socialista do mundo. Estou convencido dessa transformação e de que a humanidade toda marcha para ela. Darei adiante as razões dessa convicção, que as impressões trazidas da viagem mais uma vez confirmaram.

E assim sendo, o que procurei observar foi o processo da transformação, a evolução da sociedade humana do capitalismo para o socialismo, como primeira etapa para a implantação do comunismo de que já hoje, como se verá, se encontram as premissas na União Soviética. Não me preocupei, assim, no correr de minhas observações, em julgar os países socialistas, muito menos em estabelecer confrontos, no sentido ordinário, entre eles e os países capitalistas. Isso para mim era e é secundário. Foi a experiência acumulada nos países socialistas, experiência orientadora da transformação socialista, pela qual, a meu ver, todos os povos e nós brasileiros, inclusive, haveremos mais cedo ou mais tarde de passar, o que me interessou. E é isso, portanto, que procuro trazer para as presentes páginas, a fim de que o muito ou o pouco que aprendi (muito, a meu ver; os leitores que julguem se realmente significa alguma coisa) não fique apenas para mim e possa, eventualmente, servir também a outros.

É por esse motivo que me julgo no direito de não ser interpretado unicamente sob o aspecto do "favorável" ou "desfavorável" aos países do socialismo. É da lição que os países já engajados no socialismo deram e estão dando aos demais que me ocuparei. Lição essa, como qualquer lição da experiência humana, ao mesmo tempo positiva e negativa, mostrando o que deve ser feito e o que deve ser evitado e como e em que medida pode ser evitado. Num contexto assim, não há lugar, penso, para julgamentos de valor ou, mais precisamente, julgamentos em que se confrontam as virtudes e os defeitos respectivamente dos países socialistas e capitalistas. Há lugar unicamente para interpretações, certas ou erradas, da história e evolução dos fatos humanos.

Em suma, o que procuro traduzir aqui é como se está desenvolvendo esse fato máximo da história contemporânea: a reorganização, em bases socialistas, da vida coletiva dos homens. A primeira coisa a considerar nesse acontecimento é a medida em que corresponde a algo inevitável. Será o socialismo apenas uma das alternativas com que se defrontam os homens de nossos dias? Desde logo, o que não pode sofrer contestação é que os homens e suas instituições se acham em perpétua transformação e que nada, absolutamente nada, autoriza a conclusão que encontramos pelo menos implícita em tantas formulações que correm mundo nos países capitalistas de que com a etapa atual da maior parte da humanidade, que é a do capitalismo, tenhamos chegado a um ponto final.

Há ainda, é certo, quem assim pense e julgue o socialismo uma simples aberração, uma anormalidade e acidente fortuito na história de alguns povos que, mais dia, menos dia, voltarão ao aprisco do capitalismo. Esse modo de ver as coisas, que implica admitir o que não ocorreu ainda em todo o passado da humanidade, isto é, a volta atrás da roda da história, constitui mesmo a filosofia em que se fundamenta a política internacional das grandes potências capitalistas de nossos dias, em especial a dos Estados Unidos. Essa política se encontra impregnada da ideia de que o mundo socialista não tem condições para se perpetuar e de que certamente em algum dia mais ou menos próximo se verificará nele uma reviravolta para o capitalismo. E isso não é somente a filosofia política norte-americana e de seus aliados ocidentais, mas também a ideia central e dominante na ciência social e na economia política oficialmente sancionadas no mundo ocidental.

O capitalismo e as instituições econômicas, sociais e políticas em que o capitalismo se funda e que o amparam são tidos como o *nec plus ultra* da humanidade. Isso apesar da escamoteação às vezes feita da expressão "capitalismo" (que por um ou outro motivo soa mal a alguns ouvidos) e sua substituição por outras que no mundo de hoje são suas equivalentes, como a "livre-iniciativa econômica" e a "propriedade privada dos meios de produção".

Mesmo esses, contudo, que consideram o capitalismo como remate final da evolução das instituições humanas e nada vislumbram ou querem vislumbrar além dele, mesmo esses não podem negar por completo a dialética da história e lhe fazem concessões, reconhecendo a necessidade de alguma modificação. Falam, por isso, num capitalismo "reformado", idealizado num capitalismo despido de seus inconvenientes ou daquilo que, a gosto de tais reformadores, é considerado inconveniente. Conservam, contudo, o mais. Esse "mais", todavia, que é tido não só por conveniente, mas ainda indispensável para o progresso e a própria conservação da humanidade com seus atributos reputados essenciais, consiste precisamente, em regra, naquela "livre-iniciativa econômica" logo antes referida. Ora, isso, nas circunstâncias atuais, é o mesmo que capitalismo. Livre-iniciativa e capitalismo são, em nossos dias, uma só e mesma coisa. E conservar a livre-iniciativa privada é conservar tudo quanto por outro lado constitui o que os pseudorreformadores pretendem eliminar, em particular esse antagonismo e a luta incessante de todos os homens contra todos que é o acompanhamento necessário da livre-iniciativa econômica dos indivíduos.

Mas, seja como for, fato é que nada indica estar o mundo capitalista marchando para a convivência pacífica e harmoniosa entre os homens. Pelo contrário, acentua-se nele cada vez mais a luta entre os indivíduos, entre as classes, entre os povos. A luta entre os indivíduos é da própria essência da livre-iniciativa capitalista. Pois não é por meio da concorrência (que significa luta, e luta que em última instância visa à eliminação de um dos concorrentes) que fundamentalmente se configuram todos os fatos econômicos do capitalismo? Quanto à luta entre as classes e os povos, cada vez mais se faz patente que é por ela e somente assim que oprimidos, espoliados e desfavorecidos de toda ordem conseguem alcançar um lugar ao sol. É o que se comprova no espetáculo oferecido pelo mundo capitalista contemporâneo: de um lado, os movimentos grevistas, essa expressão máxima da moderna luta de classes, espocando em todos os setores e por toda parte, conflagrando não raro países inteiros em proporções desconhecidas no passado. Doutro lado, o levante geral nas colônias e povos dominados contra seus dominadores.

As dissensões, as lutas, ganham ímpeto, no mundo capitalista, por toda parte. E cada vez os homens desse mundo se entendem menos entre si. Os pregadores da paz social pregam, pelo que se vê, no deserto. E esse é apenas um, embora o principal, sintoma da desagregação do mundo capitalista. Onde estão, portanto, real e concretamente, os sinais precursores da apregoada evolução e transformação do capitalismo para novas formas estáveis e progressistas? Que formas são essas e onde se encontram? Será, por acaso, nessa vanguarda e expressão máxima do capitalismo que são os Estados Unidos? Nem a estabilidade econômica e social, nem mesmo a solução para a mais elementar convivência pacífica dos grupos étnicos que compõem aquele país conseguem nele se encontrar. E é precisamente quando atingem o apogeu de sua trajetória capitalista que os Estados Unidos deixam de ser a nação mais admirada e respeitada em toda parte – o que ocorria não faz ainda uma geração – para se tornar a mais hostilizada de todas.

O capitalismo vem-se mostrando cada vez mais como gerador de desentendimentos, dissensões e lutas. Se, portanto, nos conservamos nos dados concretos e reais do mundo capitalista, tal como de fato ele se apresenta, e não como alguns quereriam que se apresentasse, nada percebemos que indique sua capacidade de recuperação e aponte no sentido de uma evolução construtiva. Nos dias de hoje, tudo o que se apresenta sob esse aspecto de elaboração e criação de uma nova humanidade, de superação do passado e ingresso em nova era, tudo isso se concentra e resume na área do socialismo. À instabilidade e à falta de segurança e de perspectivas do capitalismo se opõe a firmeza inabalável com que, no campo do socialismo, se marcha para o futuro. Esse futuro socialista poderá desagradar a muitos, e de fato desagrada, não tendo eu aqui a intenção nem muito menos a pretensão de convencer quem quer que seja do contrário. Mas o certo (e ninguém o contestará) é que o socialismo tem uma perspectiva, sabe para onde vai, como e por que vai. E para lá marcha sem hesitações. O que não é o caso, está visto, do capitalismo.

Mas, se praticamente, nos fatos reais e concretos do mundo de hoje, tais como eles efetivamente se apresentam, não se observa, fora do socialismo, nenhuma outra direção progressista para a evolução dos fatos sociais, não se poderia, pelo menos em teoria, figurar outro caminho? Não é fácil situar a questão, para o fim da análise e crítica, nesses termos, porque, pondo-se a imaginação a funcionar, sempre é possível arquitetar alguma utopia ou algum esquema fantástico que vá ao encontro de todas e quaisquer aspirações humanas. Não se pode, assim, prever de antemão tudo o que deverá ser considerado e analisado. Parece-me, todavia, possível contornar em parte a dificuldade num confronto entre o capitalismo e o socialismo (que são os dados concretos e objetivos com que contamos no mundo de hoje), procurando aquilo que fica de fora de ambos e que possa eventualmente satisfazer as aspirações dos reformadores sociais. Em outras palavras, trata-se de analisar os *fatos* que se apresentam nos países do socialismo, contrastando-os com os do capitalismo – não para o fim de balancear vantagens e virtudes respectivas, pois isso não leva a nada e será sempre condicionado pelos gostos do observador, e sim para verificar se é possível propor, nem que seja apenas hipoteticamente (pois outra alternativa não se apresenta), "fatos" ou antes possíveis fatos que não sejam capitalismo nem socialismo.

Para assim proceder, é preciso se desfazer antes de certas ideias correntes, mas nem por isso menos falseadas, acerca do socialismo. Desculpe-me o leitor essa incursão por terreno excessivamente teórico, o que me parece necessário não só para o esclarecimento da questão em foco, mas ainda para situar melhor a matéria de todo este livro.

O socialismo, ao contrário do que com frequência se vê afirmado, não constitui uma receita, um dogma, uma norma mais ou menos arbitrariamente escolhida segundo o gosto de reformadores e a que se trataria de subordinar os fatos humanos e a organização da vida social. Essa é uma imagem de todo deformada do socialismo, que precisamente exclui todo e qualquer traço de subjetivismo. O socialismo, como se pode facilmente concluir da observação e análise históricas deste último século decorrido, constitui um processo evolutivo que tem suas raízes no próprio capitalismo. É o capitalismo o principal responsável pelo socialismo, cujas formas e forças propulsoras se geraram e desenvolveram precisamente no mesmo capitalismo. O socialismo é a resultante natural do capitalismo que lhe prepara e abre caminho e que nele desemboca ao se desagregar.

É o que nos mostra a história. A desagregação final do capitalismo já se verificou numa parte considerável do mundo, dando aí num novo sistema de relações econômicas, sociais e políticas que, embora apresentem variantes de um para outro lugar, conservam, contudo, grande uniformidade no essencial e fundamental. Essa é uma primeira observação que os países socialistas proporcionam e que se confirma cada vez mais. Doutro lado, a crise do capitalismo em todos os lugares onde se mantém ainda como sistema dominante de relações sociais assume aspectos igualmente variáveis. É nesse ponto que essencialmente se propõe a nossa questão. A crise do capitalismo, que já evoluiu em certos países para a desagregação completa do sistema e sua transformação em socialismo, levará ou pode hipoteticamente levar para outro caminho que não o socialismo? Existe, em princípio pelo menos – uma vez que *de fato* nenhum sintoma disso se apresenta –outra possibilidade? O confronto do socialismo e do capitalismo, não na base das respectivas qualidades e defeitos – o que é "qualidade" para uns pode ser "defeito" para outros, e vice-versa –, mas o confronto das características de ambos os sistemas, daquilo que essencialmente os distingue e historicamente discrimina, isso traz muita luz para o assunto.

A fundamental diferença entre países capitalistas e socialistas, e a transformação histórica essencial verificada na passagem de um a outro sistema, encontra-se na forma da apropriação dos meios de produção – da terra, das máquinas e dos equipamentos produtivos em geral etc. Nos países capitalistas, essa apropriação é, em sua maior e essencial parte, privada. Nos países socialistas, ela é coletiva.

Detenhamo-nos nesse ponto, começando por analisar a significação precisa, no mundo de hoje, e as consequências econômicas e sociais da propriedade privada dos meios de produção. Esse assunto é de grande importância, porque há diferentes formas dessa propriedade privada dos meios de produção, embora a economia ortodoxa e também o direito burguês subestimem e não considerem tais diferenças – pelo menos essencialmente. No entanto, elas são de grande significação na própria sociedade capitalista atual e derivam daí situações econômicas, sociais e jurídicas específicas que é da maior importância distinguir.

Encontramos, em primeiro lugar, o caso do pequeno produtor – o artesão, o camponês –, que é ao mesmo tempo *proprietário* dos instrumentos de trabalho e da terra e o *trabalhador* que maneja e emprega ele próprio aqueles instrumentos na produção; e, no caso do camponês, também explora direta e pessoalmente a terra que lhe pertence. A propriedade e a força de trabalho se reúnem nesse caso na mesma pessoa, proprietário e trabalhador ao mesmo tempo. Essa forma de propriedade privada dos meios de produção é a que predomina no mundo pré-capitalista. Hoje, todavia, constitui exceção. A propriedade dos meios de produção cabe atualmente, em sua maior e principal parte, aos detentores de "capital", isto é, dos recursos financeiros suficientes para não somente adquirir aqueles meios de produção (que no nível tecnológico do mundo moderno representam consideráveis valores), mas ainda dispor da matéria-prima necessária à produção (também vultosa nas condições vigentes), bem como para engajar e pagar trabalhadores que operem aqueles meios de produção, transformando com eles a matéria-prima em produtos acabados. Em suma, nas condições do mundo moderno – e é isso que essencialmente caracteriza o capitalismo como sistema econômico –, as atividades produtivas exigem consideráveis recursos financeiros nas mãos de quem as empreende. O que se traduz na formulação vulgar de que, "para se estabelecer por conta própria, é preciso dispor de um capital inicial". Capital esse tanto maior quanto mais desenvolvida economicamente e madura do ponto de vista "capitalista" for a sociedade ou o país considerado.

Decorre dessa estrutura e organização da produção que a sociedade capitalista, e isso tanto mais pronunciadamente quanto mais avançada ela for, se caracteriza pela sua divisão social em duas categorias fundamentais de indivíduos: uns, a minoria, são aqueles que dispõem de capital suficiente para empreender, por conta e iniciativa próprias, alguma atividade econômica. São os capitalistas. Doutro lado está a maioria, que, não dispondo de recursos suficientes para isso, é obrigada, para se manter e se sustentar, a se engajar a serviço daqueles primeiros. Empregadores e empregados: é assim que fundamentalmente se divide a sociedade capitalista.

Derivam daí todas as circunstâncias essenciais do sistema econômico e do regime social do capitalismo. E, particularmente, é em função dessa situação que se resolve o problema essencial de todos e quaisquer sistemas de organização humana, a saber, a divisão do produto social. Em qualquer agrupamento humano, o que se trata em primeiro lugar de regular e fixar é necessariamente (porque não pode ser de outra forma) a maneira pela qual se distribuirão e repartirão, entre os indivíduos componentes da coletividade, os bens destinados à satisfação de suas necessidades – alimentação, abrigo, conforto, educação e cultura, diversões etc. No capitalismo, essa repartição e essas distribuição se fazem essencialmente em função da apontada divisão dos indivíduos em duas categorias ou classes: os detentores do capital, de um lado; e, doutro, aqueles que se põem a serviço desses detentores do capital e lhes vendem sua força de trabalho em troca do salário. Empregadores e empregados, capitalistas e assalariados.

O que ocorre pode ser esquematizado da seguinte forma. A quantidade de bens econômicos que cada um obtém é naturalmente determinada pelo seu poder aquisitivo, pelos seus recebimentos em dinheiro, com a soma dos quais adquire aqueles bens. Esses recebimentos, no caso do conjunto dos capitalistas e assalariados, correspondem a pagamentos que têm sua origem no conjunto das empresas e de sua receita. No curso de suas atividades produtivas, a receita global alcançada pelas empresas se divide em duas partes essenciais: uma, que será o *lucro*, irá para o capitalista como remuneração do capital aplicado na produção; a outra formará o *salário* pago aos trabalhadores.

Qual a proporção dessa divisão? A economia política se ocupa disso. É, aliás, esse o seu capítulo central e mais importante. Não iremos, contudo, nos ocupar do assunto aqui, pois trata-se de matéria controversa, na qual as diferentes correntes da teoria econômica divergem. Mas uma coisa é certa, aceite-se qual for daquelas teorias: o bolo a dividir entre uma e outra categoria ou classe de participantes na atividade econômica, capitalistas e trabalhadores, é um só, e o que uns recebem é necessariamente subtraído dos demais. Disso não há como fugir, e daí o conflito social que está na base do sistema capitalista.

Não tem faltado quem procure uma divisão teoricamente "justa". Mas em que consistirá essa justiça? Qual é seu critério? As opiniões são quase tantas como os opinadores e se anulam, por isso, mutuamente. E o mais difícil não está em propor algum critério – para isso é suficiente alguma imaginação –, e sim em mostrar como torná-lo efetivo, isto é, aplicá-lo na prática. Não somente não existe nenhuma forma de divisão generalizadamente aceitável, como não haveria possibilidade, mesmo que se apontasse aquela forma, de aplicá-la na prática sem destruir com isso ao mesmo tempo as próprias bases em que assenta o capitalismo.

A razão disso é que o nível de salários em regime capitalista se encontra predeterminado por circunstâncias gerais que não dependem da livre vontade dos indivíduos. Os empregadores sempre procuram pagar o mínimo, e os empregados, alcançar o máximo possível. Mas esse "possível" é determinado por fatores estranhos à vontade individual de uns e outros e somente se fixa através de uma permanente disputa. Mesmo sem recorrermos à teoria econômica, podemos observá-lo nos fatos de todos os dias. O máximo que os empregadores podem e estão dispostos a pagar como salário somente é conseguido pelos empregados por meio de acirrada e permanente disputa. Disputa mais ou menos velada ou aberta, mas disputa que às vezes chega ao extremo de verdadeiras convulsões sociais. É o que nos mostram a história e a experiência de todos os momentos e fases do capitalismo, desde seu nascedouro, já lá vão quase dois séculos, até o mais atual dos presentes. E ninguém poderá seriamente pensar que deixará de ser assim nalgum dia do futuro enquanto persistir o capitalismo.

É fatal que assim seja. Em regime capitalista, força de trabalho é mercadoria que tem, como qualquer outra, um valor próprio e um preço fixado por leis econômicas superiores às vontades individuais e às quais os indivíduos não podem normalmente se furtar. Há quem pretenda negar à força de trabalho essa qualidade de "mercadoria". Encontramos isso em alguns doutrinadores sociais, mas a opinião deles é de natureza ética e não passa, por enquanto, de simples aspiração. Entendem eles que o trabalho não deve ser mercadoria ou que não tem a "natureza" ou a "essência" da mercadoria. Sem pretender aqui discutir o assunto, creio que todos concordarão que, na maneira como a força de trabalho se apresenta em nossos dias, ela tem os mesmos característicos de qualquer mercadoria e é transacionada como tal, isto é, é vendida e comprada – negociada, em suma.

Não basta assim negar à força de trabalho a qualidade de mercadoria simplesmente em palavras. É preciso negá-la também nos fatos, e isso significa negar o capitalismo, o que é o mesmo que afirmar seu contrário, que é o socialismo. Isso porque o que em última instância separa o capitalismo do socialismo (ainda veremos isso melhor) é a ocorrência ou não da liberdade econômica, isto é, da faculdade de cada indivíduo, ao estabelecer relações econômicas com seus semelhantes, dispor livremente do que é seu. Ora, nas relações de trabalho o capitalista dispõe do capital, do dinheiro, e o trabalhador de sua força de trabalho. A liberdade econômica implica, assim, o livre acordo entre capitalistas e trabalhadores no que respeita à fixação do salário, o que, em outras palavras, quer dizer a compra, pelo capitalista, da força de trabalho.

Assim sendo, queira-se ou não, a força de trabalho se comporta, no capitalismo, como qualquer mercadoria, isto é, ela é comprada e vendida. Ora, é da essência da compra e venda em regime de liberdade o "regateio". Mas o regateio, quando a mercadoria transacionada e regateada é o trabalho, embora a situação seja no caso formalmente a mesma que em qualquer outra compra e venda, envolve aí a personalidade do homem e sua própria vida. Não há como fugir, então, ao choque, ao conflito que, embora no mais das vezes latente, aí se encontra e está pronto para degenerar em ódios incontidos, em luta aberta.

Tanto mais que num dos polos do conflito se encontra o elemento essencial e propulsionador do sistema capitalista: o estímulo do lucro. É esse lucro que constitui a viga mestra do capitalismo, o fator que condiciona o funcionamento do sistema. Devemos atentar bem para esse ponto, pois ele nem sempre foi expressamente reconhecido pela economia ortodoxa e permaneceu mais ou menos velado e disfarçado por muito tempo. Foi só a mais recente geração de economistas ortodoxos – refiro-me aos rebentos da chamada "revolução keynesiana" – que se apercebeu deste motor fundamental do sistema econômico do capitalismo que é o lucro capitalista. Embora esses economistas ainda não o declarem de maneira precisa e categórica, equivale ao reconhecimento do papel do lucro capitalista no funcionamento do sistema, o marcante destaque por eles concedido na interpretação daquele funcionamento, à inversão capitalista, isto é, ao fato da aplicação de capital no empreendimento produtivo. É evidentemente a perspectiva de lucro, e somente ela, que estimula as inversões e constitui a causa determinante delas. E assim o lucro começa a obter maior consideração teórica (o que não ocorria nos clássicos da economia burguesa), como em particular em Keynes, o moderno profeta da economia ortodoxa, em que o lucro se inclui na noção de eficiência marginal do capital, um dos principais fatores, se não o principal, na teoria keynesiana do mecanismo capitalista.

Tudo isso, aliás, vem ao encontro, e representa a tradução no jargão dos economistas, daquilo que qualquer observador da atividade econômica nos países capitalistas descobre sem nenhuma dificuldade. O que estimula aquelas atividades são as iniciativas dos capitalistas que as empreendem com o fito de lucro. E do lucro máximo. Ora, o lucro (quem poderá ignorá-lo?) é função inversa do montante dos salários. O lucro que um empreendedor capitalista tira de seu negócio será tanto maior ou menor quanto inversamente os salários que ele paga forem menores ou maiores. A concorrência do lucro e do salário é assim, como se vê, da essência do mecanismo capitalista. Tem nele um papel do maior relevo. E se materializará e concretizará forçosamente, como logo se vê, na luta entre os indivíduos humanos que se encontram respectivamente por trás daquelas duas categorias econômicas.

Mas não é somente esse conflito essencial e mais grave – o de capitalistas e trabalhadores – que decorre necessariamente do funcionamento do capitalismo e o caracteriza. Outro antagonismo tem sua origem na concorrência entre os próprios capitalistas. Suas formas são em regra mais sutis, e se disfarçam mesmo, e se amenizam nas normas da chamada ética comercial. Mas nem por isso a disputa entre concorrentes no mundo dos negócios (e todo capitalista é sempre concorrente efetivo ou potencial de todos os demais) é menos intensa. E tanto mais grave que é de todos os instantes, implicando sempre, em última instância, a própria sobrevivência de cada um.

E tudo isso para quê? A miragem de um lucro monetário que não tem essencialmente outro objetivo senão abrir perspectivas para um lucro ainda maior, num processo infindável que gira em círculo fechado, em que o homem como homem se anula. Esse aspecto do capitalismo não cabe, nas suas implicações mais profundas, dentro da economia; pertence antes ao domínio da neurologia, se não da psiquiatria. Se o estímulo do lucro não abafasse nos homens de negócios todo e qualquer outro impulso mais humano, eles seriam com certeza os primeiros a se rebelar contra um sistema que faz deles um dos mais tristes e pobres tipos humanos que a história da humanidade já conheceu.

Em suma, o capitalismo significa essencialmente antagonismo, luta. As relações humanas, dentro do sistema, se estabelecem sempre na base de um conflito de interesses no qual cada uma das partes busca maior satisfação própria em detrimento da outra. Isso desde os menores e mais insignificantes fatos da vida econômica rotineira e cotidiana – como na mais elementar transação de compra e venda que praticamos a todo instante e na qual, apesar de todo amaciamento produzido pelo hábito, são sempre na realidade dois adversários que se defrontam. É assim que se desenrola a vida dos homens enquadrados no sistema do capitalismo; e é assim que cada um procura realizar os objetivos que o capitalismo propõe e a que todos se devem conformar: acumular dinheiro, enriquecer.

É curioso lembrar aqui como o apóstolo moderno do capitalismo – precisamos citar o nome de Keynes? – justifica ou procura justificar esse objetivo: "Perigosas inclinações", escreve ele, "podem ser derivadas para inofensivos canais pelo oferecimento da oportunidade de ganhar dinheiro e do enriquecimento; inclinações aquelas que, não podendo ser satisfeitas por essa forma, encontrariam vazão na crueldade, na inescrupulosa busca de poder e autoridade e em outras formas de engrandecimento próprio"[1]. Resta saber se as "perigosas inclinações" referidas por Keynes não decorrem precisamente do meio e das circunstâncias em que o indivíduo humano se forma e desenvolve e se tanto a ganância de uns como a truculência de outros não encontrariam

---

[1] John Maynard Keynes, *The General Theory of Employment, Interest and Money* (Nova York, Harcourt, Brace and Company, [1936]), p. 374.

numa organização social menos individualista, contrapartida melhor ajustada à boa convivência humana.

Mas, seja como for, o inegável – e, aliás, ao que se saiba, inegado – é a natureza digamos "bélica" do funcionamento do capitalismo. Trata-se mesmo aí de um traço que pertence à essência do sistema, sem o qual ele não pode funcionar adequadamente. A liberdade econômica, sem a qual o capitalismo não se compreende, consiste precisamente em atribuir a cada indivíduo o direito, e mesmo em lhe impor a norma, de procurar realizar sempre um máximo de vantagens pessoais. É o princípio do hedonismo, que, já desde os primeiros clássicos da economia política, se coloca no ponto de partida de toda essa ciência como premissa essencial donde é possível deduzir (e, portanto, enquadrar e organizar dentro de um sistema teórico) todas as formulações e normas econômicas. Os antigos economistas atribuíam o hedonismo à natureza humana, e os economistas modernos fazem a mesma coisa, embora implicitamente. Está claro que a "natureza" humana (no sentido usual da palavra) nada tem a ver com isso, e o que o *hedonismo* de fato constitui é a essência do sistema capitalista que a ele condiciona o indivíduo humano apanhado nas suas malhas. O *Homo oeconomicus* existe efetivamente, mas é um produto do capitalismo – ou, antes, é produto das mesmas circunstâncias históricas que deram no capitalismo. E é na medida em que o ser humano se transmuta em "*oeconomicus*" e adota um comportamento ajustado ao princípio hedonista, é aí que o sistema capitalista funciona. Daí por que ele não funciona, ou funciona mal, nas coletividades, que não se impregnaram suficientemente daquele espírito que faz a atmosfera necessária ao florescimento do sistema.

Um dos fatores frequentemente apontado por economistas e sociólogos burgueses do atraso econômico de certos povos é a ausência neles de "ambição" – desambição essa que, na conceituação burguesa da palavra, quer dizer o desprezo dos bens materiais, do ganho monetário, da ganância. Isso, de certo modo, e excluído o simplismo da formulação, é exato. Efetivamente, foi a cultura burguesa (essa cultura característica do capitalismo e que, fruto das mesmas circunstâncias históricas que deram na economia capitalista, constitui ao mesmo tempo o clima próprio e

O mundo do socialismo   171

impulsionador do sistema) que levou ao mais alto grau os valores que lastreiam o capitalismo, a saber, o individualismo exacerbado que se comporta exclusivamente, ou pelo menos predominantemente, na base do estímulo mercantil. Não se trata, assim, de "natureza humana", e sim de um condicionamento psicológico fruto de fatores históricos elaboradores de um tipo específico de cultura. Lá onde essa cultura floresceu mais (Europa ocidental, Estados Unidos, países da comunidade britânica) é onde o capitalismo tem mais vigor e funciona melhor. Mas onde a cultura burguesa, por força de circunstâncias históricas próprias, não logrou atingir plena maturidade, o capitalismo não conseguiu o mesmo sucesso. E, na concorrência do mundo contemporâneo, em que o capitalismo representou a força propulsora máxima e central do progresso material, aqueles países e povos que não se ajustaram ao estilo de vida e tipo de comportamento burguês ficaram para trás ou, mais precisamente, ficaram por baixo dos outros e são os chamados "subdesenvolvidos" do mundo de hoje. É que lhes faltou, como ainda lhes falta em grau suficiente, a mola mestra do capitalismo, isto é, o exclusivismo individualista centrado em interesses materiais e permanentemente estimulado para a luta.

Por onde quer que se aborde a consideração e análise do capitalismo, seja do ângulo sociológico, seja do da economia, o que se verifica sempre é a natureza antagônica do funcionamento do sistema que se desenrola sob o signo da luta de todos contra todos. Pode ser diferente? Isto é, pode ser de outro modo dentro do sistema capitalista e na base de seus postulados fundamentais: a livre-iniciativa econômica, a liberdade outorgada a cada indivíduo para que oriente as atividades econômicas ao sabor de seus interesses pessoais e imediatos? Lembremos que o fascismo tentou realizá-lo, isto é, conservar a propriedade privada dos meios de produção e a iniciativa econômica individual, mas, ao mesmo tempo, sobrepondo às atividades econômicas a autoridade regulamentadora do Estado. Mas o fascismo fez isso – e não poderia ser de outra forma – jogando o peso total da força política em cada conflito latente (e esse conflito entre indivíduos e classes é da essência, acabamos de vê-lo, da propriedade e da iniciativa econômica privadas) do lado econômica ou financeiramente mais forte: da burguesia contra o proletariado, do burguês maior contra o menor. O fascismo conseguiu, assim, em certos momentos, uma aparência de estabilidade econômica e paz política e social. Mas isso sempre à custa do sacrifício brutal que, sendo preciso, foi muitas vezes ao sacrifício físico de uma das partes. O mundo que o fascismo produziu, todos sabemos o que foi, pois aí se encontram ainda os remanescentes dele e amostras vivas que são essas brutais ditaduras portuguesa e espanhola. Isso sem contar o caminho para onde o fascismo leva quando amparado numa base nacional suficientemente poderosa. A afirmação do direito do mais forte – que é em essência o que caracteriza o fascismo – impele necessariamente, nesse caso, para a guerra, pois é apenas lá que se resolvem antagonismos econômicos quando transferidos para o plano internacional. Por isso o fascismo foi à guerra.

E por isso também ele não é e não pode ser a alternativa que estamos procurando. A história, aliás, já se incumbiu de prová-lo. A organização e a estrutura do mundo capitalista precisam ser renovadas pela base e na sua substância caso se pretenda destruir o germe do antagonismo que nele divide e isola os indivíduos e as classes e os joga incessantemente uns contra os outros. Observe-se que é ali onde o capitalismo atinge o máximo de desenvolvimento e seu mais amplo florescimento (considerem-se em particular os Estados Unidos) que também se realiza de maneira mais completa a predição de Marx: a redução de todas as relações humanas a relações mercantis, ao "toma lá dá cá" dos negócios, com o conflito latente e sempre pronto a se desencadear que se abriga necessariamente atrás de todo contato de indivíduos estimulados tão somente pelo interesse imediatista e exclusivista de alcançar para si, sem medir outras consequências, alguma vantagem material. O capitalismo representa historicamente a última fase, a mais avançada, do progresso e do desenvolvimento das relações mercantis entre os homens, isto é, do sistema de compra e venda como procedimento generalizado de distribuição e repartição dos bens econômicos. Esse processo de mercantilização progressiva acabou por se difundir para outros terrenos além do propriamente econômico. E, se ainda não atingiu todos os valores humanos (será mesmo que em alguns lugares não os atingiu?), evolui certamente nesse sentido. Ora, a norma essencial que preside às relações mercantis, norma indispensável ao funcionamento normal do sistema, é sempre dar um mínimo para receber um máximo. O antagonismo e a luta se encontram fatalmente na base de um tal sistema, que se alimenta desse antagonismo e dessa luta e por eles se mantém e desenvolve.

O socialismo consiste fundamental e essencialmente nisto a que se propõe e está procurando realizar um mundo fundado em princípio diametralmente oposto, a saber, o da cooperação entre os homens, o do esforço comum e conjugado para os mesmos fins, que são de todos. Enquanto o capitalismo se faz do interesse particularista e individualista dos milhões de indivíduos componentes das sociedades modernas, e os fatos sociais do mundo capitalista nada mais são que resultantes dos choques repetidos ao infinito de todos esses indivíduos uns contra os outros na busca de seus interesses pessoais imediatos, o socialismo se edifica na base de interesses gerais (que, por serem gerais, são também de todos os indivíduos em particular) que se procura atingir pelo esforço conjugado daqueles mesmos indivíduos.

Mas, para chegar a isso, é preciso começar pela abolição da livre-iniciativa econômica e do domínio privado sobre as forças produtivas da sociedade, pois são esses precisamente os elementos essenciais e fundamentais que fazem da oposição e do antagonismo entre os indivíduos o motor da vida coletiva. E é nisso que consiste o ponto de partida do socialismo: a abolição da propriedade privada dos meios de produção e, por consequência, também da livre-iniciativa econômica. Propriedade e iniciativa essas que se transferem para a sociedade. O mais é derivado e consequência dessa transferência. Consiste unicamente na elaboração e na estruturação das formas econômicas, políticas e sociais necessárias ao funcionamento de um sistema no qual não prevalece a liberdade econômica dos indivíduos, e é o conjunto deles, a sociedade em que eles se compõem, que se incumbe da gestão e direção das atividades econômicas.

Não há, pois, outra alternativa para o mundo de hoje. Ou permanece o capitalismo – e com ele o antagonismo entre os indivíduos que essencialmente o constitui –, ou se coordena a ação desses indivíduos no socialismo. Alternativas poderá haver no que respeita às diferentes soluções específicas e particulares a cada caso, para a realização dos objetivos apontados. Aí as soluções poderão variar – e de fato têm variado. Lembremos mais uma vez que nada há de mais estranho ao marxismo que apresentar o socialismo como uma receita dada uma vez por todas e pela qual todos os povos e países, no presente e no futuro, se hão de pautar. O que é invariável no socialismo, e que constitui sua essência, é a substituição da liberdade econômica, que caracteriza o capitalismo e que implica o antagonismo entre os homens, cada qual se orientando para a satisfação particularista e exclusivista de seus interesses, pelo ordenamento e pela coordenação da ação econômica em função do interesse coletivo. Tudo o mais, no socialismo, deriva daí e se erige sobre aquela premissa. Como, no mundo atual do socialismo, se está realizando essa tarefa e como e até que ponto se alcançou, naquele mundo, a convivência humana na base da cooperação? Foi isso sobretudo o que procurei observar em minha viagem aos países socialistas. E é o resultado dessa observação que reflete, com todas as insuficiências e as deficiências do observador, a grandiosa experiência daqueles países. É isso o que procuro trazer para as páginas deste livro.

2
O PROBLEMA DA LIBERDADE

Sempre que se discutem a situação e as condições de vida nos países socialistas, vem logo à baila a questão da "liberdade individual". Isso sobretudo depois que o argumento antissocialista outrora predileto, que vinha a ser o dos padrões materiais dos países socialistas em confronto com os dos países capitalistas, perdeu inteiramente sua razão de ser e não engana mais ninguém medianamente informado de assuntos internacionais. Os progressos realizados naqueles países, e em particular na União Soviética, no que se refere aos padrões médios e sobretudo mínimos da população, são suficientemente conhecidos por meio de fartos depoimentos a respeito, partidos das mais insuspeitas fontes, bem como daquilo que revelam as estatísticas cuja veracidade já não é mais seriamente posta em dúvida – ao contrário de alguns anos passados, quando mesmo estatísticas oficiais utilizadas pela administração soviética na programação e no controle da execução dos planos econômicos (e que por isso mesmo não podiam ser falsificadas) eram sistematicamente contestadas sempre que se mostravam favoráveis ao socialismo. Os padrões soviéticos médios hoje se equiparam, se não os superam, aos dos principais países capitalistas da Europa ocidental. E são ainda inferiores apenas aos dos Estados Unidos. Mas o que é mais importante não é a situação atual, ou em qualquer momento dado, e sim o progresso que precipitadamente se está verificando, a ponto de já ser perfeitamente previsível o momento, bem próximo – talvez não mais de uma dezena de anos –, em que o nível de vida da população soviética não terá mais paralelo em parte alguma do mundo. E isso não em alguns setores daquela população e regiões particulares do país, como ocorre em geral nos países capitalistas que se caracterizam por grandes desníveis, e sim para todos os cidadãos, em todas as partes.

Isso tudo é mais ou menos expressa ou implicitamente reconhecido pela generalidade dos observadores mais recentes e autorizados, mesmo entre os adversários do socialismo. Os mais otimistas (otimismo "capitalista", bem entendido), embora não negando a potencialidade e as possibilidades da União Soviética de atingir nos próximos anos altíssimos padrões materiais, julgam que os países capitalistas ainda são capazes de um grande aceleramento do seu progresso e que, assim sendo, os países socialistas se conservarão atrás. Essa discussão, contudo, não nos interessa aqui. O fato que mais importa é que o sistema socialista de organização econômica já deu provas cabais de sua capacidade de elevar em ritmo acelerado os padrões materiais da população. Foi assim no passado e está sendo no presente, como no caso particular da China Popular, com seu espetacular desenvolvimento nos dez anos de regime socialista, que transformaram por completo a fisionomia do país. Isso tudo é incontestado e incontestável, desfazendo-se, portanto, o argumento principal outrora empregado contra o regime socialista.

A argumentação antissocialista vem se concentrando, assim, em outro setor, tomando aproximadamente a seguinte forma sintética: "De que servem ao homem o bem-estar e o conforto materiais, quando lhe falta liberdade e ele vive na opressão e na escravidão disfarçada?". Com esse rumo que tomou a argumentação antissocialista e com a farta publicidade que a acompanha, é aquela "liberdade" de que se vangloriam as democracias burguesas, e que se alega faltar nos países socialistas, é isso que se tornou hoje o foco principal do interesse do público em relação àqueles países. Vou, pois, ocupar-me da questão desde logo – e com tanto mais razão que pessoalmente me incluo no número daqueles que não somente prezam muito a liberdade do indivíduo humano, mas querem vê-la efetivamente realizada. Isso infelizmente não observo nem mesmo nas mais puras e perfeitas democracias capitalistas, a não ser excepcionalmente e em circunstâncias muito especiais.

Essa crítica ao mundo capitalista não vem, contudo, ao caso, e fiz menção a ela unicamente para explicar por que na minha viagem pelo mundo socialista dediquei especial interesse ao assunto e nele concentrei boa parte de minhas observações. Muito me preocupava, como me preocupa ainda, isso que parece estar no centro da problemática humana de nossos dias, a saber, a natureza dessa "liberdade" a que os homens dão tanto apreço, mas em torno da qual encontram tanta dificuldade em chegar a um acordo. Devo, aliás, confessar que aquelas observações feitas nos países socialistas me permitiram considerar o problema da liberdade sob um aspecto que antes se me apresentava bastante confuso e que hoje reputo essencial e fundamental. E é isso que procurarei desenvolver em seguida.

Parece-me que a confusão e a imprecisão que usualmente envolvem o problema da liberdade, problema esse em regra muito mais sentido que nitidamente expresso, provêm quase sempre da maneira como ele é colocado. Entre nós, isto é, nos países capitalistas, a questão da liberdade, quando discutida no plano político, é considerada e analisada em função, expressa ou implícita, do dualismo "Estado e indivíduo". Ou, mais precisamente, ela se propõe no terreno dos direitos do indivíduo na ordem jurídica, isto é, dos direitos de que gozam os cidadãos em geral, em face da ação do Estado e de seu órgão, que é o governo.

Ora, sou levado a crer que não é esse o único nem mesmo o principal ângulo sob o qual a liberdade pode ou deve ser considerada. Isso porque, para a maior parte e quase totalidade dos indivíduos, e mais, em quase todas as situações e circunstâncias da vida desses indivíduos – e certamente nas mais importantes –, não é em frente ao Estado ou governo que se propõe a questão de haver ou não liberdade para eles, a questão de serem ou não livres. Nos regimes modernos, que serviram de vestimenta política do sistema econômico do capitalismo, não é ordinariamente o Estado que no essencial da vida de cada indivíduo lhe limita a ação e o coage. Em outras palavras, nas situações mais importantes da vida dos cidadãos das democracias capitalistas, não é o Estado e seus órgãos

178 Caio Prado Júnior

políticos e administrativos que esses cidadãos defrontam e que lhes embargam a ação. Foi assim antes do advento do Estado burguês e liberal, quando o regime político vigente constituía expressão do domínio de classes e categorias sociais juridicamente privilegiadas, como a nobreza em particular, que afirmavam e defendiam seus privilégios através do funcionamento daquele regime. Então, sim, a liberdade dos indivíduos se achava expressa e declaradamente, isto é, por determinação legal, limitada por um poder estatal a serviço de privilégios, alheio e estranho à maioria da população e a ela sobreposto. Numa situação dessas, era possível e mesmo suficiente aferir a liberdade dos indivíduos pelos direitos e franquias que lhes eram legalmente outorgados. Era através desses direitos e franquias, e no interior deles, que os indivíduos podiam exercer sua ação.

Nas sociedades modernas, contudo, no Estado liberal que constitui a essência da democracia burguesa, caracterizada pela igualdade de todos perante a lei e pela liberdade jurídica dos cidadãos, nessa democracia burguesa em que o Estado se acha organizado na base dos direitos iguais de todos os cidadãos e esses cidadãos podem livremente gozar desses direitos, quem considera e analisa o problema da liberdade individual unicamente em função das relações entre os indivíduos e esse Estado juridicamente neutro deixa de lado o principal da questão, que vêm a ser *as limitações que o direito de uns indivíduos traz para a liberdade de outros.*

Atente-se cuidadosamente para esse ponto. No sistema jurídico burguês, a liberdade de cada indivíduo é limitada unicamente pela liberdade dos demais. O Estado não intervém, em princípio, senão para assegurar a liberdade individual, impedindo que a liberdade *jurídica* de uns se exerça em detrimento da mesma liberdade jurídica de outros. Em suma e no essencial, os indivíduos nas democracias burguesas se apresentam cada qual em face dos demais como juridicamente iguais e livres para estender sua ação até onde ela se chocar com a livre ação dos outros. A maior e principal parte das atividades do indivíduo se desenrola em situações como essa. Assim sendo, o limite de sua vontade e ação, limite esse determinado pela vontade e pela ação concorrentes de outros indivíduos, somente se poderá fixar, em regra, por acordo das partes. E é isso de fato o que ocorre. É por acordos expressos ou tácitos com os

O mundo do socialismo   179

demais membros da coletividade que se fixa o raio de ação de cada um e se determina o que ele pode ou não pode fazer, a maneira como deve agir e orientar sua atividade. A observação da vida coletiva nas democracias burguesas nos mostra que a maior parte das relações entre os indivíduos, relações essas segundo as quais se pautam os atos deles, se estabelecem por acordo de vontades "livremente" consentidas, isto é, sem intervenção ou coerção exterior do Estado, da lei.

É de notar – e observamos isso de passagem porque a coincidência é de grande interesse e altamente esclarecedora – como esse sistema se molda pelo padrão das transações mercantis, que se ajustam sempre na base do livre consentimento das partes contratantes. Não há aí, de fato, simples coincidência: a democracia burguesa não é senão a forma político-jurídica do sistema capitalista e transpõe por isso, para as relações humanas em geral, a norma das relações econômicas características do sistema, que vem a ser a da transação mercantil.

Podemos com isso definir a liberdade nas democracias burguesas ou, pelo menos, aquela liberdade que tem maior papel na vida dos indivíduos. Essa liberdade consiste para cada indivíduo, em última instância, no livre estabelecimento e aceitação de acordos com outros indivíduos. É até aí que vai a liberdade individual no regime burguês liberal. Todo indivíduo é livre para entrar ou não em acordo com seus semelhantes, para aceitar ou não essas ou aquelas condições, para discutir as condições propostas e apresentar as suas. Tudo isso ele fará livre de constrangimentos legais e sem nenhuma intervenção de forças estranhas e vontades que não sejam as das partes concorrentes. E o fará em pé de igualdade com os demais indivíduos. Em frente uns aos outros, todos os indivíduos são iguais.

Essa igualdade dos indivíduos na liberdade para entrarem em acordo entre si é, contudo, uma igualdade *jurídica*, isto é, uma liberdade de direito e não de fato. Em outras palavras, o direito, a lei, não intervém. A igualdade que o direito burguês figura é na base de uma personalidade abstrata que caberia ao indivíduo em si e destacado das situações concretas em que se encontra ou pode se encontrar.

A realidade, no entanto, é que os indivíduos, por força daquelas situações, são muito desiguais – e o são particularmente naquilo que mais contribui na fixação dos limites e do alcance de sua ação. A saber, na sua posição dentro da estrutura econômica da sociedade. Decorre daí que a liberdade de cada um variará muito, pois será função da desigualdade real existente à margem da esfera jurídica.

É interessante observar que os defensores da ordem burguesa usam o fato da desigualdade dos indivíduos para criticar, como utópico, o socialismo, que pretenderia realizar, segundo os mesmos críticos, uma igualdade impossível. "Não é praticável", afirmam, "tratar igualmente indivíduos naturalmente desiguais". Ora, é precisamente isso que ocorre no regime burguês, que se funda numa figurada igualdade jurídica que não corresponde aos fatos. E é o socialismo que retifica essa posição. O socialismo, ao contrário do que se acha como opinião a respeito dele muito difundida, não é – e está longe de ser – igualitarista. O socialismo (o verdadeiro socialismo, bem entendido, porque sob o rótulo socialista não faltam hoje as mais disparatadas fantasias) reconhece a desigualdade e não pretende eliminar ou desconhecer as desigualdades que são da natureza humana. A desigualdade que se procura corrigir é aquela criada pelo regime social, sobreposta e acrescentada à desigualdade natural e biológica.

Portanto, em que consiste e donde provém, no regime burguês, essa desigualdade de natureza social? Embora a sociologia burguesa procure quanto possa disfarçar os fatos essenciais do mundo moderno, dissecando minuciosamente as mais insignificantes circunstâncias capazes de gerar alguma desigualdade entre os indivíduos (não vêm a ser isso, afinal de contas, as trabalhosas análises e dissertações da sociologia burguesa em torno do que denomina o "status" do indivíduo?), é por demais evidente, e por isso incontestável, que, em última e decisiva instância, o que fundamentalmente determina e consagra, em regime burguês, a desigualdade entre os indivíduos é a riqueza, o nível econômico, o que quer dizer a propriedade privada de cada um. E não qualquer propriedade, mas essencialmente aquela que implica o domínio efetivo ou potencial, direto ou indireto sobre as forças produtivas da sociedade: sobre a terra, as máquinas, os equipamentos produtivos em geral. As fontes, em suma, donde provêm os bens exigidos para a satisfação das necessidades dos

O mundo do socialismo   181

indivíduos. Essa propriedade se realiza no sistema capitalista por meio da apropriação do capital. E é assim, nas proporções em que se distribui e reparte o capital – desde os indivíduos inteiramente privados dele, que são os proletários, para cima –, que paralelamente se estrutura a hierarquia da sociedade burguesa e se estabelecem as relações de desigualdade entre os indivíduos.

Relações essas que naturalmente vão pesar nos "acordos" aqui referidos e na base dos quais se traçam os limites e se fixa o raio de ação dos indivíduos. Como vimos, o funcionamento do regime burguês, a democracia liberal, fundada como se acha na livre determinação e no consentimento dos indivíduos, resulta afinal da concorrência e do choque dessas vontades individuais, cada qual procurando estender ao máximo sua "liberdade" e seu raio de ação. A liberdade de cada indivíduo se acha, assim, limitada pela liberdade dos demais. Na maior e sobretudo principal parte de suas atividades, o que o indivíduo encontra pela frente, embargando e limitando sua ação, é a ação contrária e concorrente de outros indivíduos. E, na concorrência que assim se estabelece, do choque e da luta mais ou menos declarada e aparente, mas sempre implícita, que daí resulta, serão fixados para cada um dos contendores o alcance de sua atuação e, portanto, a esfera de liberdade que lhe cabe. Essa liberdade será, portanto, maior ou menor na proporção das desigualdades entre os indivíduos.

É essencialmente nesses termos que se propõe, na democracia burguesa e liberal, a questão da liberdade individual fundada na livre determinação dos indivíduos, agindo cada qual em função de seus interesses particularistas. Nas discussões teóricas relativas ao problema da liberdade, a afirmação da livre determinação do indivíduo e a ausência de constrangimento exterior e superior à sua vontade levam à conclusão aparentemente justificada de que a liberdade é da essência da democracia liberal. E essa aparência é fartamente explorada pelos defensores do liberalismo burguês. Esquecem, contudo, no argumento, ou fingem esquecer, o outro lado da questão: a contrapartida da liberdade de cada indivíduo, que é a "liberdade" dos outros que a contrabalança e que, se tem por titular um indivíduo desproporcionalmente mais forte (situação que é da essência de uma sociedade em que ombreiam possuidores e não possuidores), pode anulá-la por completo, e de fato a anula. Isso é, aliás, expressamente reconhecido no direito burguês, e aí estão para comprová-lo as brechas ou, diríamos melhor, as fissuras que se abrem no princípio da liberdade burguesa e no livre consentimento dos indivíduos. É o que se observa, entre outros casos, nas relações de trabalho reguladas pela legislação trabalhista. Trata-se aí, contudo, de insignificantes exceções, que servem, mais que para outra coisa qualquer, para comprometer a coerência teórica das instituições democráticas liberais. No essencial e fundamental, a democracia liberal-burguesa precisa respeitar a livre determinação dos indivíduos na base de seus interesses pessoais e deixar à concorrência natural e espontânea entre eles o ajustamento e a harmonização de seus interesses respectivos. Essa é uma condição precípua do funcionamento do sistema capitalista, de que a democracia liberal não é senão a vestimenta jurídica e política.

O socialismo, teoricamente, e já hoje praticamente também numa parcela considerável da humanidade, funda-se em princípio diametralmente oposto. A vida social no socialismo se impulsiona não pelo antagonismo e pela concorrência dos indivíduos estimulados e animados por seus interesses particularistas, mas pela cooperação deles e pela ação em função de interesses gerais e coletivos. Isso, na perspectiva a que estamos habituados em países capitalistas, pode soar fantasioso, utópico e irrealizável por contrariar aparentemente o que há de mais profundo na natureza humana: o estímulo do interesse individual. No entanto, situado nos termos em que se encontra nos países do socialismo, faz-se perfeitamente compreensível e natural. E mais: acha-se nesses países, em suas linhas gerais e na maior e principal parte das vezes, realizado. É essa, aliás, a observação e a experiência mais importantes que se podem trazer de uma viagem ao mundo do socialismo.

Vejamos o assunto de perto. Em primeiro lugar, penso que não é difícil compreender, mesmo com a formação essencialmente individualista que é a nossa, que o interesse coletivo não se opõe ao interesse individual bem compreendido. Mesmo em nossas individualistas democracias burguesas, há casos, embora no conjunto excepcionais, em que o interesse coletivo é reconhecido e usualmente respeitado, embora possa momentaneamente contrariar interesses individuais particularistas. E, indo ao fundo das coisas, verifica-se que é sempre, ou pode ser sempre, esse o caso. É sempre possível enquadrar os interesses de todos os indivíduos em particular dentro do interesse geral. Em conjunto e a longo termo, um legítimo interesse coletivo se confunde com os interesses individuais. Isso pela simples razão de que a vida coletiva é função, ou deve ser, função do indivíduo, não o inverso. Não há finalidades sociais independentes do indivíduo. É certo que existem concepções em que se propõem objetivos sociais estranhos ao indivíduo e superiores a ele. Entre outros exemplos, e bem próximo de nós, é desse teor, ou pretendeu sê-lo, a filosofia do fascismo. Não há, todavia, nada mais estranho e afastado do socialismo que essa concepção, pois para o socialismo é o indivíduo, e somente ele, com seus interesses e suas aspirações, que ocupa o centro das atenções; não constitui a vida social senão o meio de satisfazer aqueles interesses e realizar aquelas aspirações.

Assim sendo, o interesse coletivo bem entendido e interpretado corresponde aos interesses individuais e com eles se confunde. Não há, pois, nada de estranho no fato de que os indivíduos espontaneamente pautem seus atos por aquele interesse coletivo. E, uma vez obtido o consenso da coletividade no que se refere à determinação e à definição desse interesse, é possível e é mesmo consequência natural a cooperação de todos na consecução de um mesmo fim, que é aquele interesse coletivo que em última instância objetiva o interesse do indivíduo. Este agirá estimulado por aquilo que considera do seu interesse, porque compreenderá e estará perfeitamente ciente de que afinal é esse seu interesse que está em jogo. A vida social, nesse caso, poderá muito naturalmente se desenvolver na base da cooperação de todos, em vez de o ser na do antagonismo e do conflito de interesses particularistas de que se constitui a vida nas sociedades capitalistas.

A questão se cinge, portanto, em última análise, a determinar e definir qual seja o interesse coletivo e realizar isso de maneira a reunir o consenso. Nessa fase do assunto, haverá naturalmente debate, divergências. Mas, uma vez determinado, por esse debate preliminar, aquilo que segundo o consenso constitui o interesse coletivo, estará aberto o caminho para a cooperação de todos, pois todos objetivarão a mesma finalidade. Não haverá mais lugar para antagonismo e conflitos.

Ainda veremos, tanto neste capítulo como adiante, como é possível reunir e formar consenso em torno da determinação do interesse coletivo e quais procedimentos conduzem a esse fim. A larga mobilização da opinião pública, em proporções que se desconhecem por completo nas mais perfeitas democracias burguesas; a audiência geral concedida a todos os cidadãos, não só àqueles que espontaneamente e por iniciativa própria desejarem se manifestar sobre as questões em foco, mas também aos demais que são ativamente estimulados a intervir no debate ou pelo menos a o acompanharem com atenção, compreensão e interesse; a estruturação dada aos órgãos políticos e administrativos, e em geral a todas as organizações, para que se tornem possíveis esse amplo debate e a manifestação universal do pensamento – tudo isso constitui alguns dos traços essenciais das instituições do socialismo.

Veremos isso por partes, mas o fato mais importante para nós aqui é a existência, nos países socialistas, de um consenso em torno do que constitui em cada caso o interesse coletivo. Esse interesse, os objetivos que nele se propõem e os meios de os realizar são universalmente reconhecidos, como é também reconhecido que o mesmo interesse constitui a mais perfeita e adequada expressão do interesse bem compreendido de cada indivíduo em particular. Esse indivíduo se subordina assim, sem oposição, às normas conducentes aos objetivos gerais assim fixados, mesmo que momentaneamente essas normas aparentem chocar-se com o que, numa perspectiva imediatista e de menor alcance, poderia ser considerado o seu interesse individual.

Considere-se essa situação na perspectiva da questão da liberdade individual (que é o problema que nos ocupa no momento). Não é difícil compreender que em tal situação o indivíduo necessariamente se sentirá livre – e será de fato livre em proporções desconhecidas nas democracias burguesas. Realmente, é o interesse coletivo, que o indivíduo reconhece e aceita como próprio, e somente esse interesse que lhe limitará a liberdade e fixará o seu raio de ação. É na base do mesmo interesse que se traçam as normas reguladoras de sua atividade. Ao se determinar, o indivíduo o fará, no fundamental e essencial de sua vida, dentro de um sistema de diretrizes e normas inspiradas no interesse coletivo que ele conscientemente aceita como seu. Aceitará, portanto, aquelas normas e segundo elas pautará a sua ação. Não poderá, assim, sentir-se constrangido, porque não haveria como nem por que se determinar diferentemente. Não se propõem ordinariamente para ele interesses particularistas e especificamente pessoais, e por isso não se apresentam também para ele normas de ação próprias e distintas daquelas propostas dentro do sistema geral de vida coletiva da qual ele participa e em que todos os indivíduos cooperam em conjunto. A ação do indivíduo não se subordina, assim, nunca a interesses e vontades estranhas, e sua liberdade, portanto, nunca é sacrificada ou restringida, como se dá a todo momento na democracia burguesa, por vontades e pretensões de outros indivíduos.

Observemos, para ilustrar as considerações apresentadas, como concretamente isso se verifica na situação mais próxima da vida do indivíduo. Refiro-me às suas relações de trabalho. É em função dessas relações que direta ou indiretamente transcorre uma parte considerável da vida do indivíduo, que se realizam suas atividades e se organiza sua existência. Assim, é fácil, pela maneira e nas circunstâncias em que se estabelecem as relações de trabalho, aferir a soma de liberdade que o indivíduo usufrui respectivamente nas democracias burguesas e no socialismo. Para a grande maioria dos indivíduos, que nas sociedades modernas, sejam de que tipo forem, são necessariamente empregados e assalariados – e isso tende a se acentuar com o progresso tecnológico, não havendo como fugir daí, a não ser voltando para o passado, o que naturalmente devemos excluir –, as relações de trabalho incluem o indivíduo em coletividades numerosas onde, por isso mesmo, se fazem necessárias normas rigorosas que interferem em praticamente todos os atos do indivíduo e nas condições de sua existência. Isso desde a distribuição de seu tempo até a determinação e a fixação da soma de bens e nível de vida que há de usufruir. O que quer dizer, daquilo que poderá ou não poderá ter, daquilo que poderá ou não fazer.

Ora, no capitalismo, não é preciso insistir no fato evidente de que o poder e a força decisivos no estabelecimento daquelas normas que tanto interferem nas atividades do trabalhador e dispõem sobre seu programa de vida são de natureza privada e se estabelecem em função de interesses e finalidades estranhos ao mesmo trabalhador.

É a empresa em que se engaja que tem a voz principal no assunto. É certo que as condições de trabalho são, em princípio, decididas de comum acordo, e ambas as partes têm a liberdade de as debater e de as aceitar ou não. Mas é aí como em tudo o mais na democracia burguesa e seu sistema econômico, que é o capitalismo. À igualdade de direitos se sobrepõe a desigualdade de fato, que no caso se exprime no enorme desnível entre empregadores que dispõem da iniciativa e propõem as condições de trabalho e, doutro lado, os empregados aos quais não cabe mais que opor restrições e emendas, mas aceitando, afinal, a decisão do empregador ou indo procurar outro emprego, em que situação idêntica se repete. E, qualquer que seja o acordo, é claro que sempre a livre determinação do trabalhador se encontra nele limitada por interesses e conveniências alheias, por vontades estranhas e antagônicas. Na medida em que isso ocorre, a sua vontade se acha evidentemente restringida.

No socialismo, a situação é bem diversa, pois as relações de trabalho são ditadas não por interesses e conveniências de particulares, e sim se regulam exclusivamente em função de interesses gerais e coletivos do país tomado em conjunto, da comunidade inteira da qual os trabalhadores também participam, a título, aliás, de categoria principal, e da qual são, por isso, solidários. Não interfere no assunto nenhum interesse privado e estranho aos interesses dos próprios trabalhadores. Nem poderia ser de outra forma, pois o Estado socialista, gestor das atividades econômicas e regulamentador delas, é o representante daqueles mesmos trabalhadores, e é do interesse deles, e somente disso, que pode cuidar.

Mas, costumam nessa altura alegar os adversários do socialismo, não se transforma assim o Estado em empregador único, monopolizando com isso uma função e um poder que no capitalismo, embora considerável, ao menos se distribui por uma infinidade de pessoas e assim se enfraquece? Efetivamente, visto na perspectiva burguesa, o Estado empresário econômico não se distingue essencialmente de qualquer empregador privado. O chamado "socialismo de Estado", que em maior ou menor escala é praticado em diferentes países capitalistas, o comprova. E se o Estado socialista fosse da mesma natureza que o Estado burguês, o argumento seria procedente. Veremos adiante, não somente em teoria, mas com os fatos concretos dos países socialistas em mãos, que o Estado socialista se distingue fundamentalmente do Estado burguês, tanto nos seus objetivos como na sua estrutura e no seu funcionamento.

Mesmo sem por enquanto considerar esse aspecto da questão, é preciso notar que o conceito de "empregador único" no sentido que lhe podemos dar, isto é, figurando todos os empregadores de um país reunidos numa só pessoa, não se aplica ao sistema em que se estruturam as empresas e organizações econômicas dos países socialistas. É que essas empresas e organizações gozam cada qual de individualidade própria e de larga autonomia. A intervenção propriamente estatal se apresenta unicamente sob forma *legal*, isto é, na regulamentação e no estabelecimento das normas gerais do funcionamento da economia nacional em conjunto. Não há, na ação econômica do Estado, nada de particularista e específico no que concerne às empresas em particular. Assim (para citarmos o exemplo que nos interessa agora em especial), o engajamento de trabalhadores, sua dispensa e as condições de trabalho em geral são tratados pelas empresas com absoluta autonomia – dentro naturalmente, e respeitando-a, da ampla legislação que regula as relações de trabalho, cujo cumprimento é com rigor fiscalizado e controlado pelas organizações sindicais, além de outros órgãos políticos e administrativos, como em particular o Partido Comunista. Fora isso, as empresas, por suas direções respectivas, agem da maneira que julgam conveniente aos interesses da produção, tal como faria uma empresa capitalista; e os órgãos estatais não interferem diretamente na matéria.

Não vamos entrar aqui nos pormenores da estrutura e do funcionamento das organizações econômicas dos países socialistas. Assunto, aliás, complexo e bastante variado. Para o que nos toca, o essencial é que o trabalhador socialista não enfrenta, nas suas relações de trabalho, nada que se assemelhe a um "empregador único", muito menos (como se insinua na crítica referida) um empregador que seria como um capitalista que detivesse o monopólio de todas as atividades econômicas do país.

O trabalhador nos países socialistas se relaciona com organizações que, embora concentradas nas mãos do Estado, constituem entidades distintas e autônomas e que se regem por normas ditadas não pelos interesses privados de proprietários, e sim por interesses de ordem geral, que dizem respeito a todo o país e sua população.

Não há, pois, justificação alguma para a equiparação ou mesmo simples assemelhamento do Estado socialista com a figura do empregador no capitalismo. Nem mesmo quando esse empregador é uma entidade pública, como o Estado. Considere-se, por exemplo, a maneira pela qual se determina respectivamente no capitalismo e no socialismo este elemento principal das relações de trabalho que é a remuneração do trabalhador, o salário. No capitalismo, onde a força de trabalho é mercadoria como outra qualquer, o nível de salários se determina no mercado de trabalho pelo regateio entre empregadores e empregados e se fixa na base da oferta e da procura. Em suma, resulta da concorrência e do antagonismo de empregadores que esperam pagar o mínimo e empregados que procuram alcançar o máximo. A lei, mesmo nos países capitalistas de mais avançada legislação social, traz algumas pequenas restrições ao livre acordo e consentimento das partes (como o salário mínimo). Mas essas restrições não alteram o essencial e fundamental do assunto. Nem podem fazê-lo, porque isso seria contrariar a própria natureza do sistema capitalista.

No socialismo não há mercado de trabalho, pois a força de trabalho não constitui aí mercadoria cujo preço se determina e fixa em função da oferta e da procura. A remuneração do trabalhador não representa um "preço" pelo qual um capitalista compra e adquire a força de trabalho de que necessita para obtenção do objetivo que tem em vista como capitalista: o seu lucro. A remuneração do trabalhador é, no socialismo, a participação no produto social a que ele faz jus na sua qualidade de membro da sociedade. Como membro da sociedade socialista, o indivíduo adulto e válido é obrigado a trabalhar, sendo o trabalho a condição precípua de sua participação na vida social. *Quem não trabalha não come* é o princípio básico do regime socialista. Princípio esse a que corresponde, como contrapartida natural e necessária, o *direito ao trabalho*, isto é, a obrigação imposta à coletividade de assegurar a todo indivíduo ocupação e trabalho de acordo com suas aptidões.

Assim, o fato de trabalhar constitui, nos países socialistas, uma atividade necessária e normal do indivíduo, inseparável de sua posição legal e participação na vida coletiva do país. Não se trata simplesmente, como nos países capitalistas, de um fato da livre vontade de cada um, de uma livre opção. Falta, pois, à força de trabalho, nos países socialistas, a característica essencial das mercadorias: a livre disposição delas, o que implicaria, no caso, a faculdade de não trabalhar. Essa faculdade não existe no socialismo; o trabalho constitui atividade obrigatória. Por conseguinte, a remuneração do trabalhador deixa de ser, como no capitalismo, o pagamento de um bem econômico alienado pelo indivíduo para tomar a forma de participação dele no produto social, a título de membro da coletividade e nela integrado como trabalhador que é.

Não há, assim, no socialismo, relação direta e imediata entre o trabalho fornecido e a remuneração obtida. O trabalho constitui obrigação elementar imposta a todos; a remuneração, direito derivado da qualidade de membro da coletividade. O montante da remuneração não deveria, portanto, a rigor, se relacionar com a quantidade e a qualidade de trabalho fornecido. E assim é, efetivamente, ou antes será na fase mais elevada do socialismo, no *comunismo*, onde a norma é "de todos segundo suas possibilidades, a todos segundo suas necessidades". Isso não constitui simples utopia projetada num futuro imprevisível, mas já se encontra implícito em algumas instituições vigentes nos países socialistas. Assim, na parcela proporcionalmente crescente dos recebimentos do trabalhador que independem do trabalho fornecido e que lhe são atribuídos sob forma de benefícios gratuitos a que todos fazem jus, em igualdade de condições, quais sejam educação, assistência social, repouso e férias em estâncias climáticas e especializadas etc. Mesmo a habitação entra, de certo modo, nesse sistema de distribuição igualitária dos bens econômicos.

Voltaremos oportunamente a esse assunto. No que se refere à fase atual do socialismo, a remuneração de cada um ainda é na proporção da contribuição que seu trabalho traz para a coletividade. "A cada um segundo seu trabalho" é o outro princípio fundamental do regime, a par do citado anteriormente e em que se inclui a obrigação do trabalho. Trata-se de um sistema provisório, imposto pelas contingências da fase de transição do capitalismo para o socialismo integral – ou seja, o comunismo. Como se avalia e calcula aquele trabalho? Como é estimada a contribuição que o trabalho e o esforço produtivo do indivíduo trazem para a coletividade? Não podemos aqui entrar nos pormenores de um assunto naturalmente muito complexo, pois não é simples a avaliação relativa de tipos de trabalho qualitativamente tao diversos. Em muitos casos não existe mesmo para isso nenhum critério aproximadamente seguro. Faz as suas vezes uma escala de valores estabelecida mais ou menos empiricamente, escala, aliás, flexível e variável, que se vai permanentemente constituindo e remodelando em função das necessidades do momento e da experiência coletiva. O importante para nós aqui é que essa escala de valores não representa uma imposição arbitrária, mas se elabora por consenso e pelo menos nas suas linhas gerais reúne esse consenso. Os padrões de remuneração do trabalho são, nos países socialistas, bem variados, e essa variedade de níveis é generalizadamente admitida e aprovada. E é isso que importa. Por exemplo, uma das atividades mais bem pagas na União Soviética, a dos acadêmicos – o mais elevado escalão na carreira de cientista –, tem seu salário fixado em 15 mil rublos mensais[1], enquanto o salário mínimo não vai além de quatrocentos. Ora, não existe um critério rigoroso para afirmar que o trabalho de um acadêmico "vale" trinta e tantas vezes mais que o de um trabalhador não qualificado. Mas esse apreciável desnível, como qualquer outro estabelecido pelos costumes e legalmente consagrado, é generalizadamente justificado, como tive ocasião de comprovar por muitos depoimentos. Se alguém, contudo, ou uma categoria de cidadãos desfavorecidos por essa diferença, pretender discuti-lo, poderá fazê-lo a qualquer momento através dos amplos meios que o regime põe à disposição da opinião pública (logo veremos as largas oportunidades que existem para isso nos países socialistas).

---

[1] Rublo vigente até 31 de dezembro de 1960, no valor de 0,10 do dólar estadunidense. A partir de 1º de janeiro de 1961, o rublo foi valorizado, passando o dólar a valer 0,90 do rublo.

E, se as alegações apresentadas pelos reclamantes tiverem procedência e encontrarem eco na opinião pública, as modificações não se farão esperar. Foi, aliás, o que ocorreu recentemente na União Soviética em relação precisamente aos acadêmicos, que tiveram, em consequência de largo debate sobre o assunto, seus vencimentos reduzidos.

O que devemos salientar é que um trabalhador, ou um grupo de trabalhadores, enfrenta, nessa questão do nível de seus salários, não um empregador e as contingências e as vicissitudes de um mercado de trabalho, e sim um sistema geral estabelecido para todo o país, no qual se regula de forma inteiramente objetiva – isto é, livre de opiniões e decisões individuais e diretamente interessadas na pendência – a maneira de avaliar o trabalho, qualitativa e quantitativamente, em termos monetários. Assim, a questão de salários não diz respeito unicamente às partes diretamente interessadas – o trabalhador e a empresa ou a organização em que trabalha –, e sim à opinião pública do país em geral e ao sistema estabelecido de remuneração do trabalho, que corresponde àquilo que é tido e aceito por consenso como representativo do interesse coletivo. Transfere-se, assim, o debate em torno do assunto, quando ocorre, para o plano desse interesse, prevalecendo ou não o estabelecido, conforme se manifestar a opinião pública, seja no sentido de manter, seja no de alterar os padrões estabelecidos. Dessa forma, o trabalhador, mesmo quando contrariado nas suas pretensões, o será na base de um interesse geral, não de vontades e decisões individuais e particularistas.

Essa é apenas uma instância de como funcionam as instituições socialistas e qual é nelas a posição do indivíduo. A vontade, as aspirações e a ação dele não encontram nunca outro limite além do estabelecido por consenso do país, que não é condicionado senão pelo interesse coletivo, tal como é interpretado e definido naquele consenso. Não constitui isso uma liberdade muito maior que a das democracias burguesas, onde atividades e aspirações do indivíduo se acham sempre condicionadas por interesses particularistas que lhe são alheios e, em geral, mesmo contrários?

Muitos críticos do socialismo não veem as coisas assim, e, pelo contrário, parece-lhes que essa subordinação permanente do indivíduo, em todas as situações em que se possa encontrá-la, à coletividade e a normas e regras de ordem geral que não se podem modificar por simples vontades e decisões individuais, isso lhes parece representar para o indivíduo um constrangimento insuportável e tirar dele toda liberdade de movimento. Ele se transforma, dizem os mesmos críticos, num autômato, conduzido por forças estranhas, que, embora representem uma coletividade a que ele pertence, nem por isso são menos pesadas e coativas.

Essa crítica me parece derivar de uma falsa perspectiva do mundo burguês em que vivemos, mundo esse que serve aos referidos críticos de ponto de referência e confronto com o que se passa no mundo do socialismo. É uma ilusão – ilusão permanentemente insuflada por pensadores burgueses de todos os matizes, mas que nem por isso é menos ilusão – isso de que no mundo burguês o indivíduo conserva uma esfera própria de vontade e de decisões em que é soberano; e em que o meio social não o comprime e pressiona de todos os lados e a todos os momentos, impelindo-o por vias predeterminadas pela ordem social estabelecida. Essa ilusão provém do fato de que, em princípio e teoricamente, o indivíduo é sempre livre para fazer ou deixar de fazer o que entende (salvo unicamente limitações relativamente pequenas) e que, se ele age e se determina por essa ou aquela forma, isso é de sua livre vontade, podendo, se quisesse, agir de outro modo. É o que nos ensina a filosofia do livre-arbítrio, que com tanta maestria que se tornou, no mundo burguês, generalizadamente aceita.

Certamente em princípio e teoricamente é assim, e sempre, a rigor, existem para o indivíduo diferentes alternativas por onde conduzir a sua ação. Mas de fato essas alternativas se propõem de tal maneira que a escolha se faz, na maior parte dos casos, uma necessidade, uma imposição da qual não há como fugir. Um indivíduo pode naturalmente recusar-se a trabalhar para outrem e se pôr a serviço de interesses alheios e completamente estranhos ou pode não aceitar as condições que lhe são propostas. Ele é "livre" de assim se decidir. Mas essa alternativa poderá levá-lo, conforme o caso, a uma situação tal que deverá ser necessariamente excluída. Em que fica, então, a sua "liberdade"?

É precisamente isso o que ocorre no regime burguês. As coisas são organizadas e dispostas de tal modo, à revelia do indivíduo, que, embora se lhe assegure a liberdade de escolha, essa escolha já se encontra predeterminada pelas consequências inaceitáveis para ele, que decorrem da adoção de uma alternativa que vai de encontro ao estabelecido numa ordem social predisposta por interesses particularistas. O indivíduo nem sempre é perfeitamente consciente disso – e atribui a coerção indireta e implícita numa situação que sofre a circunstâncias ocasionais. Não se apercebe – pois não foi preparado para isso, antes muito pelo contrário – que ela é da própria natureza do regime capitalista. Em suma, o indivíduo vive, na democracia capitalista, permanentemente coagido e, embora não se ache disso advertido, a maior e principal parte de seus atos é dirigida por normas gerais tanto ou mais rigorosas que as do socialismo. A diferença é que não são ditadas, como no socialismo, por interesses gerais, tampouco se impõem pelo consenso universal, e sim derivam de interesses privados e particularistas. E, se aquela coação não é sempre claramente perceptível, isso se deve a que as normas coativas de sua vida e atividades não se acham expressamente formuladas e se impõem sub-repticiamente através de situações em que se disfarçam por efeito do sistema implícito no regime capitalista.

Mas, continuam os críticos burgueses, esse interesse coletivo, essas normas de interesse geral, esse consenso social a que se referem os socialistas se acham representados por uma entidade separada do indivíduo e estranha à sua personalidade: o Estado. E o Estado, embora agindo em nome e por conta da coletividade a que o indivíduo pertence, mas que com ele não se confunde, se faz, afinal, como um estranho onipresente em todas as circunstâncias de sua vida. Um tutor que acompanha todos os seus passos e os dirige. Isso, continua o argumento, constitui constrangimento permanente, que tira do indivíduo qualquer espontaneidade e livre determinação. Tanto mais que o Estado age e tem de agir através de pessoas físicas muito concretas e sentidas, que são seus representantes e agentes.

Para bem esclarecer esse ponto, seria preciso discutir desde já o que será objeto de um capítulo especial, a saber, a natureza e o funcionamento do Estado socialista, que se distingue profundamente do Estado burguês. Esse é o caso, sobretudo, no mais desenvolvido país socialista, a União

Soviética, onde já se vislumbram os primeiros sintomas da evolução para o comunismo e para o desaparecimento do Estado. Mas o certo é que a observação do que se passa nos países socialistas não autoriza em absoluto a conclusão de que neles se vive sob a vigilância e o controle permanentes de autoridades mandonistas e atrabiliárias, como pretendem muitos críticos burgueses. O indivíduo se sente inteiramente livre, embora sujeitando-se a normas de comportamento que aceita porque não há de fato razão para não as aceitar. Essas normas, como vimos, são ditadas pelo consenso e visam a interesses gerais universalmente reconhecidos. O indivíduo não obedece aí a ordens e determinações que vêm de fora, que lhe são alheias e estranhas, e sim se enquadra num sistema geral de vida e sincroniza com ele seus atos. Sistema esse em cuja compreensão foi educado e que aceita por estar perfeitamente consciente de que é aquele que mais lhe convém.

Estamos, assim, longe, muito longe daquela imagem de um Estado perquiridor e policial em que abunda uma certa crítica antissocialista. Aliás, muito menos hoje em dia que no passado, pois essa crítica já não tem o mais leve fundamento ou aparência de verdade. Houve uma fase preliminar da construção do socialismo em que o regime se mostrou de fato extremamente severo. Nem podia ser de outro modo. Foi a época revolucionária e de transformação precipitada e violenta, quando o regime enfrentou, tanto interna como externamente, adversários muito fortes e decididos a tudo, explorando a fundo as graves dificuldades em que o socialismo se debatia. O que era tanto mais fácil que o socialismo ainda constituía uma incógnita e não contava ou contava com muito poucas comprovações de sua potencialidade e capacidade de organizar a vida coletiva em novas bases que assegurassem o bem-estar de todos e perspectivas de progresso. Para se defender nessa grave conjuntura, o regime teve de lançar mão de processos à altura da oposição que sofria e da árdua luta pela sobrevivência em que se achava empenhado. E tais processos levaram muitas vezes, como não podiam deixar de levar, a repressões violentas. Mas tanto isso não era – como não é – da essência do socialismo, muito pelo contrário, que essa fase passou completamente na generalidade dos países socialistas, a começar pela União Soviética. E

O mundo do socialismo   195

nunca existiu na China Popular. Passou precisamente quando o socialismo superou as debilidades e a falta de experiência características de todo início de tão profunda transformação como é a revolução socialista; e, tendo amadurecido, pôde evidenciar sua verdadeira feição e comprovar o que realmente representava. Já aí não precisou de mais nada que a simples afirmação de si próprio. Em outras palavras, o socialismo, no dia em que se pôde efetivamente realizar e exibir em toda a plenitude, não encontrou mais força ponderável que lhe fizesse frente. E dispensou, com isso, as defesas de que se armara numa primeira fase de incertezas. Aliás, o prestígio, a força e a coesão interna do socialismo se evidenciaram e comprovaram além de qualquer dúvida quando ele destroçou e esmagou, pela forma que o fez, o poderoso inimigo nazista.

A severidade e a violência que acompanharam no passado a implantação do socialismo nada têm, assim, a ver com a natureza do regime. Apesar de ainda cercados de um mundo capitalista hostil, que não se conforma com a existência e a presença do socialismo, apesar das provocações de toda ordem de que são vítimas – a virulenta propaganda anticomunista generosamente subsidiada que se despeja nos países socialistas, entre outros meios, pelo rádio e pela infiltração de agentes sabotadores –, apesar disso e de muito mais, os países socialistas já hoje consolidaram e estabilizaram sua vida, e os aparelhos especiais de repressão interna desapareceram por completo. Tem-se neles a mais total liberdade de movimentos, e não há sinais de quaisquer restrições além das ordinárias e normais que se encontram em qualquer lugar. Percorri longamente a União Soviética e a China Popular, visitando as mais variadas e remotas regiões, e nada notei, absolutamente nada, que denotasse nem mesmo vigilância policial apreciável. Certamente muito menos que em qualquer país capitalista. Afora agentes aduaneiros e guardas nos aeroportos de entrada e saída do país (porque nos outros nem isso observei), não vi na União Soviética e na China Popular mais que inspetores de trânsito. Sendo que, na China, esses inspetores são com frequência jovens e inofensivas mulheres. Sempre circulei livremente e sem o menor constrangimento por toda parte, e nem mesmo a minha presença inconfundível de estrangeiro foi jamais especialmente notada.

A esses sinais externos e diretamente perceptíveis da liberdade que reina nos países do socialismo, acrescem as perspectivas que as instituições desses países oferecem aos indivíduos para se realizarem e exprimirem sua personalidade. Aquilo que nos países capitalistas é usualmente reservado a muito poucos, nos países socialistas é acessível a todos. E não se trata apenas de uma possibilidade, mas de um estímulo e uma solicitação permanentes para o aproveitamento máximo dessa possibilidade.

Veja-se, por exemplo, o que ocorre no terreno da liberdade de expressão do pensamento, oral e escrito. Nada há nos países capitalistas que mesmo de longe se compare com o que a respeito ocorre na União Soviética. Nas democracias burguesas, existe, não há dúvida, o "direito" de livre manifestação do pensamento. Mas nisso, como em geral naquelas democracias, trata-se de um direito abstrato, muito mais de princípio que de fato, porque, para a generalidade dos indivíduos, não existe nem remotamente a possibilidade de exercitarem esse direito. Realmente, quantos são aqueles que, mesmo nas mais desenvolvidas democracias capitalistas, encontram a oportunidade de se exprimir, seja oralmente, seja por escrito, fora de reduzidíssimos círculos familiares ou de amigos? Qual é a audiência acessível ao cidadão médio das democracias capitalistas? Quando um cidadão tem algum motivo de queixa, ou quando lhe ocorre alguma ideia ou projeto de ordem geral que pode eventualmente ser interessante, ou quando apenas sente necessidade de expressar seu modo de pensar a respeito de qualquer assunto, que oportunidade lhe oferece para isso a mais perfeita democracia capitalista? Deixo a resposta a sociólogos e juristas do mundo burguês que, ao que me consta, nunca encararam o problema da liberdade de manifestação do pensamento sob esse prisma. E com certeza não se lembraram dele porque nunca tiveram a ocasião de observar o direito de livre expressão e manifestação do pensamento sair dos textos doutrinários e legais, bem como dos reduzidíssimos círculos que nas democracias capitalistas gozam *de fato* desse direito de sair para a rua, para toda parte, e se encarnar efetivamente em todo e qualquer cidadão.

É isso precisamente que se dá nos países socialistas. Suas instituições são organizadas de tal maneira que todo cidadão encontra não só a oportunidade para exprimir seu pensamento a respeito de qualquer assunto, intervir em qualquer debate que verse sobre questões de ordem geral, como ainda é permanente e insistentemente solicitado para isso. Seja oralmente, seja por escrito, ele sempre encontra como e onde se manifestar e ser ouvido – e é estimulado a fazê-lo. Isso se deve, em primeiro lugar, à intensidade da vida coletiva que caracteriza os países socialistas e que resulta, entre outros, na escala em que nesses países os cidadãos se reúnem para o debate em comum de todas as questões de interesse geral, desde os mais insignificantes problemas de vizinhança e do bairro que habitam até os assuntos de ordem nacional e internacional. Esse procedimento é insistentemente estimulado em todas as esferas da vida dos países socialistas, não se admitindo, por princípio, que a formação de opiniões e a tomada de decisões em qualquer assunto, seja qual for a sua magnitude, se processe de outra maneira que não por amplas discussões e larga participação popular. Encontra-se arraigada nos países socialistas a convicção de que é da ação consciente dos indivíduos e pelo consenso entre eles que se obtêm os melhores resultados práticos na consecução dos objetivos fixados. Assim, tanto na determinação desses objetivos como na dos meios para os atingir, e das tarefas específicas que devem caber a cada um, procede-se sempre a uma ampla mobilização de todos os que, direta ou indiretamente, se acham interessados ou envolvidos na matéria. Consegue-se, assim, pelo debate e o ajustamento progressivo das opiniões antes divergentes e que se vão esclarecendo e completando mutuamente, tendendo para a harmonização, um assentimento generalizado que torna possível, em seguida e na ação prática, a cooperação ativa e não raro entusiástica de todos.

É claro que, em circunstâncias como essas, não faltam a ninguém as mais amplas oportunidades para a manifestação e a expressão de suas ideias próprias. Tanto oralmente (nas reuniões de toda espécie de organizações a que, em grande número, sempre pertence qualquer cidadão socialista, ou a maioria deles) como por escrito, todo mundo sempre encontra ocasião para se externar. A imprensa tem aí naturalmente um grande papel. Uma imprensa de tipo bem diferente daquela que se encontra nos países capitalistas, onde ela é geralmente constituída, como não se ignora, de grupos fechados de jornalistas profissionais que interpretam a seu modo, quando interpretam (porque com frequência se limitam a reproduzir o que lhes é ditado), as opiniões dos reduzidos círculos de interesses a que se acham direta ou indiretamente ligados e subordinados. Bem diferente disso, está-se realizando nos países socialistas a velha aspiração de Lênin, de que em todos os órgãos da imprensa houvesse "para cada cinco jornalistas profissionais, quinhentos ou mesmo 5 mil não profissionais". Na União Soviética, por exemplo, mais de 5 milhões de correspondentes amadores colaboram efetiva e regularmente com jornais, revistas, emissões de rádio e televisão. Um número desses parece inconcebível, mesmo em país das proporções da União Soviética. Mas explica-se facilmente. Além dos jornais regulares, que são em número considerável em todos os recantos do país e que abrem generosamente suas páginas à colaboração do público, existem os periódicos editados pelo pessoal de empresas, escritórios, repartições públicas, estabelecimentos de ensino etc. Todas as organizações de certo vulto editam o seu jornal. Ainda há os jornais murais, datilografados ou mesmo simplesmente manuscritos, que se afixam nas dependências mais frequentadas das organizações: oficinas, escritórios centrais das cooperativas agrícolas, escolas, hospitais. Há, em Moscou, mais de 30 mil desses jornais murais que se editam todas as semanas ou a cada dez ou quinze dias. Quem visita qualquer empresa ou instituição de algum vulto na União Soviética por certo notará esses jornais murais que, a par do noticiário interno da organização, encerram toda sorte de inserções, desde comentários políticos até anedotas, desenhos, caricaturas, poesias.

O vulto e a importância atribuídos ao jornalismo amador na União Soviética são tais que existem numerosas escolas de "correspondentes", e esses já se reúnem regularmente em congressos regionais. Não é meu intuito aqui, todavia, trazer pormenores sobre o assunto, que no momento nos interessa unicamente como sinal da larga oportunidade que se oferece nos países socialistas para a expressão do pensamento. Se isso não é liberdade, e liberdade de fato (e não apenas de direito, para a grande maioria e quase totalidade dos cidadãos, como ocorre nos países capitalistas), será difícil dizer em que consiste a livre expressão do pensamento. Não é possível a nenhum governo ou autoridade, nem se pode conceber essa possibilidade, controlar, se quisesse, tão abundante literatura e seus autores ou policiar as infinitas reuniões em que praticamente sempre se encontra agrupada uma parcela apreciável da população. Os regimes políticos que pretendem restringir e coarctar a livre expressão do pensamento (haja vista as ditaduras fascistas de que Portugal e Espanha exibem ainda amostras) começam sempre por limitar e submeter a rigoroso controle os órgãos de publicidade e embaraçar a livre reunião e associação. É precisamente o contrário, como acabamos de ver, o que ocorre nos países socialistas, onde a ampla discussão coletiva de todos os assuntos de interesse geral é parte essencial do funcionamento das instituições, e a publicidade escrita ou por rádio e televisão é ativamente estimulada com o objetivo de se obter a participação nela de um número sempre crescente de cidadãos. Num sistema como esse, não se concebe que alguém se veja privado de exprimir seu pensamento e se sinta constrangido. A não ser, evidentemente, que esse pensamento aberre de tal maneira do sentir geral que encontre pela frente a repulsa universal. Nesse caso, contudo, o constrangimento partiria dessa repulsa, não especificamente dos órgãos do poder público.

Seria assim para quem pretendesse divergir das instituições sociais e políticas fundamentais do regime. Esses, naturalmente, estariam impedidos de se manifestar. É essa, aliás, uma alegação que com frequência se faz contra o regime socialista nos países capitalistas. Enquanto nestes últimos – nos democraticamente organizados pelo menos – é possível a crítica do capitalismo e suas instituições, o mesmo não ocorre nos países socialistas em relação ao sistema econômico, social e político neles dominante. A razão da diferença, contudo, é simples. Nos países socialistas, existe praticamente uma unanimidade, ou pelo menos uma quase totalidade, em torno das instituições vigentes, e seria mesmo estranho que assim não fosse. O restabelecimento do capitalismo e da propriedade privada dos meios de produção significaria a entrega da terra, das fábricas, das minas, de todo aparelhamento produtivo a particulares, para que o explorassem em proveito próprio. É isso concebível e poderia ser uma tal ideia aceita, mesmo para simples debate, pela grande maioria dos cidadãos, a sua quase totalidade, que naturalmente não poderia ser contemplada naquela redistribuição da propriedade privada? Para as novas gerações, educadas e formadas no socialismo, que na União Soviética já constituem hoje a imensa maioria, a noção da propriedade privada dos meios produtivos é qualquer coisa de inteiramente estranho, esdrúxulo, modernamente inconcebível, tanto como a prestação de serviços remunerados para particulares, o salariato capitalista. Essas instituições são para o cidadão soviético médio o que para nós constituem a escravidão, a servidão da gleba ou a propriedade feudal: fatos históricos para sempre ultrapassados. Ninguém poderia séria e honestamente defendê-los em nossos dias e pleitear seu retorno.

Nos países capitalistas, a situação é totalmente diversa. Neles, ao contrário do que ocorre nos países socialistas, uma minoria de possuidores enfrenta a maioria dos destituídos. Basta isso para mostrar as frágeis bases sociais em que assenta o capitalismo e sua insegurança logo que a grande maioria dos não possuidores se torna consciente de que são possíveis um regime e um sistema econômico e social de vida em que não exista tal diferença. Não é possível, por isso, abafar nos países capitalistas, a não ser por processos de extrema violência de que o fascismo constitui o exemplo mais flagrante, a voz daqueles que em número crescente vão compreendendo que o capitalismo não representa o regime ideal para a grande maioria, maioria essa que se encontra situada em tal regime em situação de manifesta e irreparável inferioridade econômica e social. O aparente liberalismo das democracias capitalistas não é senão expressão das concessões que minorias privilegiadas e dirigentes são obrigadas a fazer à maioria material e moralmente inferiorizada.

Não é preciso insistir num ponto que acredito só não compreende quem não quer compreender e é o cego do provérbio: aquele que não quer ver. Passemos, pois, a outras liberdades essenciais ao indivíduo e à maneira como se realizam no socialismo. E aqui, depois da liberdade de manifestação do pensamento, logo ocorre a liberdade de escolha do modo de vida de cada um, da ocupação e da profissão que cada qual há de escolher. Também nesse terreno, com a liberdade de direito consagrada nas democracias burguesas, contrasta nos países socialistas uma liberdade de fato e real. Na democracia burguesa assiste a todos o direito de livremente escolherem suas ocupações: todos são iguais em face da lei, não há privilégios juridicamente consagrados, e todo indivíduo, dependendo de sua capacidade, pode ocupar qualquer posição e escolher aquela que melhor corresponda a suas preferências e aspirações.

Se é, contudo, assim em princípio e teoricamente, sabemos muito bem, ou sabem muitos, a grande maioria, que não é assim na realidade. A capacidade do indivíduo, as qualidades naturais de que ele é dotado, dependem sempre, para se desenvolverem e produzirem seus frutos, de circunstâncias favoráveis – salvo apenas, talvez, em casos excepcionais e extremos que não precisam por isso ser levados em conta. Às aptidões naturais de que o indivíduo dispõe, é preciso acrescentar sempre a oportunidade favorável que lhe é oferecida para que delas se possa valer. E cada vez é mais assim, pois a civilização e o progresso da cultura humana tornam sempre mais importantes e decisivos elementos e fatores acrescentados, na educação e na formação do indivíduo, àquilo que lhe provém da simples natureza. E essa contribuição tão importante que a vida traz à complementação dos dotes naturais que o indivíduo tem desde o berço depende das oportunidades com que ele se depara no curso de sua existência. Ora, essas oportunidades, escusado dizê-lo, são na mais perfeita e pura democracia burguesa muito desigualmente distribuídas. E é assim necessariamente, não em consequência de vícios sanáveis, porque a estrutura de classes, que é da essência do capitalismo, assim dispõe as coisas. Não é possível, por mais que se aprimorem as instituições democráticas dos países capitalistas, colocar todos os indivíduos, a partir do berço, em situação de perfeita igualdade de fato, de maneira a que na discriminação e na diferenciação deles atuem unicamente distinções naturais, a saber, as qualidades e aptidões que trazem ao nascer.

É isso precisamente que se está realizando nos países do socialismo – e é o que constitui um dos objetivos essenciais do regime. A condição básica para alcançá-lo, que vem a ser a eliminação das diferenças de classe, já é um fato. Ninguém mais, como no capitalismo, nasce capitalista ou trabalhador, patrão ou empregado. Já não existe essa diferença irremovível no regime capitalista, que representa a principal fonte da desigual distribuição de oportunidades entre os indivíduos, a saber, a separação deles em proprietários e não proprietários dos meios de produção, ou antes do capital com que se comandam esses meios. Não existem também, como consequência disso, tipos diferentes de educação e instrução. A escola primária, pela qual passam hoje, sem exceção, todas as crianças dos países socialistas, é a mesma e uma só para todo mundo. Quanto à instrução secundária, ela já alcança, na União Soviética, grande parte da população adulta, e brevemente terá passado pelos cursos secundários, exatamente iguais para todos, a totalidade da população adulta. Não haverá mais, assim, diferença na instrução fundamental dos cidadãos soviéticos. Todos terão uma base intelectual e cultural idêntica.

No que se refere aos meios sociais que o cidadão soviético frequenta, também não há diferenças essenciais. Os bairros residenciais não se discriminam por categorias sociais, tampouco as organizações e as associações culturais, recreativas e desportivas. Assim, as relações e os conhecimentos não se travam entre os cidadãos dos países socialistas na base de categorias sociais mais ou menos estanques (como se dá com as classes na sociedade burguesa). E todo cidadão pode ter e tem efetivamente acesso a qualquer lugar. Não se formam, por conseguinte, ou torna-se difícil se formarem, esses agrupamentos e círculos mais ou menos fechados de amizades e ligações mais estreitas que constituem a trama característica das sociedades burguesas e que têm nelas tão relevante papel, no sentido do favorecimento dos respectivos participantes, em prejuízo, quando necessário, de terceiros estranhos. A sociedade socialista tende, assim, a se fazer cada vez mais homogênea no que respeita à posição social dos cidadãos. Socialmente, todos se equivalem, o que não exclui, por certo, diferenças financeiras, que são relativamente acentuadas (entre os menores e maiores rendimentos, vai na União Soviética, por exemplo, uma diferença de cerca de um para trinta e tantos), mas que não atribuem aos indivíduos estatutos sociais diferentes e hierarquizados como ocorre na sociedade burguesa. Não é difícil compreender que, em circunstâncias como essas, as oportunidades oferecidas aos indivíduos tendem a se nivelar e se fazerem as mesmas para todos. Realiza-se, assim, *de fato* o direito à livre escolha de ocupações, trabalho e sistema de vida, limitado unicamente por contingências naturais e biológicas.

O mundo do socialismo   203

Isso a sociedade burguesa não conhece nem pode conhecer. Mas, pergunta-se, goza o cidadão dos países socialistas dessa liberdade mais modesta, mas nem por isso menos importante para ele, de livremente escolher, dentro de sua capacidade e aptidões, o emprego que mais lhe agrada e convém? Ou será ele, ao contrário do que se passa nas democracias burguesas, e como os adversários do socialismo frequentemente alegam, adstrito a certas tarefas e locais de trabalho de que não se pode afastar senão por consentimento superior?

Nada mais falso. O cidadão soviético tem o emprego que mais lhe agrada e convém. Pode livremente escolhê-lo e mudar de um para outro, tal como seu companheiro dos países capitalistas. Repetimos o que já foi afirmado, a saber, que a questão do engajamento de trabalhadores, do contrato e distrato de trabalho é da alçada exclusiva das partes diretamente interessadas: a direção das empresas e os trabalhadores. Afora a regulamentação legal das relações de trabalho, não intervém no assunto nenhuma autoridade superior, e tudo se passa no plano das partes diretamente interessadas, tal como no capitalismo.

Há, contudo, no que diz respeito à liberdade do trabalhador, uma diferença – essa certamente em favor do trabalhador dos países socialistas. No capitalismo, quem depende de um emprego para se manter acha-se em regra sempre solicitado por dois impulsos contraditórios que lhe atribulam a vida e o enchem de preocupações: de um lado, a vontade de permanecer no emprego que ocupa e o temor do risco inerente a toda mudança, com a perda consequente, sem compensação apreciável, das eventuais vantagens adquiridas. De outro lado se acha a esperança de encontrar algo melhor.

O empregado dos países socialistas não enfrenta esse dilema, porque, em suas linhas essenciais, todos os empregos para os quais se acha capacitado se equivalem, no que respeita tanto à remuneração como às demais condições gerais de trabalho. Ele se sente, assim, livre para escolher seu emprego e mudar de um para outro em função exclusivamente de suas preferências pessoais, sem a preocupação do ganho ou da segurança maiores ou menores que teria aqui ou acolá.

Com essas liberdades que passamos em revista – a da expressão do pensamento e a de escolha de ocupação, modo de vida e trabalho –, acredito ter abrangido o essencial nesse assunto da liberdade individual e da maneira como ela se realiza no socialismo. Por desencargo de consciência, acrescentarei alguma coisa acerca da liberdade religiosa. Digo "por desencargo de consciência" porque, apesar das mil maneiras com que o sentimento religioso é explorado pelos adversários do socialismo, já é bastante sabido em nosso mundo burguês que as alegações da falta de liberdade religiosa nos países socialistas não passam da mais grosseira e cínica falsificação dos fatos. Uma simples circunstância ao alcance fácil de qualquer observador comprova essa falsificação: o funcionamento das igrejas, que se realiza sem nenhuma oposição ou simples objeção de quem quer que seja, governo ou particulares. O fato é que o culto religioso das diferentes crenças é praticado e se exerce nos países socialistas sem obstáculo ou constrangimento algum. A alegação da falta de liberdade religiosa nos países socialistas encontra sua principal aparência de verdade, mas falsa aparência apenas, no fato de que a filosofia generalizadamente aceita naqueles países e que orienta sua cultura e vida política e social, é materialista e dispensa a ideia de Deus e a crença em quaisquer outras entidades ou forças sobrenaturais na interpretação do mundo e na elaboração das normas da conduta humana.

Isso é verdade. Mas, posta de lado a hipocrisia dominante no mundo capitalista no que concerne à religião e excluído o puro formalismo religioso com que nele se enfeitam por vezes as instituições, a situação não é aí tão diferente da dos países socialistas. Será difícil citar, mesmo nos países capitalistas de mais elevado teor de religiosidade (excluamos as nações mais primitivas do Oriente e da África), circunstâncias em que a filosofia religiosa – que precisa ser cuidadosamente separada do conteúdo ético das religiões – exerça alguma influência ponderável. Não é certamente sob o signo da crença em entidades e forças sobrenaturais, que é o que constitui a essência de todas as religiões, que nos países capitalistas se elaboram as ciências, que se configuram e ditam as leis, que se estruturam as instituições políticas e sociais, educacionais e assistenciais, que se fomenta o desenvolvimento material e cultural, que se regula, em suma, a vida dos cidadãos e se promovem ou se procuram promover seu bem-estar e seu progresso. A Constituição brasileira, por exemplo, se faz

O mundo do socialismo 205

preceder da invocação de Deus. Mas nenhuma de suas disposições lembra sequer remotamente algum papel eventualmente reservado à divindade na condução das atividades políticas e administrativas do país. Isso é bem diferente – e lembramos isso aqui para destacar por contraste e lembrar o que efetivamente significa a participação de um pensamento religioso na vida dos povos – do que ocorria em nossa civilização ocidental, embora num passado já remoto, quando a religião tinha nela um verdadeiro papel e os homens se conduziam de fato, e não formalmente apenas, na base da fé religiosa e, em todas as circunstâncias de sua vida pública e privada, estavam sempre alerta para a divindade e perscrutando os sinais revelado-res de sua vontade. Isso não tem mais hoje sentido algum, todos hão de convir, mas serve para mostrar o que seria o nosso mundo e nossa vida se, atrás do formalismo religioso de que se pretendem ufanar as instituições dos países capitalistas modernos, se abrigasse um verdadeiro e efetivo pensamento religioso. A religião, como religião e crença no sobrenatural, não tem mais papel efetivo algum no mundo de hoje, e nisso tanto o mundo socialista como o capitalista se equivalem. A diferença está em que no primeiro isso é francamente reconhecido por uma filosofia que não se veste de falsas e mentirosas aparências.

Mas, pelo fato de excluir a religião de suas preocupações, nem por isso o socialismo nega o direito e a liberdade a quem deseja praticar o culto. Se poucos há, e cada vez menos, que se aproveitam dessa liber-dade, a explicação não é, como afirmam os detratores do socialismo, a intolerância do regime. Essa explicação me foi dada por um monge budista em Hang-tcheu, onde eu visitava um velho e magnífico templo. Por ocasião dessa visita, observei um fiel que, depois de humildemente se prosternar em frente à estátua do Buda, acendeu uma vela que trazia e cujas proporções não eram maiores que as de um lápis, junto a um candelabro feito para comportar uma vela descomunal de mais de palmo de diâmetro. Indaguei ao monge que me acompanhava se ainda acendiam daquelas velas gigantescas, a que ele melancolicamente retrucou que havia muito que isso não ocorria. E acrescentou: "A religião vai desaparecendo, pois que infelizmente os antigos fiéis procuram outras maneiras de resolver seus problemas". Está aí contida uma grande verdade, pois os homens se vão cada vez mais convencendo de que o mundo, em todas as suas esferas, da natureza inerte à natureza humana, racional e social, se rege por leis que cabe à ciência determinar, não pelas vontades de seres sobrenaturais de que as religiões se dizem intérpretes. Assim sendo, a religião perde terreno e a sua própria razão de ser. Ou, antes, vai ingloriamente cumprindo sua derradeira missão, que é a de trazer um pequeno reforço ao moribundo capitalismo, explorando o que sobra do anacrônico sentimento religioso nas massas, contra o socialismo, que afastou a religião de suas preocupações.

––––––

A conclusão geral e mais importante que podemos extrair da análise a que procedemos do problema da liberdade individual nos países socialistas é que esse problema se propõe de formas diferentes nesses países e nas democracias burguesas. Enquanto a sociedade burguesa se funda essencialmente nos interesses individuais, e nela o comportamento social se regula pelo entrechoque desses interesses, derivando da ação particularista e divergente dos indivíduos, no socialismo, pelo contrário, a vida coletiva se pauta pelo interesse geral, que não é senão o interesse individual considerado em perspectiva ampla e a longo termo, regulado pela cooperação de todos. A liberdade de cada indivíduo, nas democracias burguesas, se define assim e é limitada pelo interesse e pela ação dos demais indivíduos. E a norma de tal definição e limite é determinada pelas circunstâncias do entrechoque e conflito de interesses individuais divergentes. Assim a democracia burguesa propõe, em princípio e como ponto de partida, a liberdade individual. As limitações a essa liberdade de princípio se verificam em seguida no desenrolar dos fatos da vida em comum e na maneira como os indivíduos se relacionam entre si e entram em contato uns com os outros. O indivíduo é, em princípio, livre, mas essa liberdade de princípio e de direito se choca logo com a liberdade de outros indivíduos e é assim coarctada desde o momento em que ele começa a agir e encontra sua marcha barrada por interesses e ações contrárias.

No socialismo, em contraste, o ponto de partida é o interesse coletivo. Na base desse interesse coletivo se fixam as normas reguladoras do comportamento individual. A liberdade individual não se propõe como premissa, como na democracia burguesa. Mas decorre como conclusão, na medida em que por "liberdade" se entende a faculdade, a possibilidade e a oportunidade de o indivíduo se realizar, isto é, dar vazão às suas potencialidades e fixar em função delas suas aspirações, logrando alcançá-las.

A liberdade não é, em si, senão um meio, e não um fim. Fim esse que não pode ser outro, para o indivíduo, que aquela realização de sua personalidade. A liberdade, adequadamente entendida, não será, assim, senão a faculdade e a possibilidade outorgadas ao indivíduo para a consecução de tal objetivo. Nesse sentido, a liberdade burguesa não passa de ilusão, pois outorga ao indivíduo uma faculdade que as contingências da vida coletiva lhe subtraem logo em seguida. Ou subtraem, na maior parte dos casos, da maioria dos indivíduos. O indivíduo é livre para escolher e determinar sua ação, mas quando procura realizar e tornar efetiva essa sua escolha verifica que as contingências da vida social, determinadas pela livre escolha de outros indivíduos mais bem situados que ele, lhe vão afunilando a ilimitada liberdade inicial e tolhendo sua ação até reduzi-la a uma esfera mínima a que ele se verá inapelavelmente restringido e condenado.

No socialismo, o indivíduo, quando parte para sua jornada pela vida social, não se acha formalmente revestido de uma liberdade do tipo burguês e em princípio ilimitada, mas que não passa, para a maioria dos indivíduos, de um direito abstrato e irrealizável. Ele encontra prefixado o seu comportamento, mas sabe que esse comportamento o libertará de quaisquer contingências e lhe permitirá alcançar a plena realização de sua personalidade. Isso porque as normas a que se submete se enquadram num conjunto que, estruturado para atender aos interesses da coletividade a que pertence, não objetiva em última instância senão o seu próprio interesse individual.

Mas, resta perguntar, e é a pergunta que usualmente se faz: como é determinado, como se define esse interesse coletivo que seja expressão legítima de cada um e de todos os membros da coletividade? Não me refiro aqui à maneira prática de proceder a essa determinação e definição, porquanto isso, já o vimos, se faz em cada caso pela consulta à opinião geral através de ampla audiência pública e largo debate dos assuntos em foco. Do que se trata agora é conhecer os critérios segundo os quais é possível não apenas atinar com uma orientação adequada e justa, mas sobretudo obter efetivamente para ela o consenso. O desenvolvimento desse ponto requereria a consideração do papel que desempenha nos países do socialismo o tratamento científico dos problemas sociais. E isso obviamente não é possível aqui, pois significaria a incursão por domínios muito afastados do nosso interesse imediato. O certo é que a política, entendida no sentido mais amplo e profundo, que vem a ser a solução dos problemas da convivência entre os homens, orienta-se rigorosamente nos países do socialismo – ao contrário do generalizado empirismo e apego a anacrônicas tradições que se observam no trato daqueles problemas no mundo capitalista – por normas que se inspiram ou procuram sistematicamente se inspirar na ciência. Uma ciência social aplicável na prática e tornada possível pela eliminação das classes e a igualização e equiparação de todos os indivíduos, o que suprime a necessidade de recorrer a artifícios e restrições na análise e interpretação dos fatos humanos. A filosofia marxista objetiva essencialmente realizar a tarefa de constituir uma tal ciência. E ela se vai constituindo no mundo socialista, ainda que seja por meio de vaivéns, de acertos alternados com erros, como ocorre na elaboração de todo conhecimento humano. Erros e acertos esses, no entanto, que se distribuem em torno de uma resultante geral a se desenvolver firmemente numa só direção: a do progresso material e espiritual do homem. Considerado numa perspectiva dialética, no seu devir, o mundo socialista o vem comprovando com suas realizações em todos os terrenos. E o comprova cada vez mais.

É por isso que a grande maioria da população dos países socialistas – maioria que vem sempre crescendo à custa do gradual desaparecimento de minorias renitentes – acredita no acerto e na eficiência do marxismo como ciência e confia nos métodos de análise e interpretação que ele proporciona. E é por isso também que a política socialista, orientada pelo marxismo e seus métodos, consegue o consenso.

3
O ESTADO SOCIALISTA

Não há assunto que dê lugar a mais equívocos e mal-entendidos que as instituições políticas dos países socialistas. A começar pela interpretação dada à designação do regime neles estabelecido: "ditadura do proletariado", que é frequentemente confundida com aquilo que nos países capitalistas se designa por "ditadura" simplesmente, ou seja, o poder discricionário de um indivíduo. A confusão é proposital e maliciosamente alimentada pelos adversários do socialismo, e salta-se daí para as mais absurdas e ridículas conclusões. Ora, não existe ponto algum de contato entre as instituições políticas dos países socialistas e esse tipo de ditadura. Tanto pela sua estrutura como pelo seu funcionamento, as instituições socialistas, como logo veremos, são essencialmente democráticas, entendida a democracia em sua acepção clássica de "governo do povo, para o povo e pelo povo". Encarada por esse prisma, a chamada "ditadura do proletariado" é certamente a mais ampla e coerente das democracias, pois não só os interesses das grandes massas populares estão sempre no principal senão único lugar, como esse mesmo povo participa larga e intensamente das atividades políticas. Nesse sentido, a "ditadura do proletariado" se avantaja em muito às mais perfeitas das democracias do mundo capitalista.

Não é minha intenção ocupar-me aqui da teoria do Estado socialista, o que constituiria matéria especializada e não teria agora cabimento. Não quero, contudo, deixar de abordar uma das experiências máximas que se estão realizando no mundo do socialismo, que vem a ser a estruturação de formas estatais sem precedentes na história da humanidade, o que, a par do interesse teórico que apresenta – a análise das instituições políticas dos países socialistas traz uma grande contribuição, e contribuição que me parece definitiva para a elucidação do problema do Estado –, oferece um duplo interesse prático: de um lado, esclarece muitos aspectos, e dos mais importantes, da vida nos países socialistas, aspectos esses que, de outro modo e considerados à luz do que se passa nos países capitalistas, aparecem deformados e se prestam a críticas infundadas (como, entre outras, a confusão terminológica lembrada no início deste capítulo). De outro lado, a análise das instituições políticas do socialismo abre largas perspectivas para a ação política daqueles que nos países capitalistas se acham empenhados na renovação nacional econômica, social e política.

Para irmos ao âmago da questão e para a compreendermos no seu conjunto, devemos antes nos situar na perspectiva em que nos achamos como participantes que somos do mundo capitalista e sua vida social, em frente a esse complexo de órgãos e instituições que conhecemos como "Estado" e que ordinariamente encarnamos na figura do governo, isto é, no detentor e manejador da autoridade pública que, através de leis e outras determinações e pela aplicação e execução delas, ordena a vida social e compele os indivíduos a se conformarem com esse ordenamento.

O Estado aparece, assim, nos países do nosso regime, ou pelo menos assim se interpreta, como um órgão sobreposto à sociedade e seus componentes – indivíduos, classes e outras categorias e agrupamentos sociais –, compelindo todos igualmente e se destinando, em princípio pelo menos, e essencialmente, a assegurar uma convivência social harmoniosa e o máximo de bem-estar para todos. São esses fins que objetiva a "ordem jurídica" expressa no direito e que compete ao Estado assegurar e resguardar, usando para isso de sua autoridade e poder coercitivo.

Assim é em teoria e aparentemente. Mas, de fato, o Estado é nos regimes burgueses algo muito diverso, que, embora cuidadosamente resguardado por toda sorte de disfarces, se denuncia logo que o assunto se coloca em termos concretos e práticos, isto é, quando se considera não

O mundo do socialismo 211

o que o Estado *deveria* ser segundo um modelo ideal qualquer (é assim que ordinariamente a ciência burguesa propõe a questão), mas como efetivamente ele se apresenta e quais são as consequências que daí derivam no que respeita às relações mútuas dos indivíduos. Aí então o Estado burguês muda inteiramente de figura e revela seu verdadeiro conteúdo: órgão a serviço de certa categoria de interesses que são fundamentalmente os de uma classe: a burguesia, os detentores do capital.

Realmente, e vista de perto, o que vem a ser a "ordem jurídica" cuja sustentação e resguardo constituem a tarefa essencial do Estado burguês? Para verificá-lo, é suficiente passar em revista as normas de direito que constituem a trama daquela ordem e a tornam efetiva. Tais normas objetivam, na sua maior e principal parte, a regulamentação da propriedade privada, com a finalidade precípua de assegurá-la e garantir a seus titulares o melhor uso dela com vistas ao interesse particular deles. É certo que a propriedade objetivada pelo direito não é unicamente a propriedade capitalista, isto é, a apropriação privada dos meios de produção, com o direito aí implícito de empregar a força de trabalho alheia no manejo de tais meios e utilização deles para os fins a que se destinam. Mas é aí precisamente que se oculta a força maior do capitalismo, que se assegura e se basta com normas jurídicas formal e aparentemente destinadas a amparar situações que interessam e são necessárias a todos os indivíduos.

De fato, a faculdade e a possibilidade de apropriação e uso próprio dos bens materiais constituem necessidade imposta a todo indivíduo, pois isso é condição de sua própria subsistência, conservação e exercício de todas as suas atividades. É, aliás, essa circunstância que se encontra na base da fundamentação jurídica, tanto quanto ética, do direito de propriedade. Vai, contudo, uma diferença muito grande, como logo se vê, entre uma "propriedade" necessária e essencial a todo ser humano e a propriedade característica do capitalismo, que vem a ser a apropriação dos modernos meios e instrumentos de produção (como os complexos e consideráveis equipamentos industriais do nosso tempo, bem como a massa imensa de matéria-prima com que esses equipamentos funcionam), propriedade essa que, por sua natureza e pelo papel que desempenha no mundo moderno, confere a seus titulares a faculdade de utilizarem, em benefício próprio, a força de trabalho alheia e obriga a grande maioria dos indivíduos que são excluídos dessa propriedade a alienar seu esforço produtivo em troca dos meios necessários à sua subsistência.

Essa diferença, contudo, é escamoteada pelo direito burguês (bem como pelos moralistas da ordem burguesa), direito esse em frente ao qual se equivalem e identificam, para o fim da proteção e do amparo outorgados à propriedade privada, todos e quaisquer objetos, do pedaço de pão que mata a fome, ou dos rudimentares instrumentos empregados por modesto artesão, aos imensos complexos industriais onde se empregam milhares de trabalhadores. E assim, sob pretexto e disfarce do direito de propriedade, a ordem jurídica burguesa assegura na realidade as relações capitalistas de produção. Atrás da regulamentação do direito de propriedade, que abrange a maior e melhor parte das normas jurídicas da ordem burguesa, abrigam-se de fato e essencialmente o sistema econômico do capitalismo e a alienação em benefício da minoria privilegiada dos detentores do capital, que são os capitalistas, da força de trabalho da restante e grande maioria dos membros da coletividade, que são os trabalhadores engajados na atividade produtiva.

A "ordem jurídica", a cuja sustentação e defesa se dedica o essencial das funções do Estado, confunde-se assim, em última análise, e uma vez removidos os disfarces sob os quais esse fato se oculta, com a ordem econômica do regime burguês, com o sistema do capitalismo que fundamentalmente constitui essa ordem. O Estado, como sancionador da ordem jurídica burguesa, se faz, assim, embora sem o reconhecer expressamente, em instrumento da classe cujos interesses se vinculam à mesma ordem e dela se alimentam. A saber, a classe dos capitalistas.

Note-se que nos referimos à "classe" dos capitalistas, não aos indivíduos em particular que a compõem. A distinção, na aparência sutil, é importante, pois ela destrói mais uma das ficções em que assenta a democracia burguesa, permitindo-lhe que se vanglorie, como efetivamente se vangloria, de não abrigar privilégios individuais e se estender igualmente a todos. É que o favorecimento de uns e o desfavorecimento de outros não têm, no regime burguês, um caráter pessoal e decorrem espontaneamente do simples funcionamento do sistema econômico em que se apoia. Sistema esse no qual a indistinta propriedade privada e livre disposição dos bens materiais resulta na apropriação em benefício de uns, do esforço produtivo de outros. Disfarça-se com isso a natureza parcial do regime burguês e do seu Estado, que, defendendo uma ordem jurídica impessoal, que não faz distinção entre os indivíduos, serve na realidade a uma categoria deles em prejuízo de outra, uma classe contra outra.

O mesmo favorecimento dos interesses de uma classe se verifica em outras funções e atividades do Estado burguês. E sempre sob a capa do interesse geral e resguardando as aparências de neutralidade e imparcialidade. É assim quando o Estado intervém na ordem econômica com o objetivo de amparar e fomentar as atividades produtivas. A ação do Estado, nesse caso que é de tão grande vulto e expressão na política econômica de nossos dias, será necessariamente em função do sistema capitalista, cujo funcionamento tem por estímulo e mola mestra o lucro capitalista. Deverá, portanto, ser no sentido de reforçar esse estímulo com oportunidades e perspectivas favoráveis, o que vem naturalmente a dar no beneficiamento da classe que se prevalece de tal lucro.

Como explicar, então, pode-se argumentar em oposição a isso, certas medidas do Estado que parecem contrariar os interesses capitalistas, como a legislação social trabalhista que objetiva proteger o trabalhador e empregado contra o empregador capitalista? Encontramos aqui um dos casos em que se apresenta a necessidade aqui lembrada de distinguir entre a classe social e os indivíduos particulares que a compõem. Os interesses gerais de classe não coincidem sempre e necessariamente com os particulares dos indivíduos que a constituem. As relações de cada empregador com seus empregados, e os conflitos de interesses que aí se verificam, são o terreno em que germina a luta de classes. A legislação trabalhista, com os órgãos estatais que a aplicam, tem por finalidade restringir aqueles conflitos, reduzi-los ao mínimo, a fim de evitar que, pela sua repetição excessiva e extensão desmesurada, degenerem em luta generalizada e choque aberto, já não de indivíduos apenas, mas nitidamente de classes. E é isso o que se trata de impedir. O Estado burguês defende um sistema e os interesses de classe vinculados a esse sistema, e não interesses particulares imediatistas que podem comprometer o funcionamento, tanto quanto possível harmônico, do mesmo sistema e sua própria estabilidade. A legislação trabalhista encontra, assim, sua razão de ser na necessidade de cercear os excessos dos capitalistas particulares em suas relações com os trabalhadores, a fim de pautar a ação deles por padrões compatíveis com a segurança do regime. E assim, longe de contrariar os interesses de classe da burguesia capitalista, a legislação do trabalho objetiva defender esses interesses contra práticas que, embora possam eventualmente atender a interesses particulares dos capitalistas, são suscetíveis de provocar reações perigosas para o conjunto da classe.

Também não é outra a finalidade das medidas de assistência social, que sempre se apresentam como concessões destinadas a atenuar o descontentamento e, com isso, a revolta dos pobres contra os ricos. Isso, aliás, já é hoje implicitamente reconhecido na formulação tão frequente e que vem mesmo orientando a política econômica internacional dos Estados capitalistas no que respeita aos países subdesenvolvidos e às regiões empobrecidas, que consiste em propor, como melhor forma de "combate ao comunismo" (leia-se "de defesa do capitalismo ameaçado pelo socialismo"), a melhoria das condições de vida das camadas pobres da população. O que está aí em jogo, como logo se vê, é o interesse da classe dominante no capitalismo.

Em suma, o Estado burguês, quer o consideremos na sua função essencial, que é a de conservação e defesa da ordem jurídica estabelecida (ordem essa que não é senão expressão jurídica do sistema econômico do capitalismo), quer quando intervém no domínio econômico e social, apresenta-se sempre, quando o analisamos com atenção, como instrumento de uma classe, a burguesia capitalista, para a defesa de seus interesses. Essa observação foi feita pela primeira vez por Marx, mas resultou de experiência já anterior do proletariado, que, na sua luta por melhores condições de vida, sempre encontrou pela frente o poder e a ação repressiva do Estado, que, embora agisse estritamente dentro da ordem jurídica, e precisamente em defesa dessa ordem, sempre se situava ao lado da burguesia. Foi essa experiência do proletariado que Marx soube compreender, interpretar e exprimir em sua teoria do Estado, que, divergindo inteiramente das concepções clássicas e correntes na matéria (ainda hoje é esse o caso), constitui a perspectiva do proletariado em frente ao poder estatal: um órgão de classe destinado a defender os interesses dessa classe.

Deriva dessa concepção do Estado a conclusão prática extraída por Marx e que constitui a essência política do marxismo, a saber: a transformação do sistema capitalista e a libertação do proletariado dependem, em primeiro lugar, da destruição do Estado burguês, obstáculo principal anteposto àqueles objetivos. Mas a simples destruição do Estado burguês não representa necessariamente, desde logo, a destruição do sistema capitalista, de que o Estado não é senão o órgão político de defesa e amparo. Faz-se, assim, mister, depois de eliminado esse órgão e com ele a força coercitiva estatal posta a serviço do capitalismo, a abolição desse mesmo capitalismo e a substituição dele por um novo sistema de relações econômicas. Sistema esse constituído essencialmente, como já se viu, sobre a base da propriedade coletiva dos meios de produção, isto é, o socialismo.

Não era de esperar que esse novo sistema surgisse espontaneamente e em consequência da simples supressão da força política que amparava o capitalismo. Era isso o que julgavam os anarquistas, que Marx combateu tenazmente, ciente, como economista experimentado que era, e pensador eminentemente prático, de que um novo sistema de relações econômicas como o socialismo, profundamente diverso do estabelecido, que iria encontrar pela frente não só a resistência dos interesses fundados na ordem anterior e das forças econômicas e sociais nela implícitas e que continuariam perdurando, mas ainda a oposição de hábitos e modos de pensar profundamente arraigados, não se poderia constituir senão por um esforço construtivo que necessitava ser empreendido e tenazmente levado a cabo.

Para realizar esse objetivo da transformação do sistema econômico do capitalismo para o socialismo, o órgão indicado só poderia ser o Estado. Não evidentemente o Estado burguês que seria destruído, mas um novo Estado que, embora constituindo um órgão coactor a serviço de uma classe, tal como seu antecessor, seria agora instrumento do proletariado, destinado a realizar os objetivos desse proletariado: a transformação da propriedade privada dos meios de produção em propriedade coletiva. Em outras palavras, a substituição do capitalismo pelo socialismo.

Esse novo Estado seria a ditadura do proletariado. "Ditadura" por quê? Porque o novo Estado, em vez de ser o sustentáculo da ordem jurídica estabelecida e assegurar a sua conservação, o que implicava a garantia e o resguardo dos direitos inerentes a essa ordem – a começar pelo direito de propriedade dos meios de produção –, objetivaria, pelo contrário, a destruição da mesma ordem e a supressão de tais direitos. Em vez do Estado de direito, o Estado contra o direito assegurador de uma ordem que é a do capitalismo. Por isso "ditadura" – e do proletariado porque é essa a classe que assume o poder em substituição à burguesia antes dominante.

Essa, esquematicamente, é a teoria política do marxismo delineada por Marx, elaborada e completada por Lênin e posta em prática, primeiro, pela Revolução Russa de 1917. E comprovada hoje pela experiência não só da União Soviética, saída daquela revolução, mas de todos os demais países do mundo socialista. Experiência muito rica e variada, pois abrange países e povos largamente distintos, em que o Estado socialista e a ditadura do proletariado se apresentam com variantes de estrutura bastante acentuadas. Mas os seus traços fundamentais são os mesmos, e é neles que insistiremos em seguida.

Observe-se primeiro que o Estado socialista, embora exprimindo tanto quanto o burguês a dominação de uma classe – a do proletariado –, apresenta, contudo, a peculiaridade de que não se destina, como o Estado burguês, a perpetuar aquela dominação. Diferença essa que resulta da própria natureza de um e outro Estado, bem como das classes que neles respectivamente dominam e do sistema econômico que cada qual assegura. A divisão social em classes é da essência do sistema capitalista e do regime burguês. Não pode haver capitalismo sem proprietários e não proprietários dos meios de produção, sem burguesia dominante e proletariado dominado. Isso é evidente. O socialismo, pelo contrário, implicando a socialização dos meios de produção, não somente dispensa uma classe dominante, como a exclui, uma vez que a apropriação dos meios de produção deixa de ser privada, eliminando-se, portanto, a circunstância determinante da divisão de classes e dominação de uma sobre a outra. Nessas condições, a realização do socialismo, que constitui a grande tarefa do Estado socialista, objetiva a supressão das classes e, pois, do domínio de classe. À medida que o sistema econômico do capitalismo vai sendo eliminado e substituído por relações socialistas de produção, desaparece a burguesia – e, com ela, a sujeição do proletariado. Modifica-se, aliás, a própria natureza do proletariado, que não é mais o trabalhador que vende sua força de trabalho ao proprietário dos meios de produção e, portanto, a ele se opõe. Com a socialização dos meios de produção, o que resulta é uma associação de trabalhadores que se apropriam em conjunto dos meios de produção e os operam e utilizam em benefício da coletividade, que não é senão aquela mesma associação.

Em suma, enquanto o Estado burguês se funda na divisão da sociedade em classes e extrai daí sua própria razão de ser, o Estado socialista, embora partindo também de uma sociedade dividida em classes, objetiva a eliminação dessa divisão e discriminação social. Em consequência, o Estado socialista, na medida em que vai realizando sua finalidade, perde também a característica essencial de "Estado", a saber, a de órgão de dominação de classe. E se faz cada vez mais de simples administração da riqueza coletiva. Seus problemas não serão mais senão os decorrentes de uma tal tarefa administrativa, isto é, melhor organização, disposição e aproveitamento das forças produtivas. Isso porque terá desaparecido a principal fonte de atritos e conflitos sociais que se originam, nas sociedades de classe, dessa divisão em classes e da questão primordial da distribuição e da repartição do produto social entre categorias diferentes de indivíduos. Nas sociedades de classe, é ao Estado que cumpre assegurar essa repartição dos bens econômicos, velando para que ela se realize regularmente segundo as normas decorrentes do sistema econômico vigente. O que implica a intervenção coactora do Estado nos conflitos surgidos em consequência da não efetivação daquelas normas. É essa função estatal que não tem mais aplicabilidade no Estado socialista por efeito da eliminação das diferenças de classe. É certo que não desaparecem desde logo os problemas da divisão e repartição dos bens econômicos. Isso é de prever que ocorrerá, e ainda veremos como e por que, no regime para o qual os países socialistas estão evoluindo, a saber, no comunismo.

Por enquanto, todavia, esses países ainda se encontram nessa primeira fase do socialismo, em que há uma repartição desigual e os indivíduos participam do produto social na medida do trabalho com que cada um contribui para esse produto. Medida naturalmente variável segundo o indivíduo. Não se propõe aí, contudo, nenhum problema fundamental e na sua essência insolúvel, porque todas as questões possíveis se situam num único plano e encontram sua solução numa única direção, a saber, no aumento da produção e riqueza social de que todos participam a título igual: de trabalhadores e produtores. Situação essa bem diversa do que ocorre no regime burguês e no sistema capitalista, em que a participação no produto social é determinada na base de situações completamente distintas: respectivamente de proprietários e não proprietários dos meios de produção. Aí o montante dos bens a que cada um faz jus não depende apenas, como se dá no socialismo, da importância do produto social e da contribuição que cada um traz com seu trabalho para esse produto. Ele é também e essencialmente determinado pela posição jurídica que o indivíduo ocupa relativamente às forças produtivas e ao domínio que sobre elas exerce.

Compreende-se, assim, por que desaparecem no socialismo os antagonismos fundamentais, no seu conjunto e totalidade insolúveis, que caracterizam o capitalismo. Existe no socialismo um critério puramente econômico e ligado direta e naturalmente à atividade produtiva para a distribuição do produto social. Esse critério é o da participação direta naquela atividade e da contribuição que para ela traz o indivíduo. No capitalismo, em contraste, o critério fundamental e essencial que preside à repartição do produto social é dado em primeiro e principal lugar por circunstância de ordem jurídica e estranha, em princípio, à atividade produtiva. Circunstância essa que vem a ser a apropriação e o domínio dos instrumentos e meios de produção por uns, com exclusão dos demais. Para os efeitos da produção e do seu montante, a propriedade dos meios de produção constitui uma circunstância exterior e neutra. Isto é, tal propriedade não tem e não pode ter influência alguma sobre a produção e seu montante. No entanto, ela tem no capitalismo um papel decisivo na maneira pela qual essa produção se distribui e se reparte. Uma parcela apreciável dela é apropriada a título simplesmente de domínio sobre os meios de produção.

É daí que deriva a maior e principal parte dos antagonismos e conflitos que se verificam no capitalismo. Antagonismos por natureza insolúveis na sua essência, porque brotam da própria natureza do sistema. Eles desaparecem no socialismo, onde à atividade produtiva não se sobrepõem uma ordem jurídica e um fator estranhos, em princípio, à mesma atividade, que determinem o destino do produto dela resultante. É na própria atividade produtiva que se estabelece o critério da distribuição dos bens produzidos, que vem a ser a contribuição em força de trabalho que cada um traz para ela. Poderão aí ocorrer divergências com respeito aos padrões de medida dessa contribuição, mas sempre existe, em princípio, uma forma de dirimir a controvérsia, pois é possível estabelecer um critério objetivo de mensuração, isto é, um critério generalizada e uniformemente aplicável. E esse critério presidirá, independentemente de quaisquer situações individuais privilegiadas de natureza jurídica e extraeconômica, à divisão e repartição do produto social. Não há, portanto, no socialismo, antagonismos fundamentais e irremovíveis como no capitalismo ou em outra qualquer sociedade dividida em classes.

Isso se reflete de maneira patente na vida e nas relações sociais dos países socialistas. Eliminadas as classes, isto é, a distinção entre categorias de indivíduos que se situam nas relações de produção em posições diferentes, e que, portanto, participam do produto social a títulos também distintos, desaparecem contrastes e oposições absolutos. Não se defrontam mais capitalistas e trabalhadores, e todos se situam num mesmo plano, como trabalhadores que são. Haverá ainda, por certo, como notamos, diferenças *quantitativas*, o que se traduzirá em desníveis nos padrões de vida. Mas *qualitativamente* todos serão iguais. O que faz com que aquelas diferenças quantitativas repousem em critérios determinantes comuns e generalizadamente aceitos, a saber, a medida do esforço físico ou intelectual com que cada um contribui para o bem-estar da coletividade e suas aspirações. São, assim, possíveis um entendimento e um acordo livremente consentidos, sem que para isso se faça necessária – como ocorre no regime capitalista, em que se aplicam critérios diferentes, um para os detentores do capital, outro para os trabalhadores – a presença, pelo menos potencial, e tantas vezes efetiva também, da autoridade coactora do Estado, impondo soluções que uma das partes – a desfavorecida, que são os trabalhadores – só aceitará constrangida.

Mas não é somente esse antagonismo fundamental entre classes essencialmente opostas que desaparece no socialismo, tornando com isso dispensável a autoridade coactora da autoridade pública. Desaparecem também os demais conflitos que brotam da essência do sistema econômico do capitalismo, em que os indivíduos são separados por interesses particularistas que se opõem e se chocam entre si. É da própria natureza do funcionamento da economia capitalista essa separação, concorrência e luta de todos contra todos. Já nos referimos a esse aspecto característico e essencial da vida e das relações sociais no regime burguês. E irremovível, dentro desse regime, porque constitui a própria mola mestra que nele impulsiona as atividades econômicas. O socialismo põe termo a esse estado de coisas e alinha todos os homens num mesmo plano e sob denominador comum, orientando suas iniciativas e suas atividades para objetivos que são os mesmos para todos. A cooperação e a concordância substituem, assim, as dissensões, a concorrência e a luta, porque, quando se trata unicamente de determinar os meios para a consecução de iguais finalidades comuns a todos, não existem dificuldades insuperáveis para se conseguir o assentimento geral, por maiores que sejam as divergências de opinião no que respeita àqueles meios. O que realmente separa os homens em posições irreconciliáveis são os objetivos finais que eles têm em mente.

Unificados esses objetivos, torna-se desde logo possível organizar a vida coletiva na base de programas de ação assentados de comum acordo. E é assim que se desenrola a vida social nos países socialistas. As eventuais divergências e os debates se concentram e resumem numa primeira fase de elaboração e fixação do programa de ação que se há de adotar. Uma vez isso determinado, cessam as divergências, e é unicamente a cooperação de todos que se fará sentir.

É assim nas grandes como nas pequenas coisas. Nas oficinas, os trabalhadores se reúnem com seus chefes e diretores para, em comum, debaterem e assentarem as tarefas necessárias à execução dos planos de produção, fixando metas e assumindo a responsabilidade de as realizar. E cada qual enceta seu trabalho com plena consciência e conhecimento do fim comum para o qual está contribuindo. É assim em quaisquer outras atividades coletivas: no disciplinamento das relações de vizinhança dos moradores do mesmo edifício ou bairro, na regulamentação dos serviços públicos locais – assistência, educação, higiene, entre outros.

É assim também, e finalmente, no plano mais amplo da ação geral do Estado. A meta política fundamental dos países socialistas se acha há muito fixada, e as linhas mestras que levam a esse objetivo estão traçadas. Trata-se da construção do socialismo na base indispensável do desenvolvimento intensivo das forças produtivas, por meio da iniciativa estatal e do estímulo ao cooperativismo na agropecuária e, subsidiariamente, no comércio varejista e nos setores manufatureiros em que ainda subsiste o artesanato. Com esse desenvolvimento econômico se realiza o ascenso geral do nível material e cultural da população, o que é conseguido, no plano material, com o crescimento do produto social e da elevação do salário real, seja pelo seu aumento em termos monetários, seja pela redução dos preços, ou pelas duas formas simultaneamente. Medidas como essas atingem e beneficiam toda a população, pois o salário constitui a única forma de remuneração e fonte de receita individual existente nos países socialistas. No que se refere à cultura, a ascensão dos padrões da população socialista é também resultante do progresso econômico, que torna possível o largo aparelhamento, característico dos países socialistas, da instrução e educação públicas em todos os graus e setores.

É esse, em suma e fundamentalmente, o programa geral político e administrativo em que se enquadra a vida coletiva dos países socialistas e que, obtendo, como não poderia deixar de obter, o consenso da população desses países, se realiza sob a égide e a direção suprema do Estado. Não é difícil verificar que num tal programa não se propõem questões que impliquem antagonismos entre diferentes categorias da população, ou entre conjunções de interesses particularistas e exclusivistas de grupos, como aqueles que caracterizam a política e a administração dos países capitalistas. Apresentam-se nele unicamente questões sobre os meios mais adequados para se atingirem objetivos que são essencialmente os mesmos para todo o país e sua população. Tais questões se prestam, por isso, a um tratamento objetivo e técnico, isto é, inspirado em conhecimentos científicos em que não entram preferências pessoais ou paixões.

É o contrário do regime burguês, onde toda providência administrativa, particularmente as de ordem econômica, implica sempre, em maior ou menor grau, e de maneira mais ou menos direta, o favorecimento de uns em detrimento de outros, o que deriva da própria estrutura e trama das relações econômicas do capitalismo, dispostas como são na base de interesses particularistas e contraditórios. No socialismo, as coisas se passam diferentemente, pois a homogeneidade das situações sociais em que se encontram os cidadãos em geral configura interesses também homogêneos. Não se propõe, assim, nunca a questão de preterir ou não algum interesse em proveito de outro, de decidir em favor de uns contra outros ou sobre a proporção em que uns hão de predominar sobre outros. Propõe-se, sim, unicamente questões de ordem prática, que dizem respeito tão somente à maneira mais conveniente de atingir objetivos que visam a interesses comuns e a respeito dos quais existem entendimento e acordo geral prévios. Trata-se, pois, de questões redutíveis a termos técnicos – econômicos, sociológicos ou outros –, que poderão suscitar divergências, não há dúvida, e que de fato as suscitam, mas não dão margem a irremovíveis oposições de princípio.

Não é, assim, de admirar a ausência, em países socialistas, de lutas políticas do tipo das que se observam nas democracias burguesas, como, entre outras, os agitados prélios eleitorais cuja falta naqueles países tanto escandaliza alguns pudibundos críticos burgueses. Esses críticos, por incompreensão ou má-fé, transpõem artificialmente para o mundo socialista e nele figuram situações peculiares aos regimes burgueses, em que a política gira sempre, em última instância, em torno de interesses particularistas e exclusivistas, sejam de classe, de grupos, sejam pessoais. No socialismo não há lugar para isso. Considere-se, por exemplo, a escolha de cidadãos para ocupar os cargos públicos. Quando gira exclusivamente em torno da capacidade e das qualidades pessoais dos candidatos – como se dá nos países socialistas onde não há que escolher entre programas representativos de interesses divergentes que se contrapõem uns aos outros e se chocam irredutivelmente entre si –, essa escolha não apresenta maiores dificuldades e não pode determinar oposições irreconciliáveis. Depende unicamente de uma rigorosa devassa na vida dos candidatos e avaliação de seus títulos e realizações. É isso o que se pratica nos países socialistas. É na seleção dos candidatos que se situa a fase mais importante da escolha dos futuros dirigentes e mandatários políticos. O que nas democracias burguesas, mesmo nas mais perfeitas, se realiza em círculos fechados de partidos políticos, em que se levam em conta unicamente interesses personalistas e de grupo – não restando em seguida ao eleitorado mais que se pronunciar entre candidatos todos eles indicados por essa forma espúria e tão alheia à verdadeira democracia –, faz-se nos países socialistas à luz do dia, por amplos debates públicos levados a efeito em assembleias e associações da mais variada natureza, desde os sindicatos até as sociedades esportivas e reuniões dos trabalhadores de empresas e escritórios. Os nomes dos pretendentes ao sufrágio popular são aí expostos à consideração geral, submetidos a discussões em que são cuidadosa e exaustivamente analisados, sendo a manifestação a respeito deles, seja a favor, seja contra, franqueada a qualquer pessoa, particularmente a quem convive com os pretendentes e por isso melhor os conhece e pode trazer a seu respeito informações mais seguras, por serem companheiros de trabalho, participantes das mesmas associações profissionais ou outras, moradores e vizinhos do mesmo bairro etc. É na base de procedimentos dessa ordem que se apuram os nomes que reúnem maior consideração, respeito e simpatia e se organizam as chapas eleitorais. Não é de admirar que os entendimentos cheguem em regra a bom termo, estabelecendo-se acordo geral e apresentando-se chapas únicas.

Formalmente, a apresentação dos candidatos compete a todas as organizações sociais e associações de trabalhadores: organizações partidárias (o Partido Comunista, na União Soviética; os diferentes partidos, nas democracias populares), sindicatos, cooperativas, organizações da juventude, sociedades culturais, assembleias gerais dos operários e empregados das empresas, dos militares nas respectivas unidades, dos camponeses em colcozes (cooperativas agrícolas) e aldeias, de operários e empregados dos sovcozes (empresas agrícolas estatais). São as chapas assim apresentadas que se submetem ao eleitorado. Em regra, e graças ao processo de seleção dos candidatos cujo rigor e severidade vimos, alcançam-se entendimento e acordo gerais, e as chapas são únicas. Note-se aqui de passagem que, ao contrário do frequentemente alegado monopólio político do Partido Comunista, o número dos candidatos sem partido nas chapas únicas para as eleições na União Soviética, bem como nos demais países socialistas, dos sem-partido e de outros partidos, vem desde a guerra superando sensivelmente os comunistas. A função destes não se restringe a – nem consiste essencialmente em, como veremos em próximo capítulo – ocupar os postos de mando. Mas nem sempre as chapas são únicas, e ocorre muitas vezes multiplicidade de candidaturas. Contudo, sejam as chapas únicas ou múltiplas, o candidato, para ser considerado eleito, deve reunir pelo menos 50% dos sufrágios. Se ele não alcança essa votação, repete-se a eleição com outros nomes.

Observe-se que essa elevada porcentagem de sufrágios é obtida pelo voto rigorosamente secreto. É mesmo comum alcançarem os candidatos votação que se acerca da unanimidade (mais de 95%). O que prova que o processo preliminar de escolha das candidaturas e organização das chapas constitui procedimento apto e acertado, pois permite selecionar representantes que efetivamente reúnem o consenso do eleitorado. E isso é índice seguro de que esses candidatos são merecedores, por suas qualidades tão reconhecidas, das funções de representação que lhes são delegadas.

É, aliás, o que de fato ocorre. Não há dúvida alguma de que os representantes populares nos diferentes órgãos estatais dos países socialistas constituem a elite e a vanguarda dos cidadãos desses países. São aqueles que mais se destacam por capacidade e dedicação aos interesses da coletividade, pela correção e integridade de sua vida pública e privada. E nesse conceito são generalizadamente tidos. Creio que nesse ponto não há paralelo entre a representação política dos países socialistas e de qualquer democracia burguesa, onde, via de regra e reconhecidamente, o nível médio dos representantes não é muito alto. Os representantes socialistas precisam, aliás, corresponder à confiança neles depositada, pois podem a qualquer momento perder o mandato pelo voto e decisão de seus representados: o mesmo eleitorado que os elegeu e que tem o direito, a qualquer momento, se assim o entender, de os destituir do cargo para o qual foram escolhidos, mas no qual não se mostraram à altura da expectativa.

Um traço característico das instituições políticas dos países socialistas é essa estreita união entre representantes e representados. Esses representantes, além de suas funções dirigentes, são também, e isso é elemento essencial do sistema, intermediários ativos entre a população das circunscrições territoriais que os elegeram e o poder público. Ao contrário do que ordinariamente ocorre nos países capitalistas, o representante socialista não se destaca do conjunto dos cidadãos que o elegeram para se sobrepor a eles, passando a viver em outra esfera, socialmente mais elevada ou pelo menos diferente e de maior expressão social. Nada disso. O representante socialista, embora se tornando, pela eleição, parte integrante do poder público, não deixa de ser o que era antes. Continua sua vida anterior e, afora os períodos de sessão da assembleia a que pertence (que no Soviete Supremo da União Soviética, por exemplo, não vão além de um a dois meses por ano), é um cidadão como outro qualquer, entregue a suas atividades ordinárias e em nada se distinguindo daqueles seus concidadãos que o elegeram. Isso lhe permite conservar-se sempre a par das necessidades e problemas de seus representados, pois sente tanto quanto eles esses mesmos problemas e necessidades que, na sua qualidade de representante, levará para os órgãos deliberativos do poder público de que faz parte. É assim que os órgãos centrais do Estado socialista mergulham profundamente suas raízes em todo o país e no seio da população que o habita. Pode, assim, ajustar e adequar pronta e seguramente a sua ação dirigente.

Em suma, o funcionamento do Estado socialista difere profundamente daquele do Estado burguês; e, para ser compreendido, precisa ser considerado e analisado de uma perspectiva bem distinta. Trata-se de um órgão essencialmente administrativo, que não é nem se propõe ser um árbitro e instrumento coactor, que coloca sua autoridade a serviço de interesses particularistas e, sobretudo, como é o caso do Estado burguês, de uma ordem jurídica na qual sobressai e se afirma em primeiro plano o resguardo da propriedade privada dos meios de produção. O que afinal vai dar na promoção dos interesses de uma classe social contra outra. O Estado socialista não age em função de tais interesses, e sua atividade não resulta, como é o caso de seu antecessor burguês, do entrechoque de interesses contraditórios. Por isso ele não é centro de disputas de classes e facções que aspiram lhe impor domínio ou influência. O Estado socialista é expressão e organização política e uma associação de trabalhadores, e sua atividade constitui uma das formas, a principal e suprema, da cooperação de todos os indivíduos componentes da coletividade na realização do ideal socialista de aperfeiçoamento humano e da convivência harmônica dos homens.

4
O PARTIDO COMUNISTA

Não se pode satisfatoriamente compreender o funcionamento das instituições políticas dos países socialistas, como aliás o conjunto de sua vida social, sem levar em conta o papel que nelas desempenham os respectivos partidos comunistas, com esse ou com outro nome (por exemplo, o Partido Operário Unificado, da Polônia; o Partido Socialista Unificado, da República Democrática Alemã; o Partido Socialista Operário Húngaro), o partido, em suma, que se inspira na teoria e na prática do marxismo-leninismo. Não se pode, assim, deixar de lado a consideração desse assunto em qualquer análise e interpretação daqueles países. Isso é tanto mais necessário e importante que a natureza e a atuação dos partidos comunistas nos países socialistas constituem, talvez, a fonte de maiores incompreensões da revolução socialista em marcha neles e do regime político e social através de que ela se está realizando. Incompreensão, aliás, fartamente explorada pelos críticos do socialismo e pela reação burguesa e capitalista em geral.

Os partidos comunistas dos países socialistas nada ou muito pouco têm em comum com o que ordinariamente se entende, nos países capitalistas, por "partido político". E de "partido", nesse sentido, sobra neles talvez unicamente a designação que conserva apenas um sentido histórico, remanescente dos tempos que antecederam o regime socialista, quando os atuais partidos comunistas ainda constituíam, com outros partidos, organizações políticas de uma classe social entre outras, com um programa e uma ideologia contrastantes e em concorrência com programas e ideologias representativas de outras classes, categorias ou grupos sociais distintos.

Mesmo então, contudo, isto é, já antes do advento da revolução socialista – e devemos começar por aí a fim de tornar mais claras as ideias –, os partidos comunistas não se equiparavam inteiramente, como não se equiparam tampouco os atuais partidos comunistas dos países burgueses, aos demais partidos não marxistas. Existe entre esses partidos uma diferença, e diferença sensível, de natureza orgânica e funcional. Os partidos comunistas nos países burgueses são tudo aquilo que referimos e que apresentam em comum com seus congêneres não marxistas, a saber, são organizações políticas representativas de uma parcela e categoria social da população, com ideologia e programa próprios. Acresce-se, contudo, a isso uma característica própria e exclusiva que não se encontra em outros partidos atuantes nas democracias burguesas, inclusive naqueles que, tal como os partidos comunistas, são representativos do proletariado ou recrutam no proletariado a maior e principal parte de seus membros e aderentes, como é o caso, entre outros, dos partidos socialistas (social-democratas) da Europa ocidental e dos trabalhistas ingleses. Os partidos comunistas são, em relação ao proletariado, mais que isso. Ou devem sê-lo – e pelo menos tendem nesse sentido quando são real e efetivamente marxistas-leninistas, ou seja, uma organização política essencial e fundamentalmente de classe, a classe do proletariado, e constituindo a vanguarda política dessa classe. "Vanguarda" na acepção própria de parte integrante do proletariado, dele inseparável e nele confundida, mas ao mesmo tempo sua parcela politicamente mais evoluída e consciente de seus interesses e aspirações de classe e situada, por isso, à frente dele na luta por suas reivindicações.

Essa característica dos partidos comunistas se revela – já sem contar a filosofia que os inspira – tanto na composição e na organização deles como na maneira como atuam. É nas fileiras do operariado que se recrutam seus membros, que, quando não operários, devem integrar-se, pelo espírito ao menos, à classe que, embora não seja a deles, deliberadamente e com toda a consciência do papel histórico do proletariado se propuseram servir. Além disso, é nos locais de trabalho onde se agrupam e concentram os operários na sua qualidade específica de operários que os partidos comunistas assentam suas bases orgânicas. E é ainda ali onde o proletariado tem algo a defender e por que lutar, desde aqueles locais de trabalho até as organizações profissionais, os sindicatos, que os partidos comunistas fundamentalmente se inspiram em sua ação e centralizam sua atividade.

São essas circunstâncias entre outras que fazem dos partidos comunistas a legítima organização política de classe do proletariado. Mais que isso, seria possivel dizer, eles são propriamente essa classe em sua expressão política, com ela se identificam e nada mais objetivam em princípio que conduzir a luta do proletariado contra a burguesia dominante, em todos os terrenos em que essa luta se propõe, desde as reivindicações parciais e imediatas por melhores condições de vida nas negociações com os empregadores e nas greves econômicas até as batalhas decisivas pela conquista e domínio do poder político, preliminar da revolução socialista.

Como se vê, os partidos comunistas, mesmo quando atuam nas democracias burguesas, destacam-se nitidamente entre os demais partidos, inclusive os de base operária, por características estruturais e funcionais bem marcadas. Quando então, com a conquista do poder político pelo proletariado, se propõe a esse proletariado a sua grande tarefa histórica de realização do socialismo, o contraste se completa. O partido comunista se faz, então, por destinação natural que decorre de sua natureza, origem e papel até então desempenhado, que fizeram dele a vanguarda mais avançada do proletariado, em órgão condutor e dirigente de todo processo histórico de transformação social que levará ao socialismo. Nessa altura, o partido comunista já não conserva mais nada, propriamente, ou muito pouco daquilo que correntemente se atribui no mundo capitalista aos partidos políticos. Ele será uma organização onipresente em todos os setores da vida social, que terá por função orientar no seu conjunto, como em todos os seus pormenores, a reorganização do país sobre bases socialistas. Função essa que envolve um processo total, em que se compreende não apenas a radical reestruturação política, econômica e social, mas ainda a reeducação dos indivíduos no novo espírito de solidariedade e cooperação socialistas, o que implica uma profunda modificação de padrões éticos e, em particular, a erradicação das sobrevivências psicológicas legadas pelo capitalismo e suas formas de vida, a saber, o individualismo exacerbado, o apego, acima de tudo, à propriedade privada e o espírito do lucro e do enriquecimento, que constituem o principal estímulo e linha de conduta nas atividades do capitalismo.

É essa a natureza, e são essas as funções dos partidos comunistas nos países do socialismo. Trata-se, pois, para eles, como logo se vê, de uma tarefa imensa a realizar e que, para não constituir, na melhor das hipóteses, simples utopia, generosa talvez, mas condenada ao malogro, se há de executar por métodos racionais e cientificamente fundamentados. Em outras palavras, a construção do socialismo não é nem poderia ser fruto do empirismo ou de vagos ideais doutrinários. Foi mais ou menos nessa base que se realizaram, em fases passadas da evolução da humanidade, as transformações históricas nelas verificadas. Assim foi, para não citar senão algumas daquelas fases de modificações mais profundas, a transição, na Europa, do mundo antigo para o feudalismo medieval e, em seguida, desse feudalismo para o mundo moderno em que eclodiria o capitalismo. Os homens marcharam aí às cegas e ao acaso, sem a menor ideia de para onde se dirigiam e fixando mesmo, com frequência, objetivos inteiramente fora do processo evolutivo em que se achavam engajados. Inclusive, muitas vezes, em oposição a ele. Era a história que levava os homens, não eles que conscientemente a dirigiam. O processo histórico de que participavam, embora resultasse, afinal, da composição em conjunto da ação individual de cada um, era de uma ação inconsciente do rumo para o qual aquela resultante se dirigia.

Foi assim no passado, mas os fatos nos mostram que não é mais assim, nem pode ser, no mundo de hoje. A questão das transformações históricosociais se apresenta diferentemente, pois os homens pretendem saber para onde se dirigem e o que os espera. Já não andam, ou não querem andar, ao acaso e pretendem dirigir o seu destino. Têm consciência do processo histórico em que se acham engajados e olham para a frente e muito longe, procurando orientar aquele processo no sentido de um mundo e de uma vida social cada vez mais acomodados à satisfação de

O mundo do socialismo   231

suas necessidades e à realização de suas aspirações. Isso é fruto do nível de consciência que a humanidade atingiu e que resulta do progresso cultural alcançado. O que já vem dos albores do mundo moderno; e a proposição do socialismo, velha de quase um século e meio, o comprova.

Pode-se dizer que, desde o advento do moderno capitalismo e antes mesmo que ele se consolidasse como sistema econômico dominante, já se propunha sua transformação. E não por simples reformas parciais e empíricas ou ajustamentos mais ou menos ocasionais. Tratava-se de uma transformação radical, realizada por um processo consciente, deliberado e sistematicamente levado a cabo. De uma política econômica e social, em suma, cientificamente fundamentada.

Desde seus primeiros passos, e ainda nas mãos inexpertas de seus precursores (os Saint-Simon, Fourrier, Owen), o socialismo foi aquilo ou pretendeu sê-lo. Em Marx e Engels, e no materialismo dialético por eles ideado, o socialismo adquire sua feição definida e rigorosa e se apresenta como primeiro esboço de uma ciência dos fatos humanos aplicada à finalidade específica da fase histórica atual, que é a transformação socialista da humanidade. É esse materialismo dialético, desenvolvido pelos sucessores de Marx e Engels, Lênin em particular, que inspira os métodos racionais e cientificamente fundamentados com que se está construindo, nos países socialistas, o novo regime. E isso sob a égide dos partidos comunistas.

Mas cabe aqui perguntar se de fato existe ou mesmo se é possível uma tal ciência dos fatos humanos. Ciência propriamente, pois é disso que se trata, que constitua, no que respeita aos fatos humanos, o mesmo que as ciências naturais – a física, a biologia – representam em relação aos fatos específicos de que elas se ocupam: os fatos da natureza inorgânica e orgânica. Isto é, um complexo sistematizado de conhecimentos estruturados na base da experiência e suscetíveis de aplicação prática na consecução de fins prefixados.

Note-se que essa concepção de uma ciência dos fatos humanos utilizável praticamente para o fim de determinar e conduzir esses mesmos fatos – concepção essa essencial ao marxismo – não é estranha ao pensamento e à filosofia hoje dominantes no mundo capitalista. Ela fundamenta em particular, e entre outras disciplinas, a economia política, que já não é mais, como em seus tempos clássicos, uma simples descrição do sistema capitalista e de seu funcionamento, mas se propõe expressa e deliberadamente, desde Keynes pelo menos, o revolucionário da economia ortodoxa, intervir naquele funcionamento, orientá-lo e o corrigir naquilo em que se mostra menos favorável aos interesses de classe da burguesia dominante. É o limitado escopo da economia política burguesa – ocupada como se acha unicamente com a conservação e o resguardo do sistema capitalista – que lhe imprime o particularismo que a caracteriza e o estreito círculo de fatos humanos de que se ocupa e que toma em consideração. Fora isso, não há essencialmente nada, na maneira como a economia política se situa diante dos fatos humanos de que trata, que impeça o alargamento dessa posição a fim de incluir nela o conjunto e a totalidade daqueles fatos.

É precisamente o que realiza o materialismo dialético, cuja largueza de propósitos e elevação de perspectivas – e também, naturalmente, a fecundidade do método filosófico que é o seu – lhe permitem abordar, na sua integridade, o comportamento social do homem e jogar com as leis desse comportamento para o fim de o transformar: fazer do homem individualista de hoje, produto do capitalismo, o homem socialista de amanhã.

Não é aqui naturalmente o caso de discutir e justificar o materialismo dialético. Lembremos apenas que os fatos históricos, até a presente altura dos acontecimentos e em todo o decorrer dos cento e poucos anos em que o marxismo vem presidindo à transformação social em curso – e, nesse papel, vem afirmando, consolidando e estendendo cada vez mais suas posições –, têm trazido suficiente comprovação do acerto das perspectivas propostas no materialismo dialético e da fecundidade de seus métodos. Mas, seja como for, e é isto o que sobretudo nos importa aqui, o certo é que somente à luz dessa concepção de uma política cientificamente alicerçada, e objetivamente traçada, que se compreendem a natureza e as funções dos partidos comunistas dos países socialistas. Isso porque tais partidos constituem, em seus respectivos países, o órgão principal e central por meio dos qual se executam as tarefas ligadas àquela política, a saber, a elaboração científica do materialismo dialético em que a mesma política se funda e, com a determinação das normas em que ela se traduz, a efetivação dessas normas.

Essas três funções, aliás, se conjugam e são na realidade uma só, pois nelas se exprime a unidade da teoria e da prática que constitui a característica essencial do materialismo dialético. O que em outras palavras significa que tanto a prática se inspira na elaboração científica como, inversamente, essa elaboração se realiza na ação. É da experiência derivada da ação prática no exercício das atividades políticas que o partido comunista e seus militantes extraem a teoria. Teoria essa que, assim enriquecida permanentemente, serve em seguida para formular as diretrizes da ação prática.

O comunista é assim, ou deve ser, ao mesmo tempo o teórico e o prático, que se encontra permanentemente agindo e tirando dessa ação a experiência de que se vale para ampliar e aprofundar seus conhecimentos teóricos, o que lhe permite uma ação cada vez mais acertada e fecunda. O partido comunista, organização em que os comunistas se congregam, se estrutura, portanto, para o duplo fim da ação e da elaboração teórica, recrutando seus membros e organizando-os de maneira a tornar possível atender da melhor forma àqueles objetivos – transformar a prática em teoria e a teoria em prática – e interligá-los indissoluvelmente entre si.

No que se refere ao recrutamento dos membros do partido comunista, ele é dos mais severos. A seleção é rigorosa, e os pretendentes são submetidos a provas e estágios em que se apuram com o maior cuidado suas qualidades e títulos: qualidades morais, dedicação ao trabalho, à causa pública e ao socialismo, capacitação teórica e prática, iniciativa, energia, ação. Exigem-se deles, em primeiro lugar, um exemplar comportamento na vida privada, espírito de cordialidade e de solidariedade em suas relações sociais, em particular no que respeita a colegas e companheiros de trabalho. São esses, aliás, os primeiros a opinar no assunto. Antes de mais nada, o nome do pretendente é afixado nos locais onde trabalha e submetido à apreciação e à discussão de seus colegas em reuniões e assembleias. Não só de comunistas, note-se bem, mas de todos, membros do partido ou não. Interessa a todo mundo a composição do partido comunista, e todos têm o direito e o dever de contribuir para o aperfeiçoamento de uma organização de tão grandes responsabilidades na vida do país.

Se depois dessa prova, em que a personalidade do pretendente a membro do partido é amplamente devassada e se torna conhecida de todos, ele for considerado habilitado, será admitido como candidato ou aspirante a membro do partido. Durante esse estágio de aspirante, de duração em regra variável segundo a categoria social do pretendente (menor, se é operário; mais longa, e nesta ordem, se for camponês, empregado ou intelectual), há de se verificar se efetivamente ele está à altura das responsabilidades que como comunista lhe cabem. Ele deverá comprovar praticamente, na sua atividade política, que é dotado de espírito de iniciativa, de capacidade de comando e direção, e isso sem demonstrações de autoritarismo, e sim da ascendência moral que tiver conquistado. Deverá demonstrar seu conhecimento teórico do marxismo-leninismo e da linha política do partido comunista e sua capacidade de aplicação prática desses conhecimentos teóricos às diferentes situações e circunstâncias concretas em que é chamado a opinar e a agir. Deverá, ainda, ser um propagandista hábil, sabendo convencer, ensinar e educar. Acima de tudo, a sua vida pública e privada será um exemplo para todos os que com ele privam ou que por qualquer motivo dele se aproximam.

É somente depois de decorrido o prazo de prova e não sobrando mais dúvidas sobre a capacitação do pretendente a membro do partido (aquele prazo poderá, conforme o caso, ser prorrogado) que ele é afinal admitido. A maior parte dos membros do partido acaba sendo, aliás, recrutada na Juventude Comunista, onde o limite de idade é de dezoito anos e onde o comunista já deu provas cabais de sua habilitação, pois de outro modo não teria nela permanecido.

É assim das mais severas, como se vê, a seleção dos membros dos partidos comunistas dos países socialistas. Não é, pois, de admirar que nesses partidos se congreguem, como de fato se dá, a elite dos cidadãos socialistas e os mais dedicados servidores dos interesses da coletividade e da causa do socialismo. E isso tem o reconhecimento e o consenso do país.

É com um elemento humano dessa ordem que os partidos comunistas contam para o desempenho de sua missão. Isso já constitui meio caminho andado, pois evidentemente uma composição daquelas lhes concede uma autoridade moral incontrastável, que assegura a eles o respeito de todos e o acatamento geral de suas decisões e diretivas. A isso acresce a organização que os partidos comunistas dão a seus quadros. Essa organização assenta fundamentalmente nas células de empresa, que reúnem os militantes respectivos nos próprios locais de trabalho e ligam, assim, estreitamente a organização partidária com as massas trabalhadoras. O outro órgão fundamental dos partidos comunistas é a *fração* que congrega os comunistas participantes das diferentes organizações políticas, profissionais, culturais etc. (sovietes ou outras assembleias de representantes populares, institutos, associações etc.). As funções da *fração* consistem em reforçar a influência do partido, realizar a sua política em todas as organizações que se encontram fora dele e exercer o controle partidário sobre o trabalho daquelas organizações e instituições.

Com esse tipo de estrutura orgânica, os partidos comunistas logram um máximo de difusão e penetração em todos os setores da vida coletiva de seus respectivos países. Graças a isso, adquirem um profundo conhecimento de todas as situações que nela se apresentam e uma aguda sensibilidade para os problemas que se propõem. A par disso e contando com a sólida base teórica em que se apoiam, que é o marxismo-leninismo apurado e experimentado por já quase meio século de sistemática elaboração e aplicação prática, os partidos comunistas dos países socialistas se acham aparelhados não só para traçar, em quaisquer circunstâncias, as diretivas políticas mais convenientes à consecução dos fins por eles visados, que se resumem em última instância à edificação de uma sociedade socialista, mas ainda para obter para essas diretivas geral aceitação e pronta e rigorosa aplicação e efetivação.

Como se vê, os partidos comunistas, com a estrutura e as funções que exercem – e que tão profundamente os distinguem daquilo que ordinariamente se atribui, nos países capitalistas, aos partidos políticos –, constituem peça essencial e insubstituível no funcionamento das instituições políticas, econômicas e sociais dos países socialistas. É sobre eles que recai a maior responsabilidade nesses países: a da direção suprema da revolução socialista. É nos ombros dos comunistas que repousa não somente a unidade ideológica naqueles países – sem o que o socialismo seria irrealizável –, mas ainda o essencial da atividade das instituições públicas e a responsabilidade pelo seu bom funcionamento. São os comunistas, onipresentes em todas as circunstâncias e contingências da vida social, que zelam pelo cumprimento das determinações da administração, pela execução de seus planos e leis, pelo bom entendimento, solidariedade e cooperação entre os cidadãos. São eles ainda que canalizam para os órgãos dirigentes as observações e a experiência que lhes proporciona a atividade prática incansável em que se acham engajados em todos os setores da vida coletiva, habilitando, assim, aqueles órgãos a atender pronta e convenientemente a reclamos e problemas surgidos. Cabe ainda aos comunistas, e nisso consiste sua principal função, o papel de educadores, orientadores e guias de seus concidadãos. Compete-lhes instruí-los e elevar o seu nível cultural, ideológico e político, tornando-os mais conscientes e bons cumpridores das tarefas que lhes incumbem, fazendo-os compreender a participação que com essas tarefas, por mais simples e humildes que sejam, eles têm na obra comum da edificação de uma sociedade socialista em marcha para o comunismo. Se nas primeiras fases das transformações que se estão realizando nos países do mundo socialista a intervenção coercitiva da autoridade estatal teve, como não podia deixar de ser, um grande papel, isso vai ficando cada vez mais para o passado. Particularmente na União Soviética, onde a geração atual já se formou e educou no regime socialista e está para ele plenamente preparada. O encaminhamento da construção do socialismo e da marcha para o comunismo se faz hoje essencialmente na base da compreensão e plena consciência dos cidadãos e se alcança, assim, pelo livre consentimento e ativa cooperação espontânea de toda a população.

Ora, esse consentimento e essa cooperação são obtidos sobretudo por obra dos comunistas – e por eles estimulados e impulsionados numa ação persuasiva, pertinaz e ininterrupta que se coroa de êxito graças principalmente às suas reconhecidas e indisputadas qualidades morais, à dedicação à causa do socialismo e ao alto nível de preparo cultural e ideológico que é o deles.

É assim que os partidos comunistas dos países socialistas – constituí-dos, pela forma que vimos, do que há de mais capaz e ativo na população desses países, ligados intimamente a essa população e nela fundidos, inspirados numa ideologia política e social solidamente alicerçada em conhecimentos científicos apurados e provados por larga e fecunda experiência – conseguem a incontrastável influência que lhes permite dirigir, com segurança e um mínimo de erros, a maior transformação, quiçá, já realizada pela humanidade, sem maiores atropelos, agitações e mesmo atritos, que cada vez mais vão ficando para um passado remoto, que ninguém com conhecimento de causa e em sã consciência pode supor que retorne.

5
A MARCHA PARA O COMUNISMO

"De todos segundo suas possibilidades, a todos segundo suas necessidades." Essa "utopia" foi preconizada há mais de um século por Marx e constituiria, segundo ele, a norma fundamental do sistema econômico do comunismo. O 22º Congresso do Partido Comunista da União Soviética, reunido em outubro de 1961, veio conceder nova atualidade a essa previsão marxista, pois nesse Congresso, que não foi certamente de visionários nem muito menos de mistificadores, mas de homens realistas e cujas previsões e planos vêm sendo invariavelmente cumpridos à risca, a implantação daquela norma, isto é, a instituição do comunismo, foi fixada como objetivo já agora à vista e a ser realizado em prazo previsível. A "utopia" marxista, de simples especulação teórica, começa a tomar corpo.

Será mesmo assim? Em outras palavras, quais as circunstâncias que permitem aos comunistas da União Soviética propor o comunismo assim concretamente e como meta a ser desde logo realizada?

Comecemos por indagar sobre as considerações de ordem teórica que fundamentam, como fundamentavam para Marx, a eventualidade e a possibilidade de um sistema econômico no qual todos os indivíduos membros de uma coletividade contribuam para o produto social com o melhor e o máximo de seus esforços e recebam desse produto parte suficiente para atender a todas as suas necessidades, independentemente da quantidade e qualidade daquele esforço por eles concedido. À primeira vista, uma

240   Caio Prado Júnior

proposição dessas, nas circunstâncias do mundo atual, é impensável em termos de realidade concreta. Mas ela deixa de sê-lo quando consideramos o assunto mais de perto e procuramos saber das razões por que no mundo de hoje, tanto quanto no passado, é necessário, e sempre foi, impor restrições e estabelecer limitações na distribuição e repartição dos bens econômicos. Isso deriva, como logo se vê, da própria limitação dos bens disponíveis. Desde sempre no passado, e ainda hoje, não existe uma produção de bens capaz de atender a todas as necessidades de todos os indivíduos. Foi tendo em vista essas limitações que as coletividades humanas, em todas as etapas do seu desenvolvimento, idealizaram e realizaram sistemas restritivos. Ou antes, instituíram normas destinadas a ajustar as necessidades do consumo às possibilidades da produção. Colocado em termos mais gerais, o problema econômico fundamental e essencial que sempre se propôs aos homens vivendo em sociedade foi esse, a saber, realizar uma distribuição e uma repartição tais dos bens que não excedessem as disponibilidades do produto social, isto é, daquilo que o esforço coletivo dos membros da comunidade fosse capaz de produzir.

Até o advento do mundo moderno e do sistema capitalista em que esse mundo se acha organizado, a distribuição dos bens econômicos obedecia sobretudo a normas de ordem jurídica e política. Era por força da situação social em que os indivíduos se achavam colocados que eles faziam jus a determinada quantidade e qualidade de bens. A sociedade se achava hierarquicamente organizada numa superposição, uns a outros, de indivíduos, de classes, de categorias e mesmo de povos; e do produto saído das mãos dos trabalhadores e dos produtores diretos, parte maior ou menor era deles subtraída e se distribuía entre os indivíduos mais altamente colocados na hierarquia social, de acordo com sua classificação, sob forma de tributos, imposições, contribuições dos mais variados tipos e designação conforme a época e o lugar. Obtinha-se, por esse modo, distribuição e repartição dos bens econômicos adequadas ao sistema social vigente, em que nem todos eram produtores, mas todos deviam consumir e satisfazer suas necessidades segundo sua classificação respectiva.

No capitalismo, e já antes dele, mas não com a mesma generalidade e exclusividade, a divisão e repartição do produto social se faz automaticamente, isto é, sem normas reguladoras expressa e predeterminadamente estabelecidas, e sim pelo mecanismo espontâneo das trocas sob sua mais evoluída e perfeita forma, que são as transações monetárias, a compra e a venda. Comprando e vendendo bens – entre os quais se inclui a força de trabalho vendida pelo trabalhador ao empregador em troca do salário percebido –, pagando e recebendo por aqueles bens o seu valor respectivo expresso num certo preço, os indivíduos membros da coletividade realizam espontânea e automaticamente, e sem se dar conta disso, a distribuição e a repartição entre si do produto social. Sem pretendermos entrar aqui nos pormenores desse sistema, o que constitui o objeto específico da economia política, que não é o nosso assunto, uma observação se impõe porque salta logo aos olhos. É o dispositivo daquele sistema que faz com que a demanda dos indivíduos, e por consequência o consumo deles, se ajuste automaticamente, ou pelo menos tenda a se ajustar à produção e oferta dos mesmos bens. Trata-se do mecanismo dos preços que determina, entre outras eventualidades, um preço mais ou menos elevado conforme a oferta seja menor ou maior, provocando, por isso, ao mesmo tempo, uma demanda menor ou maior, pois ajustada à produção e à oferta. O que não quer naturalmente dizer que as necessidades de consumo dos indivíduos oscilem segundo os preços, sendo maiores quando o preço é baixo e menores no caso contrário. O que se dá é que os indivíduos, ou parte maior ou menor deles, se verá privada da satisfação de suas necessidades. Mas, em qualquer caso, o mecanismo dos preços terá realizado o fim a que se destina, a saber, conseguir uma distribuição tal que não ultrapasse a disponibilidade de bens, mas que absorva toda essa disponibilidade. Em suma, terá realizado o equilíbrio entre a oferta e a procura. Se a oferta é insuficiente para atender a todas as necessidades, há que se reduzir, na proporção certa, a procura. O nível em que se fixa o preço se encarregará automaticamente disso, eliminando do mercado aqueles indivíduos, com a sua demanda, que não podem pagar o preço assim fixado. E os eliminará nas justas e necessárias proporções para que a demanda se mantenha nos limites da oferta e cubra essa oferta. Aquilo que nos sistemas pré-capitalistas se obtém através de normas jurídicas e políticas reguladoras da distribuição e repartição dos bens se alcança no capitalismo pelo jogo espontâneo e automático dos preços. Mas trata-se sempre, como logo se vê, da finalidade última de realizar uma distribuição do produto social de acordo com o tipo de estrutura e dos valores sociais vigentes: nos sistemas pré-capitalistas, segundo a posição dos indivíduos na hierarquia social; no capitalismo, segundo suas posses e situação financeira. E tudo isso é necessário, qualquer que seja o regime social, por força da limitação do produto social, de sua insuficiência quantitativa e qualitativa para atender efetivamente a todas as necessidades e todos os desejos, da totalidade e de cada um dos indivíduos.

A mesma coisa se dá no socialismo. Nesse regime, que é o da fase em que se encontram os países do mundo socialista, a União Soviética inclusive, a repartição do produto social obedece a novo critério, que vem a ser o da quantidade e da qualidade do esforço produtivo dos indivíduos, a contribuição que cada qual traz efetivamente para aquele produto social e o atendimento das necessidades coletivas. No socialismo, a economia se acha rigorosa e totalmente planificada, e seu funcionamento é no conjunto controlado pelos órgãos da administração pública. Torna-se, assim, possível calcular e realizar uma distribuição e repartição do produto social de maneira que desse produto caiba a cada indivíduo uma parcela proporcional ao trabalho por ele realizado e com que contribuiu para o mesmo produto. Para se obter isso, joga-se com os níveis de remuneração do trabalho e dos preços. Correlacionando esses dois elementos (salários e preços), efetua-se a repartição de acordo com o princípio socialista "a cada um segundo seu trabalho". E não segundo as suas necessidades, pois não há relação direta e necessária entre a quantidade e a qualidade do trabalho que o indivíduo fornece e as suas necessidades. Um indivíduo pode ter grandes necessidades (isso é uma questão personalíssima, que nada tem a ver com sua capacidade produtiva) e não ser eficiente como produtor. Sofre em consequência limitações e restrições maiores ou menores na satisfação de suas necessidades e desejos.

Como se vê, todos os regimes em vigor até hoje, seja o capitalismo e aqueles que o precederam na evolução histórica da humanidade, seja o socialismo em sua atual etapa, têm isto em comum: implicam sistemas econômicos destinados a restringir o acesso aos bens e estabelecer

O mundo do socialismo 243

a participação de cada indivíduo no produto social. Isso a fim de que a demanda global do conjunto dos indivíduos membros da coletividade não ultrapasse aquele produto. Para que não se verifique o desequilíbrio entre a oferta e a procura de bens econômicos, e uma vez que a produção não alcança satisfazer todas as necessidades e desejos de todos os indivíduos, introduzem-se na organização e no funcionamento da economia certos dispositivos que, embora muito variáveis segundo os regimes sociais vigentes, destinam-se indiferentemente todos a regulamentar, limitar e ordenar a distribuição e repartição dos bens.

Está claro que a razão de ser de uma tal restrição e limitação decorre, em última instância, da insuficiência do produto social. Elimine-se por hipótese essa insuficiência e naturalmente aquela razão de ser terá desaparecido. Se existe uma produção dos bens desejados pelos membros de uma coletividade em quantidade e qualidade tais que bastem para o atendimento de todas as necessidades da totalidade dos indivíduos, não haverá mais problema de distribuição e repartição, e todas as necessidades ocorrentes poderão ser cabalmente satisfeitas.

Isso é evidente. Mas não é tão evidente, poder-se-á alegar, a possibilidade de se alcançar um nível de produtividade ideal como aquele que supusemos suficiente para atender a todos com tudo quanto possam desejar. Evidentemente, e nisso todos por certo concordarão, já é hoje imprevisível o alcance da cultura e engenhosidade do homem no sentido da ampliação e do aperfeiçoamento de suas forças produtivas. Encontramo-nos a cavaleiro de duas épocas e, se a revolução industrial, mais precisamente "mecânica", que nos vem do passado – passado, aliás, recentíssimo na escala da evolução humana, pois não conta ainda, a rigor, nem com duzentos anos –, abriu horizontes imensos à capacidade produtiva do homem, o que está por vir não comporta mais limite algum previsível. Da substituição do esforço humano pela força mecânica dirigida e controlada pelo homem – e foi nisso que essencialmente consistiu a transformação tecnológica que revolucionou e produziu o mundo moderno –, estamos passando para a força mecânica controlada e dirigida pela própria máquina. É isso a automação cujos primeiros passos presenciamos. O que esse novo salto tecnológico encerra de potencialidade produtiva vai certamente muito além daquilo que o homem, na perspectiva em que hoje se encontra, pode razoavelmente aspirar em matéria de um universo talhado às suas conveniências e necessidades.

Mas e amanhã? E não só o amanhã remoto, mas o amanhã atual, porque é nesse que estamos pensando. Recorde-se que é desde já que pensamos e projetamos – ou melhor, pensa e projeta o socialismo – um mundo em que todos os homens encontrem satisfação para todas as suas necessidades e aspirações. É nesse ponto que se propõe o argumento decisivo a comprovar a natureza utópica das premissas em que assenta a projeção do comunismo. Esse argumento é o da insaciabilidade da espécie humana. Os desejos e as aspirações do homem são infinitos e inesgotáveis, e não há como satisfazê-los, porque cada satisfação encerra sempre em seu bojo novas insatisfações.

Note-se, antes de mais, que o mundo atual é dos menos indicados para se inferir dele qualquer conclusão generalizadamente válida acerca do alcance das necessidades humanas. Esse mundo se caracteriza pelo paradoxo hoje em dia tão amiúde lembrado, e sempre digno dessa lembrança, de necessidades vitais e mínimas insatisfeitas e desatendidas numa parte considerável da humanidade, certamente sua grande maioria, enquanto na parcela restante mais bem aquinhoada e que se encontra, no que respeita aos bens materiais ou que a eles se assimilam, já mais que saciada, do que se trata é promover e estimular sempre mais e maiores necessidades.

Num contexto social e econômico como esse, o homem é realmente insaciável. Quando as necessidades humanas se aferem, de um lado, pelo quase total estado de privação de uns e, de outro, pela variedade infinita e inesgotável de possíveis maneiras diferentes de se vestir e locomover, de praticar quaisquer outros atos da vida de todos os dias e se cercar de toda ordem de objetos e dispositivos que, longe de satisfazerem necessidades reais ou mesmo de se destinarem a isso, antes as criam, e cada vez mais complexas; e quando toda essa diversidade de gostos e desejos precisa suceder-se num desfilar vertiginoso, em que o mais prematuro se faz obsoleto da noite para o dia; quando as coisas são assim, como efetivamente são nesse mundo capitalista onde a vida e os gostos são comandados pelo imperativo da venda e escoamento da produção em mercados consumidores relativamente cada vez mais restritos, as necessidades humanas de bens materiais não são apenas ilimitadas e crescentes em proporções geométricas, mas *têm de ser* assim sob pena de se paralisar a máquina do capitalismo. Na economia capitalista se há de vender cada vez mais àqueles poucos a quem já se vendeu muito, que são as reduzidas parcelas mais bem aquinhoadas da humanidade, porque de outra forma é a crise e o colapso geral. E, para vender mais a quem já dispõe de tudo que poderia num certo momento desejar, é preciso que se criem, em ritmo acelerado, novas e cada vez mais numerosas e sutis necessidades.

Em suma, o mundo capitalista se afina pelas exigências de um sistema econômico em que, paradoxalmente, longe de ser a produção função do consumo, é esse consumo que se subordina e amolda à produção, cujo objetivo é bem outro que satisfazer necessidades humanas. Estas não significam para a produção capitalista mais que pretexto e maneira de proporcionar lucros aos empresários da produção. Não é, evidentemente, outra a finalidade da empresa produtiva no sistema capitalista. Assim sendo, não será nesse mundo capitalista que se poderão fundamentar conclusões a respeito das necessidades humanas e seus eventuais limites. Já não se pode mais nele nem ao certo caracterizar essas necessidades, de tal forma elas se encontram confundidas com outros estímulos artificialmente criados pela publicidade comercial e pelo clima por ela determinado. Estímulos tão afastados dos legítimos impulsos humanos como a vaidade e o mimetismo ditados pelo desejo de se sobrepor ao próximo e o humilhar pelo contraste da riqueza. Nos modernos mercados consumidores do mundo capitalista, e isso tanto mais quanto mais capitalistas forem, tornou-se difícil e mesmo frequentemente impossível discernir o que constitui necessidade real ou simples impulso irracional de consumidores que já não sabem mais nem o que os satisfaz e, para formarem seus gostos e julgarem suas necessidades, precisam das sugestões que lhes trazem e ditam as receitas publicitárias.

Não é preciso ser filósofo nem pensador socrático para compreender que a satisfação de necessidades, consideradas desse ângulo, não se encontra no rumo daquilo que efetivamente constitui a felicidade humana. Essa felicidade, no que respeita aos bens materiais, não pede mais que um mínimo de conforto indispensável ao homem para que se liberte de suas contingências materiais e possa dar plena expansão às suas faculdades humanas. No mundo capitalista em que vivemos, não se pode esperar da generalidade dos homens a compreensão disso. Tudo conspira contra ela, pois seria altamente prejudicial e mesmo fatal ao bom e normal funcionamento da economia do capitalismo. Mas no mundo socialista, onde outra é a escala de valores, e o que se espera da produção econômica não é encher o tonel das Danaides em que, pelas virtudes do capitalismo, se fizeram as necessidades humanas, é possível, e nada tem de utópico nem mesmo de simplesmente exagerado, prever uma produção econômica capaz de satisfazer todas as necessidades de todos os indivíduos.

Estaria aí, portanto, reduzida às suas verdadeiras proporções, sem nada de aberrante e perfeitamente enquadrada numa realidade previsível, a segunda parte da norma comunista "a todos segundo suas necessidades". Mas que dizer da outra parte, "de todos segundo suas possibilidades"? Não seria demais exigir dos homens, com todas as suas debilidades e deficiências, darem o máximo e o melhor de seus esforços quando a recompensa é sempre a mesma?

Desde logo perguntaríamos: há de se, necessariamente, ligar sempre todo esforço, todo trabalho, à perspectiva de recompensa material? Aqui ainda, antes de mais, precisamos nos desfazer, por um esforço de imaginação, dos habituais pontos de vista em que nos coloca o condicionamento capitalista. Se o ângulo do "toma lá dá cá" em que nos situam aqueles pontos de vista constitui no capitalismo uma realidade tão generalizada e arraigada que nos leva a confundi-lo com a própria "natureza" do homem, isso se deve ao fato de que é precisamente nele que se apoia o sistema que somente funciona graças ao rigor com que a norma se aplica. Nos casos em que esse rigor não é possível, ou é dispensado, e outros estímulos que não o proveito pessoal e imediato nele interferem – como quando, por considerações extraeconômicas, um comerciante, a figura típica do capitalismo, efetua despesas sem a contrapartida de recebimentos equivalentes –, o mecanismo capitalista se desconjunta, e o sistema deixa de funcionar adequadamente, o que logo se adverte no fato de periclitar o negócio. No capitalismo tudo tem seu preço, e deve tê-lo de modo a que sempre se possa correlacionar o que se dá com o que se recebe, tal como ocorre na escrituração mercantil, esse retrato fiel do capitalismo e seus manejos, onde a todo débito sempre há de corresponder um crédito equivalente, e vice-versa.

É somente assim que o capitalismo funciona, e não é possível cercear o alcance de seus padrões – pelo contrário, eles tendem irreprimivelmente a se expandir por todos os setores da vida social, acabam por projetar seu modelo na totalidade das relações humanas, plasmando-as à sua imagem e, com elas, as concepções e o espírito dos homens. Daí tornar-se tão difícil, para quem se acha engajado na vida capitalista, conceber um modo diferente de ser, pensar e figurar homens que não exijam prontamente da coletividade um pagamento proporcional a todo esforço despendido em benefício dela.

Isso não significa, todavia, longe disso, que seja essa a "natureza" humana e que o ganho em espécie constitua o único incentivo possível para o trabalho, a medida necessária de todo esforço que o indivíduo esteja disposto a dar. A observação do comportamento humano, em sua tão variada e complexa evolução histórica passada, mostra-nos coisa bem diferente. Até pelo contrário, as ações humanas de maior significação e amplitude foram sempre ditadas não por impulsos egoístas, mas por incentivos e estímulos socialmente condicionados e inspirados em interesses coletivos e gerais. Mesmo na atual fase capitalista da evolução humana, e apesar de todas as distorções por ela provocadas, o comportamento dos homens oferece exemplos, e exemplos ponderáveis, em que o individualismo egoísta, que constitui a substância ética do regime social daquela fase, é relegado a um segundo plano e outras motivações, de inspiração coletiva, conduzem a ação humana.

Será, contudo, o mesmo, ou poderá sê-lo com relação ao trabalho e esforço produtivos? Serão os homens e membros de uma coletividade, no seu conjunto, capazes desse trabalho e esforço sem a compensação de uma paga correspondente? Certamente não no capitalismo, porque força de trabalho é, no capitalismo, *mercadoria*; é objeto de uma transação pela qual o esforço despendido por um indivíduo reverte em benefício de outro. Ora, mercadorias não se doam, e toda transação mercantil implica uma troca de valores. Quem entrega alguma coisa, que no caso é a força de trabalho, há de receber algo em troca. Isto é, a paga.

Já no socialismo a questão se propõe de outra forma. É certo que na fase atual do socialismo, tal como existe nos países socialistas, o esforço do trabalhador também objetiva e espera uma compensação monetária. Mas o trabalho no mundo socialista não é somente isso. Encontra-se nele outro elemento, porque as relações de trabalho não constituem no socialismo uma relação mercantil. Não se trata aí de uma transação, e o trabalhador não transfere o seu esforço a outro indivíduo em troca do salário, como no capitalismo. Ele o faz para a coletividade de que ele também participa e de que aufere as vantagens que a vida coletiva proporciona. Assim sendo, torna-se possível, e isso decorre natural e espontaneamente do socialismo, fundamentar de forma ética a obrigação de trabalhar, o que no capitalismo nunca foi possível conseguir nem o será, apesar de todo o esforço de moralistas, filósofos e educadores empenhados em dar ao edifício capitalista uma base mais sólida que a simples relação mercantil que une os trabalhadores aos senhores do capital. Por isso, no capitalismo, e de certo modo cada vez mais acentuadamente, o trabalho é em essência e tão somente mercenário. E os trabalhadores, na medida em que adquirem consciência de sua situação e sua classificação na sociedade capitalista, o que para eles significa maior compreensão e conhecimento do sistema econômico no qual se acham enquadrados, capacitam-se cada vez mais que efetivamente nesse sistema a relação de trabalho nada mais é que uma simples transação mercantil. O seu estímulo para o trabalho não poderá, por isso, ser outro que o pagamento com que é compensado.

Já no socialismo, pelo contrário, graças à natureza que tem aí a relação de trabalho, os estímulos para esse trabalho se enriquecem progressivamente de um novo conteúdo ético. O trabalhador dará o seu esforço não apenas pela vantagem pecuniária que daí lhe provém, mas também porque vai adquirindo consciência do papel que desempenha como trabalhador que é e da responsabilidade que para ele decorre dessa sua posição na sociedade. Posição, aliás, cercada de distinções e honras que se conferem na medida do esforço com que cada um contribui para a coletividade. O trabalho no socialismo deixa de ser, como é em regra no capitalismo, um pesado encargo e uma obrigação imposta pela necessidade da sobrevivência. Ele é valorizado acima de tudo e representa para todos a única maneira de obter a consideração de seus semelhantes, até mesmo a aceitação no meio deles. O que a propriedade e a riqueza proporcionam ao indivíduo nas sociedades capitalistas, classificando-o segundo os haveres e a posição financeira que ocupa, lhe é concedido no socialismo pelo esforço e dedicação que ele demonstra no trabalho. Assim, o que poderia parecer irrealizável para quem visualiza a questão numa perspectiva capitalista, a saber, que o estímulo para o trabalho e esforço produtivo possam ser outros que o ganho material e que esse interesse imediatista possa ser suprido por outros incentivos de natureza social e ética, isso que no capitalismo é impossível, mostra-se pelo menos plausível num regime como o socialista, em que outros são os valores consagrados. Dessa forma, nada tem de utópico e absurdo projetar no futuro um comportamento humano em que os indivíduos se disponham a dar o melhor de seus esforços sem nenhuma finalidade de vantagens materiais imediatistas. E teríamos, com isso, a realização do princípio "de todos segundo as suas possibilidades", completando-se, assim, a norma fundamental do comunismo.

———

Todas essas considerações acerca da eventualidade e exequibilidade do comunismo não são puramente teóricas nem saem do assunto que nos propusemos e que vem a ser o mundo do socialismo presente nesse terço e mais da humanidade atual. É que tais considerações resultam diretamente da própria realidade daquele mundo em que elas se propõem e em que se revela, em germe, a resposta às questões que suscitam. Será na União Soviética, naturalmente, com seu já quase meio século de revolução socialista, que o assunto pode ser melhor observado. É lá, portanto, que procuraremos pesquisar e destacar os pontos nevrálgicos em que se entrosam as linhas mestras de desenvolvimento que assinalam a marcha para o comunismo e a realização de seus princípios.

É disto precisamente – a marcha para o comunismo – que se trata. Foi o que assinalou a análise da conjuntura econômica, política e social da União Soviética, realizada já no correr do 21º Congresso do Partido Comunista (janeiro de 1959), suscitando na sequência um largo debate, que se veio ampliando e aprofundando cada vez mais, até dar nas conclusões do 22º Congresso, de outubro de 1961. Oferece-se, aliás, nesse debate, bem como na ação política que dele vai resultando, uma excelente oportunidade para se observar a forma pela qual se entrosam dialeticamente a teoria e a prática. Como à luz do marxismo-leninismo e com os seus métodos, a teoria resulta da prática e nela se inspira; e como essa teoria vai em seguida se traduzir na ação política. O comunismo, como regime econômico e social, foi previsto e prognosticado por Marx. Mas nem em Marx, nem nos seus sucessores e continuadores se fez da maneira de o realizar objeto de especulações abstratas e apriorísticas. Tampouco – a não ser nos primeiros e imaturos momentos da revolução socialista e unicamente em algumas raras e esporádicas instâncias logo repelidas – se tentou introduzir esquemas teóricos e fórmulas comunizantes. Das premissas teóricas do marxismo se concluía, como Marx já o fizera, que da revolução socialista, isto é, da tomada do poder pelo proletariado e da consequente socialização dos meios de produção, resultaria o comunismo. Mas a maneira como se realizaria essa transformação, a isso somente a experiência derivada do próprio desenvolvimento da revolução socialista poderia dar a resposta.

Cuidaram, assim, os teóricos e políticos marxistas orientadores e dirigentes da revolução socialista unicamente de realizar essa mesma revolução, centrada na abolição da propriedade privada dos meios de produção e da livre-iniciativa econômica, a serem respectivamente substituídas pela propriedade coletiva e pela iniciativa social planificada, bem como no desenvolvimento das forças produtivas e na elevação do nível material e cultural da população trabalhadora. Mas não se cogitou do comunismo e de sua implantação. Foi no curso do processo revolucionário socialista, e como resultante dele, que se desenvolveram e, afinal, se destacaram certas formas econômicas, sociais e políticas que, devidamente observadas, apreendidas e analisadas pelos teóricos e políticos da revolução socialista, lhes permitiram esboçar os primeiros traços concretos do comunismo e formular a linha de desenvolvimento e da ação política no rumo da

O mundo do socialismo   251

transformação comunista. Esboço e formulação esses que se fundam e inspiram na própria dinâmica natural e espontânea daquelas formas anunciadoras e precursoras do comunismo.

Que formas são essas, como se propõe nelas a teoria do comunismo e como se formula com essa teoria inspirada na prática e nos fatos correntes a marcha para o comunismo? São essas as questões abordadas já desde o 21º Congresso do PCUS e desenvolvidas, tanto teórica como praticamente, em seguida. Não podemos aqui, senão muito sumariamente e por alto, abordar alguns aspectos e pontos mais importantes da questão. O suficiente para dar uma ideia de como ela se apresenta.

Onde, em primeiro lugar, se propõe nos fatos a questão da marcha para o comunismo é na distribuição e na repartição do produto social. Na sociedade socialista, somente parte desse produto é distribuída segundo o princípio socialista "a cada um segundo seu trabalho", isto é, proporcionalmente ao esforço produtivo de cada um. Nem todo o produto social é assim distribuído, e uma parte já ponderável dele, que vem crescendo e tende cada vez mais a crescer, é distribuída gratuitamente, ou semigratuitamente, sem relação direta e proporcional com a quantidade e a qualidade do trabalho fornecido pelo beneficiado. É esse o caso, em particular, dos serviços totalmente gratuitos e prestados sem distinção alguma a todos cidadãos, de educação e instrução em todos os graus e categorias; de saúde, compreendendo completa assistência médica, farmacêutica, hospitalar, bem como proteção sanitária; de amparo às famílias numerosas etc. Em suma, inclui-se nessa categoria de serviços gratuitamente prestados (isto é, que não representam contrapartida alguma de trabalho e são indistintamente oferecidos a todos os cidadãos, sem consideração da quantidade e qualidade de esforço produtivo fornecido) o conjunto, muito amplo na União Soviética, do que ordinariamente se entende por "assistência social". A esses serviços de assistência social acrescem-se, com o mesmo caráter, os dispensados pelo número cada vez maior de internatos onde os estudantes são gratuitamente mantidos, pelas instituições infantis, culturais em todas as suas modalidades, esportivas etc. Todos esses serviços, cuja densa rede atinge hoje praticamente toda a população soviética, nos grandes como nos pequenos centros urbanos, bem como no campo, encontram-se indistintamente ao alcance e livre disposição de todo mundo. Além disso, há que contar as facilidades concedidas aos trabalhadores em férias ou descanso para frequentarem casas de repouso, lugares de veraneio, estâncias climáticas e centros de turismo. Assim como a parcela de gratuidade incluída no sistema de locação e ocupação de moradias, que são atribuídas segundo critérios de caráter geral, em que não intervém nenhuma consideração relativa à categoria ou ao nível de remuneração dos contemplados e em cujo preço ínfimo (cerca de 5% do salário) se incluem, livres de qualquer pagamento extra, os serviços de água, luz, gás, calefação, telefone etc.

A proporção crescente – e fortemente crescente, o que é sobretudo importante notar – desses bens e serviços distribuídos gratuitamente e sem consideração ao trabalho com que os beneficiados contribuem ou contribuíram para o produto social constitui em germe uma forma comunista de distribuição da riqueza produzida. Isto é, distribuição segundo as necessidades dos indivíduos, não segundo o seu trabalho. Não vai nessa constatação nenhum propósito utópico de eliminar desde logo nem reduzir ou mesmo subestimar a remuneração direta e proporcional do trabalhador na medida do trabalho por ele fornecido. Essa remuneração continua constituindo o substrato essencial das relações econômicas do sistema vigente na União Soviética – como na generalidade dos países socialistas. E, longe de se cogitar em modificar o sentido dessa remuneração, pelo contrário, é o pagamento por tarefa, isto é, o salário medido diretamente pelo *quantum* de trabalho fornecido que hoje, como sempre foi, é preferentemente adotado sempre que isso é possível. A desigualdade que daí resulta no atendimento e satisfação das necessidades dos indivíduos é, nos países socialistas, não somente aceita, mas reconhecida como necessária e irremovível nas condições vigentes. As concepções igualitaristas continuam sendo, como sempre foram no passado, fortemente criticadas e combatidas na teoria e na prática do regime socialista e colocadas no rol das utopias pequeno-burguesas que não encontram lugar no marxismo.

Não é pelo caminho do igualitarismo, isto é, forçando indiscriminadamente para níveis idênticos os padrões de todos os indivíduos, que se marcha para a verdadeira igualdade, isto é, para o comunismo.

Esse caminho é outro e se encontra precisamente no aumento e na extensão dos bens e serviços postos gratuita e indiscriminadamente à disposição de um número sempre crescente de cidadãos. Respeita-se e se dá ênfase maior à distribuição do produto social segundo o trabalho. Procura-se mesmo aperfeiçoar cada vez mais esse tipo de distribuição – e esse constitui um assunto de que a teoria e a pesquisa econômicas se ocupam na União Soviética com a maior atenção. Mas esse aperfeiçoamento na aplicação do princípio socialista da distribuição segundo o trabalho se faz em paralelo com o aumento da participação no produto social independentemente do montante e da qualificação do trabalho efetuado. Não se exclui assim, antes pelo contrário, o fato de que se trata agora e para o futuro de reforçar e ampliar cada vez mais o que vem a ser o fornecimento gracioso e indiscriminado de bens e serviços, a começar pelos essenciais. No desenvolvimento gradual de uma política econômica dessas, pode-se projetar uma situação futura dentro do previsível e sem nenhum laivo de utopia ou exagero, em que as necessidades essenciais e fundamentais de toda a população sejam atendidas por aquela forma. A realização disso, e o seu prazo, dependerão apenas do crescimento das forças produtivas e de sua progressiva orientação para aquela finalidade. E, atendidas assim as necessidades essenciais do indivíduo, a remuneração específica e proporcional ao trabalho por ele fornecido, remuneração essa expressa no salário que percebe, constituiria um complemento destinado à satisfação de suas exigências suplementares.

É já considerando essa perspectiva futura que o novo programa do PCUS, aprovado pelo 22º Congresso (outubro de 1961), prevê que, dentro dos próximos vinte anos, todos os cidadãos soviéticos terão direito a moradia, serviços públicos (inclusive transportes) e alimentação gratuitos. Essa previsão tem por base, a par do considerável e já projetado progresso e incremento das forças produtivas do país, o estímulo e o desenvolvimento da orientação política assinalada, consistente na ampliação gradual, agora em ritmo acelerado, da parcela do produto social gratuitamente distribuído. O que representa um largo passo, como logo se vê, no sentido da realização da norma comunista "a todos segundo suas necessidades". Naquilo que diz respeito ao essencial e indispensável à conservação do indivíduo, a seu conforto material e aperfeiçoamento cultural, todos os cidadãos soviéticos se encontrarão plenamente assegurados e satisfeitos, sejam quais forem sua condição e sua capacidade de trabalho.

Declinará com isso o seu estímulo para o trabalho? Não é de temer, pois a experiência passada tem demonstrado que a progressiva extensão dos benefícios outorgados aos trabalhadores, longe de provocar uma redução do seu esforço, tem, pelo contrário, ampliado a disposição deles para o trabalho e sua capacidade produtiva. O declínio da importância relativa do estímulo direto para o trabalho, representado pela remuneração salarial, foi amplamente e com vantagem suprido por novos incentivos. Em particular pela considerável valorização do esforço produtivo e do trabalho em geral, que se situam no mais alto plano da ética socialista. Nada há o que se compare a eles no sentido de elevar, destacar e distinguir socialmente os indivíduos. "Herói do trabalho", título conferido àqueles que mais se destacam em suas atividades profissionais, constitui a mais honrosa qualificação a que pode aspirar um cidadão soviético. As grandes vantagens e os privilégios concedidos aos trabalhadores acabaram por nobilitar a tal ponto o trabalho que aquelas próprias vantagens vão como passando a um segundo plano, tornando-se o trabalho um valor em si e independente do interesse material a ele ligado. Nessas condições, faz-se até difícil, muitas vezes, saber se o esforço que um trabalhador excepcional fornece é pelas vantagens imediatas que aufere sob forma de gratificações e suplementações extraordinárias ou se pelas distinções de ordem moral que lhe são atribuídas, pelo prestígio social que daí lhe advém. É isso o que explica as numerosas instâncias de trabalho voluntário e de participação graciosa e espontânea em atividades de interesse coletivo que se observam em proporção crescente nos países do socialismo. É um tal espírito que domina nesses países, e nessa extrema valorização social e ética do trabalho se encontram os estímulos morais que duplicam hoje, e poderão substituir inteiramente amanhã, o simples incentivo do ganho material imediato atribuído ao trabalhador.

É sem dúvida nesse sentido que se desenvolvem a revolução e a transformação socialista. A saber, no da integração do indivíduo numa nova ética, que faz do esforço físico e intelectual com que ele contribui para a realização das atividades necessárias e úteis à sociedade uma função natural e espontânea a que ninguém normalmente pensará ou almejará sequer se furtar. O trabalho assim entendido já não será mais nem ao menos "trabalho", com o sentido e as conotações geralmente ligadas à expressão, e se terá feito em maneira normal de ser e agir de todo mundo. Algo que faz parte do comportamento usual e rotineiro dos indivíduos, como se vestir de determinada maneira, tomar suas refeições e repousar em horas predeterminadas, distrair-se em outras, e assim por diante. Essa evolução e transformação do conceito do trabalho, em andamento nos países socialistas e que na União Soviética já se encontra em avançado estágio, tende à realização desta outra parte da norma comunista "de todos segundo suas possibilidades".

Em suma, encontra-se no interior da Revolução Socialista em progresso a germinação de novas formas econômicas e sociais de cuja gradual maturação e progressiva eclosão estão resultando, e resultarão cada vez mais, as premissas do futuro sistema econômico do comunismo. Sistema esse em que o produto social, para o qual todos terão contribuído com o melhor de seus esforços, se distribuirá entre todos de acordo com as necessidades respectivas e tão variadas de cada um.

––––––

As mesmas perspectivas de evolução para o comunismo se apresentam no plano político. A característica política essencial das sociedades modernas – tanto quanto daquelas que as precederam na evolução histórica da humanidade e que foram posteriores às sociedades comunitárias primitivas – é a presença nelas desse órgão coactor que é o Estado investido de autoridade incontrastável e que emprega essa autoridade para manter determinada ordem social e econômica expressa no direito constituído, compelindo os indivíduos a respeitá-la. Essa é a natureza e a essência do Estado, comum tanto ao Estado socialista como ao burguês. A diferença entre os dois está em que, neste último, a ordem econômica vigente é o capitalismo, fundado na propriedade privada dos meios de produção, donde deriva uma estrutura social diferenciada em classes, que são fundamentalmente a *burguesia* detentora do capital e, portanto, proprietária dos meios de produção e, doutro lado, o *proletariado*, que vende àquela burguesia a força de trabalho necessária ao manejo, ao funcionamento e à utilização dos meios produtivos. A função essencial do Estado burguês consiste, assim, em assegurar essa disposição e hierarquia de classes, isto é, garantir e fazer respeitar as relações jurídicas que estruturam e compõem uma sociedade organizada dessa forma.

A ordem econômica e social do socialismo, pelo contrário, consiste essencialmente na apropriação social dos meios de produção, isto é, na apropriação pelos próprios trabalhadores, o que, portanto, implica a abolição da diferença de classes. Com esse desaparecimento das classes e consequente nivelamento social de todos os indivíduos, torna-se dispensável a presença de uma autoridade coactora incontrastável como o Estado, cuja razão de ser se encontra precisamente na necessidade de assegurar uma ordem jurídica que implica o domínio de uma categoria de indivíduos sobre outra, de uma sobre outra classe.

O Estado socialista representa, assim, um órgão transitório, incumbido da realização do socialismo, isto é, da abolição das diferenças de classe, mas que tende ao desaparecimento com o cumprimento de sua tarefa. Em que consiste concretamente, todavia, esse "desaparecimento" do Estado? Em primeiro lugar, no gradual desaparecimento e dissolução, no seio da sociedade, daquela categoria especial de pessoas sempre ocupadas com a administração pública e que constituem o corpo do Estado. Em outras palavras, o desaparecimento do Estado tem a forma de uma progressiva eliminação do aparelho estatal – o corpo e a hierarquia de funcionários públicos – e a transferência das funções exercidas por esse aparelho para a própria sociedade, isto é, para organizações populares – associações, ligas etc. –, bem como para o conjunto da população. Além disso, e talvez mais importante ainda, o desaparecimento do Estado implica e se caracteriza pela progressiva supressão da coação, isto é, da ação e do exercício da força compulsória da autoridade sobre os membros da sociedade, como forma de direção e administração públicas.

Ambos os processos se encontram presentes no desenvolvimento do socialismo, embora ainda em fase rudimentar, e seus primeiros sintomas marcantes podem ser observados nas instituições soviéticas. Esse fato se constatou e registrou já no curso do 21º Congresso do PCUS (janeiro de 1959). E, na base dessa verificação, a política soviética se vem orientando, já agora deliberada e decisivamente, no sentido de estimular e promover aqueles processos de transformação. Isso é sensível, em primeiro lugar, na progressiva substituição, nos métodos administrativos e de direção política, da coação pela persuasão. O Estado soviético, como qualquer Estado, emprega a coação. Mas, com o desaparecimento das classes e o nivelamento social de todos os cidadãos – igualados na sua qualidade geral e uniforme de trabalhadores, o que já data na União Soviética dos últimos anos que precederam a [Primeira] Guerra Mundial, bem como por efeito da consciência e do espírito público de que são portadoras as novas gerações educadas e formadas já na vigência do socialismo –, os métodos compulsórios de direção política e administrativa vão cada vez mais cedendo lugar a processos persuasivos, à persuasão como meio de obter a aceitação e o respeito das determinações legais. Existe hoje, no seio da generalidade dos cidadãos soviéticos, uma alta compreensão da grande obra de transformação econômica e social em vias de realização no país e da responsabilidade que incumbe a cada um nessa obra. Já não subsistem mais dúvidas a respeito da marcha vitoriosa do socialismo e do que isso representa e representará cada vez mais para o país e sua população em bem-estar material e moral. Nessa consciência da realidade econômica e social vigente se inclui um conhecimento teórico largamente difundido e já bem amadurecido acerca dos diferentes aspectos da política e da administração pública, bem como da maneira de abordar as questões de ordem geral e de realizar as tarefas práticas que se vão apresentando. Em tais circunstâncias, amplia-se cada vez mais a possibilidade de conduzir o país e levá-lo a aceitar as diretivas e as normas propostas pela direção dos negócios públicos por vias suasórias que dispensam o recurso à compulsão.

É nesse sentido que se vêm encaminhando a política e a administração pública na União Soviética. Haja vista, para comprová-lo, entre outros, o papel proeminente que é reservado aos órgãos destinados a dar publicidade e levar ao país todo as determinações da administração e a maneira como isso é realizado. Considerem-se, por exemplo, a participação do partido comunista nessa tarefa de propaganda e o cuidado com que se preparam os quadros partidários incumbidos dessa propaganda que objetiva explicar e difundir amplamente pelo país os fundamentos e motivações de todas as medidas projetadas e adotadas pelos poderes dirigentes. Para ilustrar a prática de tais métodos administrativos e o espírito que os anima, transcrevo a seguir alguns trechos de recentes instruções do Comitê Central do PCUS relativas à preparação e ao modo de agir dos propagandistas do partido[1].

> Devem os propagandistas educar as massas no espírito do comunismo e organizá-las para o cumprimento das tarefas econômicas e políticas, [...] ligar organicamente a teoria com as tarefas práticas da população trabalhadora em seus esforços para realizar o programa da construção comunista, fazendo para isso uso da poderosa e dinâmica força da teoria marxista-leninista, a fim de intensificar o trabalho de educação ideológica e transformá-lo num fator ainda mais ativo no desenvolvimento da economia nacional e da educação do povo soviético no espírito da moralidade comunista [...]. Um lugar proeminente na formação de propagandistas deve ser ocupado pelo estudo rigoroso das questões fundamentais da teoria, da política e da história do partido, bem como dos problemas correntes, a fim de que cada propagandista tenha conhecimento adequado daquelas questões, seja capaz de oferecer respostas exaustivas a propósito de tudo que diga respeito ao povo trabalhador e possa defender suas convicções com dignidade e segurança [...], aperfeiçoando-se nele a habilidade de fornecer explicações de maneira viva, lúcida e honesta [...].

Entre outros muitos documentos e fatos semelhantes, um texto como esse ilustra a maneira pela qual a administração soviética procura exercitar suas funções. Muito ao contrário do que frequentemente se julga fora das fronteiras do socialismo, na base de informações da propaganda antissocialista, amplia-se cada vez mais o papel de processos educativos e suasórios no encaminhamento das determinações políticas e administrativas, reduzindo-se, com isso, a compulsão e a imposição de medidas autoritárias. É aliás graças a isso, como logo veremos, que se torna possível

---

[1] Essas instruções se acham publicadas em *Partinaia Zhizn*, n. 10, maio de 1961.

O mundo do socialismo   259

mobilizar em escala crescente grandes massas de cidadãos estranhos aos órgãos estatais que voluntariamente e sem retribuição alguma participam não somente da supervisão e fiscalização do cumprimento das leis e normas administrativas, mas se incumbem de assegurar a ordem pública, prevenindo e reprimindo as atividades e práticas nocivas à coletividade. Efetiva-se, por esse modo, o outro processo que assinalamos e que constitui sintoma pronunciado do desaparecimento do Estado. Isto é, assumindo a própria sociedade as funções estatais pela mobilização dos cidadãos e suas organizações para o exercício das atividades públicas.

Vejamos as formas principais que esse processo assume. Estão, no caso, em primeiro lugar, os sovietes. Os sovietes ("conselhos" em russo) constituem, como se sabe, as assembleias de representantes populares eleitos que, nos diferentes escalões, desde os sovietes locais (distritais e municipais) até o Soviete Supremo, que corresponde ao parlamento dos regimes burgueses, formam o poder legiferante. A esse título, os sovietes são órgãos estatais no exercício da autoridade pública. Mas, a par disso, os sovietes também constituem organizações de massa em contato estreito com a população, em torno das quais se pode cristalizar e efetivamente se cristaliza, em proporções cada vez maiores, o exercício de atividades públicas pela massa dos cidadãos. Isso se realiza de diferentes maneiras que constituem outras tantas formas novas que os sovietes vão assumindo.

Efetua-se o entrosamento mais estreito entre os sovietes e a massa popular pela crescente descentralização dos poderes atribuídos àqueles órgãos, isto é, pela transferência progressiva de funções e atribuição de poderes mais amplos aos sovietes locais que pela sua própria natureza se acham mais próximos e em ligação mais direta e estreita com a população. Essa transferência inclui incumbências antes delegadas a funcionários e empregados do aparelho estatal. Acentua-se, assim, a natureza democrática da organização soviética, aproximando-a do povo, o que se traduz em crescente participação popular direta nas atividades dos sovietes.

Essa participação se faz de diferentes maneiras. Assim, as comissões permanentes dos sovietes locais se reúnem com frequência nas próprias empresas e instituições, o que permite a trabalhadores e empregados dessas organizações tomar parte no debate dos assuntos postos na ordem do dia.

As próprias sessões ordinárias dos sovietes começam a ser franqueadas ao público, permitindo-se-lhe intervir nas discussões. Entre outros, citaremos o caso do Soviete de Moscou (que seria para nós como a câmara municipal da cidade), onde uma média de quinhentos cidadãos vêm participando de cada uma das sessões realizadas: Esses participantes usam da palavra, apresentam propostas e comentam os assuntos em discussão.

O entrosamento dos trabalhos dos sovietes com o público se estende ainda mais pela cooperação organizada deste último na fiscalização e no funcionamento das empresas e instituições em geral sob jurisdição dos sovietes locais. Destacam-se nessa tarefa os sindicatos, que, em Moscou, entre outros, vêm ativamente cooperando na inspeção dos padrões de produtividade das empresas industriais. Essa fiscalização e inspeção por conta dos sovietes locais e em colaboração com eles, de organizações sob jurisdição desses sovietes, estende-se ao comércio (lojas, armazéns etc.) e a organizações de abastecimento alimentar (restaurantes, cafés etc.), bem como a hospitais e policlínicas. Vêm colaborando nessas atividades, desde 1959, mais de 350 mil operários, empregados e estudantes. Além disso, o Soviete de Moscou trabalha em íntima colaboração com diferentes associações populares, como, em particular, as organizações da Liga da Juventude Comunista, a Sociedade para Cooperação com as Forças Armadas, a Sociedade Geral de Ciência e Técnica, a Sociedade para Promoção de Culturas Verdes (arborização, parques, jardinagem).

Por meio desse entrosamento cada vez maior dos sovietes com o público e a massa dos cidadãos e da participação crescente destes últimos nas atividades daqueles órgãos estatais, tais órgãos se democratizam sempre mais no sentido de se unirem progressivamente e tenderem mesmo a se confundir com a população. Entre os sovietes locais e a massa dos cidadãos vão desaparecendo quaisquer separações; eles perdem sua caracterização de órgãos propriamente estatais e de organizações à parte e destacadas do povo, constituindo um sistema e aparelho diferenciado, que é o Estado, para se dissolverem no próprio seio da coletividade. É nesse sentido que se pode traçar o desenvolvimento futuro da organização soviética.

Simultânea e paralelamente a isso, as organizações populares ganham importância, adquirem e assumem funções estatais e substituem, em alguns terrenos, o próprio Estado. A instância mais destacada de uma tal transferência de funções do Estado para organizações e associações populares se encontra na Liga de Associações Esportivas, que em fins de 1958 assumiu a gestão e a direção suprema de todas as atividades relacionadas com os esportes, sem que o Estado propriamente tenha mais qualquer interferência no assunto. Outro caso semelhante ocorreu com os cursos de instrução política, de grande relevo e importância na União Soviética e de cuja administração e direção se incumbiu recentemente a Sociedade para Difusão da Cultura Política e Científica. Encontra-se no mesmo caso a transferência dos serviços de mecanização agrícola, antes a cargo das Estações de Máquinas e Tratores, sob jurisdição e administração estatais, para as cooperativas camponesas.

Além desses casos de alienação total do Estado, encontram-se outras funções públicas em que o papel do Estado recua, e as organizações populares ganham terreno. É o que vem ocorrendo com a administração de residências coletivas (prédios de apartamentos), que se ocupa da distribuição e atribuição de moradias e da manutenção dos prédios. Essa administração se encontra hoje, em regra, confiada a comissões populares sobre as quais o Estado exerce unicamente uma supervisão geral. Em Moscou, por exemplo, participam das diferentes comissões incumbidas dos serviços atinentes às residências coletivas mais de 27 mil cidadãos voluntários escolhidos pelo voto dos moradores.

Organização da mesma natureza se encontra em outros setores, como ensino e educação, cuja administração se acha confiada, em Moscou, a comissões de pais que congregam acima de 10 mil membros. Na mesma cidade, 30 mil cidadãos voluntários se encontram inscritos em organizações que se ocupam da saúde pública (condições sanitárias da população, funcionamento dos hospitais e policlínicas). Participação semelhante de organizações populares se observa em muitos outros serviços públicos, como nos de difusão cultural e recreação popular: bibliotecas, cinema, teatro etc.

Onde, contudo, essa participação e colaboração do público em funções estatais é mais característica e ilustrativa do rumo que estão tomando as instituições públicas da União Soviética e das perspectivas que nelas se observam, do gradual desaparecimento do Estado, é no caso da defesa e proteção da ordem pública. Desde longa data, certas organizações, como em particular a Liga da Juventude Comunista, vinham dando nesse terreno assistência e cooperação espontâneas aos poderes públicos. Aproveitando essa experiência, que dera magníficos resultados, foi legalmente instituído e regularmente organizado, em março de 1959, um sistema de policiamento confiado aos cidadãos que se dispusessem a emprestar sua colaboração voluntária. Consiste esse sistema em destacamentos sob direção de comandos distritais, que se constituem de representantes do Partido Comunista, dos sovietes e das organizações da Liga da Juventude Comunista. O recrutamento para esses destacamentos se faz entre operários, empregados, camponeses membros das cooperativas agrícolas, estudantes, pensionistas (aposentados), na base da aprovação dos nomes dos candidatos e da indicação deles pelo "coletivo", ou seja, o conjunto dos empregados das empresas e organizações onde o candidato trabalha, ou dos estudantes seus colegas, quando é esse o caso. Cabe essencialmente a essa milícia voluntária a salvaguarda da ordem pelo policiamento das vias públicas e sobretudo trabalhar no sentido do esclarecimento e da educação do público em geral e da explanação para ele das leis e das normas da boa convivência social.

A importância e extensão assumidas por essa polícia popular desde sua formação são consideráveis. Cerca de 1,5 milhão de cidadãos a integram somente na República Russa (a principal das repúblicas que, como se sabe, constituem a União Soviética). E a contribuição que traz para a preservação da ordem pública e educação popular é notável. É nessa última função educativa que o papel da organização é mais interessante e realmente insubstituível. O principal método empregado pelos voluntários em sua atividade é realizar patrulhas noturnas em áreas estratégicas, deter os desordeiros e procurar doutriná-los. Comunicam em seguida o ocorrido ao "coletivo" das empresas ou outras instituições onde o inculpado trabalha. Visitam esses locais de trabalho e se reúnem com os colegas dele a fim de, em conjunto, discutirem o assunto e assentarem alguma providência recomendável. Quando se trata de desocupados ou sem profissão, a milícia popular procura empregá-los e regularizar sua vida.

A par disso, ocupa-se a polícia popular da reeducação de delinquentes que cumpriram sua pena. Mantém sobre eles estreita vigilância e se esforça por reconduzi-los ao bom caminho. Outra de suas tarefas é o combate ao alcoolismo. Incumbe-se de reconduzir ao domicílio quem é encontrado na via pública em estado de embriaguez e procura por meios suasórios impedir que, em bares, restaurantes e outros locais públicos, os frequentadores se excedam em libações alcoólicas. Quando se trata de bêbados contumazes, procura-se agir junto aos companheiros de trabalho e comitê de bairro da residência do viciado, de modo que sobre ele se exerça a pressão do seu meio social.

Em suma, a polícia voluntária coopera ativamente na luta contra os desajustamentos sociais e traz grande contribuição para a prevenção da criminalidade, atuando como atua nas suas origens principais: a indisciplina, a vida desregrada, o vício, a desocupação. É essa a sua finalidade essencial, e seu papel é aí não somente considerável, mas já hoje insubstituível.

Não fica nisso a participação do público no desempenho de funções de natureza essencialmente estatal. Mais característica ainda é sua participação na própria repressão direta dos delitos. Isto é, em função nitidamente judiciária. E o mais interessante é que se trata de forma nova de repressão, em que a sanção usual do castigo e da pena dá lugar à persuasão e aos métodos educativos. Inclui-se, com isso, a repressão do crime e da desobediência à lei no sistema geral característico das diretrizes do socialismo, de utilizar pressões sociais e a influência da opinião coletiva na determinação e na orientação do comportamento dos indivíduos.

Trata-se dos *tribunais de camaradas*, instituídos em 1959 na base das resoluções e diretivas do 21º Congresso do Partido Comunista, de janeiro daquele ano. Nada melhor para se compreenderem os motivos que inspiraram o estabelecimento dos tribunais de camaradas e o papel que lhes é atribuído que transcrever em resumo os tópicos essenciais da justificação que acompanha a lei que criou esses tribunais e do próprio texto legal.

No período de compreensiva construção da sociedade comunista – reza a lei – o caminho principal para o aperfeiçoamento do sistema estatal socialista toma a forma de um geral desenvolvimento da democracia e da mobilização dos cidadãos para a tarefa de gerirem eles próprios e diretamente a construção econômica e da cultura e de se ocuparem com os negócios do Estado em geral. Muitas funções exercidas presentemente pelo Estado devem ser gradualmente assumidas, ou estão sendo assumidas, por organizações populares. Essas organizações estão sendo chamadas a exercer um papel crescente na salvaguarda da ordem pública e dos direitos dos cidadãos, bem como na prevenção e repressão de atos antissociais e de crimes. Uma luta decisiva deve ser travada contra os violadores das leis soviéticas e das normas da sociedade socialista. No entanto, medidas disciplinares e sanções penais não devem ser aplicadas em qualquer caso. Muitas vezes é possível corrigir os delinquentes através da influência coletiva [...].

Os sindicatos, a Liga da Juventude Comunista e outras organizações – prossegue a justificação – vêm acumulando uma grande experiência no seu trabalho de educação da população trabalhadora, mas até agora a força imensa da influência pública não foi suficientemente utilizada para a correção dos violadores das leis soviéticas e das normas da sociedade socialista. A luta pela rigorosa observância dessas leis e normas é uma importante tarefa não só dos órgãos estatais, mas também das organizações populares e dos coletivos de trabalhadores. A participação de amplos setores do público nesse grande esforço ajudará a erradicação do crime e a criação de um clima de intolerância com relação ao crime e a outras violações da lei.

Na base dessas considerações, determina a lei que se instituam "tribunais de camaradas", que são "órgãos públicos eletivos incumbidos de inculcar nos cidadãos o espírito e a atitude comunistas com relação ao trabalho e à propriedade socialista; a observância das normas da sociedade socialista e o respeito pela dignidade e a honra dos cidadãos". Os tribunais de camaradas, cujo papel é essencialmente educativo, usando sobretudo para este fim, de doutrinação e esclarecimento, da persuasão e da pressão da opinião pública, organizam-se nas empresas, instituições de toda natureza, escolas superiores e secundárias especializadas, fazendas do Estado, cooperativas agrícolas e de "produtores" (produção artesanal), administrações prediais e comitês de bairro. Os membros dos tribunais são escolhidos por eleição em assembleia geral dos trabalhadores, empregados ou estudantes das respectivas empresas, instituições ou escolas. Suas funções não são remuneradas, e as reuniões do tribunal se realizam sempre fora das horas de trabalho.

O mundo do socialismo 265

É da competência dos tribunais de camaradas processar e julgar questões que envolvam, entre outros: violação da disciplina do trabalho, como faltas injustificadas, atrasos, desatenção e desleixo no trabalho etc.; abstenção de trabalho socialmente útil; descuido dos deveres de educação de filhos e tutelados, bem como falta de auxílio a pais e ascendentes idosos; ofensas e insultos a companheiros de trabalho; produção doméstica de bebidas alcoólicas para consumo próprio; violação dos regulamentos de habitações coletivas; litígios relativos à propriedade pessoal até quinhentos rublos e até mil se ambos os litigantes concordarem em submeter a questão ao tribunal[2]; pequenos danos à propriedade pública ou pessoal... e assim outros pequenos delitos e violações da lei.

Podem os tribunais de camaradas impor as seguintes penas: obrigar o ofensor a se desculpar publicamente em frente ao ofendido; censurar ou impor uma reprimenda pública; impor multa até cem rublos; sugerir à direção da empresa, instituição ou outra organização qualquer a que o réu pertença a sua punição por transferência provisória, até três meses, para função inferior; e, em casos mais graves, propor a demissão. Pode ainda o tribunal condenar a reparações e indenização até quinhentos rublos por danos causados em consequência de atos ilícitos.

Semelhantes aos tribunais de camaradas são as *comissões para assuntos que envolvam menores*, criadas legalmente em outubro de 1959 e que também se compõem de membros recrutados nos sindicatos, na Liga da Juventude Comunista e em outras organizações, bem como entre empregados em serviços públicos de educação, de saúde e nas instituições de assistência social. Essas comissões têm poderes e exercem funções mais ou menos semelhantes às atribuídas entre nós aos juizados de menores.

Essa descrição muito sumária e muito geral das organizações extraestatais que exercem na União Soviética função judiciária tem por finalidade única indicar a dupla tendência assinalada na evolução das instituições

---

[2] A propriedade pessoal no direito soviético é dos objetos de consumo próprio ou de dependentes. Os rublos referidos na lei são do valor anterior à reforma monetária que entrou em vigor em 1º de janeiro de 1961 e valiam cerca de 10 centavos do dólar estadunidense. O rublo atual vale 10 rublos antigos.

soviéticas. De um lado, a crescente participação popular, isto é, de simples cidadãos sem categoria especial, que não fazem parte do aparelho estatal, no exercício de funções públicas essencialmente estatais, como é em particular o caso das funções judiciárias. Observa-se nesse fato um sintoma pelo menos da abdicação pelo Estado de suas atribuições em favor da própria coletividade e da massa dos cidadãos.

De outro lado, essa transferência de funções é acompanhada, e se faz mesmo essencialmente nessa base e para este fim, da substituição dos procedimentos ordinários do Estado no exercício de suas atribuições, que são a compulsão e a coação com o emprego da autoridade incontrastável de que o Estado se acha revestido, por métodos suasórios que se apoiam sobretudo na pressão da opinião pública e do meio social. Trata-se, em suma, de substituir, no ordenamento e no disciplinamento da vida coletiva, a determinação e a imposição autoritária do Estado pelo condicionamento social especificamente estimulado e orientado para a obtenção, da parte dos membros da coletividade, de um comportamento adequado aos fins e interesses sociais que se têm em vista.

Em certos casos, como no dos tribunais de camaradas, ainda é cedo para conclusões definitivas sobre os eventuais resultados que poderão ser alcançados. Não disponho, aliás, de maiores informações a respeito. Mas tanto esses tribunais como as demais instâncias referidas de transferência de atribuições do Estado para organizações populares autônomas indicam pelo menos uma tendência ainda em começo, mas já bem marcada, das instituições soviéticas no sentido do estabelecimento de formas de autogestão e administração própria da sociedade por si mesma. Isto é, direção, administração e governo diretos pelo próprio corpo dos cidadãos, sem interferência e tutela de um organismo diferenciado no seio da coletividade, como é o caso do Estado. Autogestão e administração que se verificam e manifestam em dois aspectos, que são, de um lado, o fato de a força dirigente e propulsora se constituir da própria coletividade e ser por ela diretamente exercida e, de outro, os métodos empregados, que são a pressão direta do meio social em substituição à tradicional compulsão exterior imposta autoritariamente. Numa tendência dessas se abriga, evidentemente, a eventualidade do desaparecimento do Estado com as características que o identificam como tal.

Isso traz uma resposta concreta e positiva, em contraste com anteriores especulações puramente teóricas em torno do assunto, à questão do desenvolvimento futuro do socialismo e ao problema do perecimento do Estado proposto já pelos fundadores do marxismo. Pode-se aí observar e verificar em que consiste o definhamento do Estado socialista que Marx e Engels, como em seguida seus continuadores – Lênin, em particular – previram. Não se trata de abolir o Estado por uma ação predeterminada e decisiva. É no próprio desenvolvimento das instituições socialistas, e por força de sua natural e espontânea dinâmica, que será verificado o gradual e progressivo desaparecimento do aparelho estatal, que vai perdendo sua razão de ser. Na sociedade soviética, onde o socialismo já alcançou um estágio avançado de desenvolvimento, percebem-se nitidamente os primeiros sintomas da transformação. Sintomas apenas, é certo, mas que tudo mostra serem precursores das profundas modificações que estão por vir. Isso é tanto mais de prever que a transformação institucional da sociedade soviética se realiza paralelamente às transformações econômicas e sociais que assinalamos anteriormente e é por elas condicionada e estimulada. Na medida em que os homens se nivelam socialmente e não mais se separam em classes e categorias de indivíduos que ocupam, na estrutura econômica e na hierarquia social, posições distintas e contrastantes que opõem os membros da coletividade uns aos outros e os levam a dissentirem e lutarem entre si; na medida em que se eliminam as circunstâncias e contingências sociais e tecnológicas que limitam as oportunidades oferecidas a todos os membros da sociedade de satisfazerem todas as suas necessidades e aspirações, sem restrições nem distinções; na medida em que isso se dá, dissipam-se as razões principais provocadoras da desarmonia e do desentendimento entre os homens. Eles poderão, por isso, dispensar a força e a coação organizadas para manterem uma ordem social e econômica que já não sofre oposição de ninguém. O Estado terá perdido sua razão de ser e progressivamente definhará, porque a coletividade saberá governar-se por si própria.

É nessa marcha, a marcha para o comunismo, que se acha engajado o mundo socialista.

6
CONCLUSÃO

Que conclusão vamos dar a essas sumárias considerações feitas a propósito de alguns poucos, se bem que principais aspectos do mundo socialista? Não sei se atingi meu objetivo, que foi, como esclareci de início, tão somente dar uma ideia geral daquilo que se está realizando nos países do socialismo no sentido de construir uma nova ordem social e novas formas de convivência humana e em que consistem essa ordem e essas novas formas. O essencial, a meu ver, é considerar o mundo socialista não como algo a ser julgado, e sim como experiência a se aproveitar. Experiência que abre perspectivas para a solução das questões pendentes que se propõem em nosso mundo capitalista. A nova ordem que lá se constrói, longe do que a propaganda antissocialista em regra insinua e frequentemente mesmo afirma sem rebuços, a saber, que se trata de nada mais que imposição brutal e violenta – "ditatorial", no sentido ordinário – de um artificial sistema político, econômico e social produto de ambições de mando, de poder político, da prepotência de um punhado de fanáticos que seriam os comunistas, longe disso, a sociedade e as novas formas de vida coletiva estruturadas ou em vias de estruturação nos países socialistas são o resultado de forças históricas profundas, de que os dirigentes daqueles países, e em particular os seus respectivos partidos comunistas, não são mais que agentes e instrumentos. O socialismo constitui uma ordem social que decorre natural e espontaneamente do capitalismo, onde tem seus germes e se elaboram as forças que o determinam. Em outras palavras, o socialismo é a resposta dos fatos e a solução que a história dá aos problemas e contradições gerados no próprio seio do capitalismo. É, de certo modo, uma derradeira e conclusiva fase do capitalismo, em que este vai dar quando se esgotam suas possibilidades de adequadamente solucionar as contradições verificadas em seu interior; quando ele se mostra incapaz de superar dificuldades e problemas que suscita a sua própria dinâmica e evolução e, então, se desagrega e transforma. Desagregação e transformação essas que vão dar no socialismo.

É somente numa perspectiva dessas que se pode compreender o socialismo e o regime estabelecido nos países socialistas. E tirar partido da experiência que nos proporcionam. Foi graças, aliás, a essa natureza do socialismo, a saber, ao fato de ele constituir essencialmente a superação das contradições presentes no capitalismo, que se tornou possível prevê-lo em seus traços principais e fundamentais quase um século antes de sua realização, como efetivamente ocorreu com Marx e Engels. Foi observando o jogo das contradições implícitas na dinâmica do capitalismo que os fundadores do marxismo lograram extrapolar o desenvolvimento futuro do sistema e seu desenlace final no socialismo. São essas próprias contradições que se encontram na base do funcionamento e da evolução do capitalismo; e são elas que o impelem para a consumação do sistema e para o socialismo que daí resulta quando não há mais como resolvê-las no próprio capitalismo. Tudo o que o capitalismo produziu, inclusive o que nele apontam seus apologistas e que vem a ser o largo progresso material que proporcionou, tanto no que respeita ao nível tecnológico atingido e aumento desmesurado da produtividade e produção como a elevação dos padrões médios de vida da população, tudo isso provém direta ou indiretamente do jogo das contradições imanentes na dinâmica do capitalismo e que a animam e impulsionam. Sem pretendermos entrar aqui em pormenores da história e teoria econômica do capitalismo, lembremos apenas como nela se conjugam e entrelaçam em relações de causa e efeito que se faz causa fatores como a concorrência entre produtores, que deprime os preços e corta os lucros, impondo em consequência a redução dos custos e o aumento da produtividade, o que leva ao aperfeiçoamento tecnológico que, por seu turno, provoca a concentração da produção ao mesmo tempo que abre perspectivas para a luta do proletariado por aumento de salários e uma participação maior no acréscimo da produtividade. Aumento esse de salários e, portanto, dos padrões de vida dos trabalhadores que eleva os custos, torna mais vantajosa a substituição da força humana de trabalho pela máquina, donde nova elevação do nível tecnológico e ativação da concorrência, paralelamente à concentração da produção e ao incentivo às combinações e acordos destinados a aparar as arestas mais contundentes da concorrência e preservar os lucros, o que leva ao monopólio. Processo esse que exige e impõe maciças e crescentes inversões de capital, cuja formação e acumulação implicam, em última instância, uma diminuição relativa do consumo final e retração do mercado, ao mesmo tempo que tendem a ampliar a produção e a oferta de produtos nesse mesmo mercado de consumo final. Donde, por conseguinte, o desequilíbrio entre produção e consumo, o que nos casos extremos degenera em crises de superprodução mais ou menos violentas.

É nesse encadeamento de contradições, aqui muito sumária e esquematicamente apresentado, que consiste a dinâmica do capitalismo, sua força motriz e propulsora que, ao mesmo tempo que promove seu desenvolvimento e progresso, o leva ao definitivo comprometimento. Isso sobretudo porque, em termos humanos, essas contradições econômicas que impulsionam o processo capitalista se exprimem em choques, conflitos e luta permanentes de capitalistas empresários da produção uns com os outros e deles com os trabalhadores. E logo mais, por repercussões mais ou menos diretas e indiretas, esses conflitos se estendem para outras classes, categorias e setores da população e vão alcançar as relações entre os povos e os países, seja de dominadores e dominados, seja dos dominadores entre si. E não se conservam unicamente no plano econômico, mas assumem formas diferentes, de natureza social, étnica, nacional, estimulando toda sorte de antagonismos, até mesmo os anacrônicos e já sem sentido e razão de ser, mas que a luta econômica subjacente no capitalismo a todas as relações humanas revigora e dá nova vida.

Na medida e enquanto conflitos e lutas se resolvem no âmbito do sistema, ou são mantidos dentro de certos limites, o capitalismo se sustenta e vai prolongando sua existência, embora através de crises econômicas que se fazem cada vez mais políticas e sociais, levando inclusive à guerra ou à ameaça permanente de guerra. Não é isso, aliás, que vemos em nossos dias?

Restringem-se com isso, progressivamente, as perspectivas do sistema e do regime social e político que o sustenta, cada vez menos capacitados para enfrentar e superar as contradições que interiormente os dilaceram. É esse precisamente o estado a que chegou o capitalismo. Ao mesmo tempo que alcança o apogeu do seu desenvolvimento e de suas forças produtivas, acumulam-se e acentuam-se as dificuldades geradas por esse mesmo desenvolvimento e para as quais as soluções se fazem cada vez mais difíceis. Onde particularmente se exibem a degenerescência do sistema e sua incapacidade, em confronto com fases passadas de sua evolução, de promover o progresso econômico, é na estagnação e mesmo na perda de substância que se observam em todo o mundo capitalista além dos restritos setores onde se localizam seus centros principais. Refiro-me, sobretudo, à periferia subdesenvolvida do mundo capitalista (Ásia, África, América Latina), onde a evolução do sistema é acompanhada pela crescente penetração de estruturas financeiras de âmbito internacional (de que monopólios e trustes imperialistas são o exemplo mais flagrante) que introduzem na economia dos países e povos subdesenvolvidos e no processo de sua industrialização graves fatores de perturbação, que seriamente comprometem o seu desenvolvimento e progresso, quando não os impedem por completo. O nosso país oferece a esse respeito o mais flagrante dos exemplos.

Note-se que essa situação deriva precisamente da natureza profunda do capitalismo na atual fase imperialista de sua evolução. E é por isso irremovível e insolúvel dentro dos quadros do sistema. Na raiz da incapacidade congênita do capitalismo de promover o desenvolvimento real e adequado dos países subdesenvolvidos, encontra-se a própria estrutura e dinâmica do sistema em sua forma atual. A saber, a considerável concentração, em escala internacional, de todas as atividades econômicas e a subordinação delas, direta ou indiretamente, a reduzidos grupos monopolistas que são, por natureza e necessidade orgânica, expansionistas

O mundo do socialismo   273

e absorventes, drenando em proveito próprio e exclusivista recursos e forças produtivas de todo âmbito do sistema.

É nisso que consiste e consistirá cada vez mais, enquanto perdurar, o capitalismo de nossos dias. Acha-se ele transformado em imenso sistema internacional que, controlado e dirigido de uns poucos centros localizados nos países de maior desenvolvimento industrial e financeiro (a começar pelos Estados Unidos, hoje proximamente acompanhados pela Alemanha, a que se seguem alguns outros países da Europa ocidental e o Japão), estende daí suas malhas e tentáculos para o resto do mundo capitalista, cobrindo-o de densa rede financeira. Naqueles centros e pontos de convergência de um tal sistema imperam, incontrastavelmente, os reduzidos grupos monopolistas que, através do mesmo sistema, mantêm estreitamente subordinados a seus interesses e jogo financeiro a vida econômica, e indiretamente, por consequência, o resto também, de todos os países e povos incluídos na esfera capitalista.

É isso o mundo capitalista moderno, e, embora uma organização econômica dessas pese mais e onere mais gravemente os débeis países e povos da periferia que somos, entre outros, nós brasileiros, ela não deixa de constituir pesado encargo também para os países onde se centraliza e para suas respectivas populações. A tremenda concentração de poder econômico nas mãos de reduzidos grupos financeiros torna esses grupos uma força que se emparelha à do Estado e um fator decisivo na conformação e no afeiçoamento das coletividades no seio das quais operam e que subjugam a seus mesquinhos interesses de homens de negócios, o que põe à mercê deles a própria segurança e subsistência de todo mundo. Não somos nós que o afirmamos, e sim um autor do gabarito (capitalista) de A. A. Berle Jr., velho conhecido de nós, brasileiros, como embaixador que foi, em 1945, dos Estados Unidos no Rio de Janeiro e novamente porta-voz dos interesses imperialistas estadunidenses junto ao governo brasileiro em 1961, certamente um dos grandes teóricos e graduado apóstolo do capitalismo moderno[1].

---

[1] Veja-se, entre outros, um dos mais recentes trabalhos de Adolf Augustus Berle Jr., *The 20th Century Capitalist Revolution* (Nova York, Harcourt Brace and Company, 1954) [ed. bras.: *A revolução capitalista do século XX*, [s.l.], Ipanema, 1954].

274   Caio Prado Júnior

É Berle Jr., que, além de teórico, é homem prático de negócios e participante ativo, como conselheiro e advogado, da vida interna dos grupos monopolistas norte-americanos, é Berle Jr. quem nos oferece aquele edificante quadro do moderno capitalismo monopolista dentro de seu próprio país e com ele se alarma. Mas para tal situação, que reputa prenhe das mais graves ameaças à segurança, aos direitos e à liberdade dos cidadãos, ele nada encontra de melhor como solução que uma vaga esperança posta em incerto futuro, quando esses homens que manejam o poder econômico e por meio dele dispõem direta ou indiretamente da vida de toda a coletividade se façam cônscios de suas responsabilidades decorrentes da posição eminente a que foram guindados e saibam pautar seus atos por normas éticas, em que se incluam a devida consideração dos interesses coletivos e o respeito da personalidade humana. E Berle Jr. não encontra melhor solução que essa "esperança", porque realmente não podia encontrá-la sem inapelavelmente condenar o capitalismo. Esperança, aliás, inteiramente vã, porque o condicionamento do homem de negócios é inteiramente noutro sentido e não pode deixar de sê-lo. O interesse financeiro do negócio que ele dirige é e tem de ser o seu norte, sob pena de o próprio negócio se esvaziar de sentido, e ele, portanto, deixar de ser o capitalista e homem de negócios que é.

Berle, contudo, ainda está muito longe da completa realidade dos fatos – não fosse ele o apologista do capitalismo que é. A organização monopolista do capitalismo de nossos dias faz do punhado de grandes financistas que a controlam e dirigem ao sabor de seus interesses de homens de negócios uma força incontrastável, que não somente se emparelha ao Estado (e é o Estado no Estado a que Berle se refere), mas já hoje inclui diretamente a autoridade e o poder financeiro estatais entre os instrumentos que utiliza no manejo e promoção de seus negócios. Para não citar senão uma só comprovação disso, lembrarei que é o governo que constitui hoje nos Estados Unidos, direta ou indiretamente, o maior cliente das grandes empresas trustificadas do país, que não se sustentariam sem esse benévolo comprador a lhes assegurar o ritmo de vendas.

Foi nisso que deu o capitalismo, e cada vez mais acentuadamente, atrelando o conjunto da vida coletiva de um país como os Estados Unidos a injunções, vicissitudes e sobretudo aos estreitos horizontes de interesses inspirados unicamente em objetivos comerciais e financeiros. Se é assim nesse modelo máximo do capitalismo que são os Estados Unidos, que perspectivas oferece um tal sistema e regime para a solução das graves questões que se propõem em nossos dias e que dizem tão de perto com a própria existência humana? A pergunta está no ar e, por essa ou aquela forma, mas convergindo afinal para os mesmos pontos que são a distribuição equitativa do bem-estar material e moral por todos os homens, ela se apresenta a todo mundo.

Muitos procuram a resposta idealizando reformas que não levam em conta as contingências do mundo em que elas se hão de realizar. Isto é, formulando objetivos sem indagar preliminarmente como e por que vias chegar a eles. Fazem como o arquiteto que, encerrado na imaginação, planeja a sua obra, mas esquecem que o arquiteto pode de, antemão, contar com os materiais e a força de trabalho necessários para a realização de seus planos. As coisas se passam diferentemente quando se trata de manejar fatos e forças sociais que dependem do comportamento de multidões e infinidades de indivíduos sobre os quais não se dispõe nem é possível dispor de ação direta. Aí não se podem idealizar construções ou reformas talhadas unicamente à feição das boas intenções do reformador. O ideal desejável nem sempre é realizável e, quando é, não será necessariamente pelos meios em princípio e teoricamente preferíveis. O homem pode, sem dúvida, com a ciência, orientar a sua história e se tornar, assim, senhor dela, mas para isso há de se conformar com as leis da história, que não dependem de sua vontade e capricho. Tal como o engenheiro que, para dispor dos fatos físicos e se fazer senhor deles, usará para isso das leis físicas que dele independem. E, da mesma forma que é na base da observação e da experiência aplicadas aos fatos físicos que se atina com as leis do mundo físico, assim também é pela observação e pela experiência históricas que se logra formular as leis da história e utilizá-las na prática para modelar o mundo social.

O socialismo representa historicamente, isto é, revela-se na experiência histórica de nossos dias como resposta às questões que se propõem no desenvolvimento do capitalismo e no estágio por ele alcançado em nossos dias. Que é assim, verifica-se no mundo do socialismo. A uma economia, qual a capitalista, fundada no estímulo do lucro individual, o socialismo substitui o incentivo do interesse coletivo. Aos desajustamentos da produção e do consumo entregues às vicissitudes da concorrência e da oscilação dos preços, que dão nas crises, o socialismo substitui o equilíbrio obtido com o planejamento. Às limitações e aos obstáculos que o capitalismo opõe ao pleno florescimento das forças produtivas e equitativa distribuição do produto social, o socialismo substitui o máximo de produção para o atendimento até o limite do possível de todas as necessidades de todos os indivíduos. Ao crescente e ameaçador poder econômico concentrado em mãos de indivíduos estimulados e orientados unicamente por interesses pessoais e ambições financeiras, o socialismo responde com a transferência desse poder para a coletividade em conjunto. O socialismo, sobretudo considerado, como deve ser, nas suas perspectivas voltadas para a sociedade comunista, é a resposta a todas as questões que a humanidade de hoje se propõe — o que não prejulga evidentemente as questões que porventura e certamente se proporão depois. Mas isso é outro assunto, que não passa, por enquanto, nem pode passar, do plano da profecia de que ninguém sensatamente se irá preocupar. Fiquemos naquilo que diz respeito ao mundo capitalista em que vivemos e que nele se propõe e demanda resposta. E essa resposta, encontramo-la sem dúvida alguma no mundo socialista e na larga experiência histórica, de que ainda somos alheios, dos países e dos povos incluídos nesse mundo.

Não se justifica, assim, qualquer atitude de prevenção e hostilidade de princípio contra o mundo do socialismo, de cuja tão rica experiência histórica nos devemos necessariamente valer. Não para servilmente a copiar, e sim para aproveitá-la convenientemente. Tanto mais que entre as grandes lições dessa experiência estão aquelas que nos permitirão evitar os escolhos em que esbarraram, como tinham de esbarrar, os pioneiros e a vanguarda do socialismo, obrigados como foram a desbravar um terreno ainda indevassado e virgem. Muitas das críticas que se fizeram e se fazem aos países socialistas são, sem dúvida, justas em princípio. O que não é justo, mas antes condenável e altamente prejudicial ao progresso da humanidade, são o espírito e a intenção em que geralmente essa crítica é vazada, pois não se destina a assinalar falhas e erros com o objetivo de os corrigir e evitar, e sim de condenar *a priori* e em bloco a experiência dos países socialistas, em especial o seu esforço de construir, com o socialismo, uma nova sociedade, livre das mazelas do sistema e do regime capitalista. Posição essa de crítica indiscriminada que, por força dos contrastes que são da natureza contingente dos homens, gera logo em resposta a posição contrária de apologia também indiscriminada. O que igualmente, ou quase, é também infecundo.

Isso tudo parece, entretanto, superado ou em vias de rápida superação. A hostilidade de princípio contra os países socialistas e a grande tarefa em que eles se acham engajados já não esconde mais, ou esconde cada vez menos, o seu conteúdo antissocialista e de mal disfarçada defesa do capitalismo. Desmoraliza-se, por isso, precipitadamente. De outro lado, a esplêndida vitória alcançada pelo socialismo na criação de um novo mundo – o que já hoje dificilmente se contestará – e a consolidação definitiva dessa vitória dispensam louvores indiscriminados. Já se pode falar do mundo socialista e analisar suas realizações sem ser para o fim de o "julgar", e sim com o objetivo – e é realmente isso que pode e deve interessar – de compreender a grande experiência que nele se promove e continua a se promover e tirar dela as grandes lições que oferece.

Foi nesse sentido que orientei minha viagem pelo mundo do socialismo e a coleta de observações e informações. E foi nele também que escrevi o presente relato. Penso que, se todos aqueles que julgam necessária a transformação do mundo em que vivemos e a instauração de novas formas de vida social e de convivência humana, libertas das mazelas do capitalismo, adotassem o critério de procurar no mundo do socialismo uma fonte de experiências a fim de as adaptar convenientemente aos lugares onde vivem e atuam, as questões hoje pendentes e que tão gravemente afetam a vida de quase toda a humanidade incluída no mundo capitalista encontrariam soluções muito mais fáceis, seguras e rápidas.

BIBLIOGRAFIA

BIBLIOGRAFIA CITADA NA APRESENTAÇÃO

AMADO, Jorge. *O mundo da paz:* União Soviética e democracias populares. 4. ed., Rio de Janeiro, Vitória, 1953 [1951].

AMARAL, Rubens do. *União Soviética:* inferno ou paraíso? São Paulo, Livraria Martins, 1953.

BAZARIAN, Jacob. *Mito e realidade sobre a União Soviética:* análise imparcial do regime soviético por um ex-membro do Partido Comunista. São Paulo, s.e., 1970.

BÉRAUD, Henri. *O que vi em Moscou.* Porto Alegre, Globo, 1931.

BETTANIN, Fabio. *A coletivização da terra na URSS:* Stálin e a revolução do alto (1929-1933). Rio de Janeiro, Civilização Brasileira, 1981.

BROUÉ, Pierre O partido bolchevique. São Paulo, Sundermann, 2014.

BRYANT, Louise. *Six Red Months in Russia.* Nova York, George H. Doran, 1918 [ed. bras.: *Seis meses na* Rússia *vermelha.* Trad. Alexandre Barbosa de Souza, São Paulo, LavraPalavra, 2022].

BUENO, Silveira. *Visões da Rússia e do mundo comunista.* São Paulo, Saraiva, 1961.

BUKHÁRIN, Nikolai. *Tratado de materialismo histórico.* [Trad. Caio Prado Júnior,] São Paulo, Caramurú, 1933 e 1934, 4 v.

CALLINICOS, Alex. *Trotskyism.* Minneapolis, University of Minnesota Press, 1990.

CAMPO, José. *Um brasileiro na União Soviética:* impressões de viagem. São Paulo, Livraria Martins, 1953.

CARONE, Edgard. *O marxismo no Brasil:* das origens a 1964. Rio de Janeiro, Dois Pontos, 1986.

_____. "Caio Prado Júnior", *Revista do Instituto de Estudos Brasileiros*, n. 32, 31 dez. 1991. Disponível em: https://www.revistas.usp.br/rieb/article/view/70442.

280 Caio Prado Júnior

CÉSAR, Osório. *Onde o proletariado dirige:* visão panorâmica da URSS. São Paulo, Brasileira, 1932.

CHAVES NETO, Elias. "Biografia do autor", em PRADO JÚNIOR, Caio. *O mundo do socialismo.* São Paulo, Brasiliense, 1962.

COHEN, Stephen. *Bukhárin:* uma biografia política. Rio de Janeiro, Paz e Terra, 1990.

CORCOS, Fernand. *Uma visita à Nova Rússia.* Rio de Janeiro, Americana, 1931.

CORREIA, Ana Lúcia Merege. "Octalles Marcondes Ferreira, o Big Boss". Disponível em: http://bndigital.bn.gov.br/artigos/historia-do-livro-octalles-marcondes-ferreira-o-big-boss/.

COTRIM, John R. *Um engenheiro brasileiro na* Rússia. Rio de Janeiro, s.e., 1962.

DEL VAYO, Álvarez. *A nova Rússia.* São Paulo, Pax, 1931.

DIÁRIO DA NOITE, "A Rússia de hoje". São Paulo, 15 set. 1933.

DJILAS, Milovan. *A nova classe:* uma análise do sistema comunista. Rio de Janeiro, Agir, 1958.

EDMUNDO, Claudio. *Um engenheiro brasileiro na* Rússia. Rio de Janeiro, Calvino Filho, 1934.

FIALHO, Branca. *Viagem à União Soviética.* Rio de Janeiro, Vitória, 1952.

FINAMOUR, Jurema Yari. Quatro semanas na União Soviética. Rio de Janeiro, Edições Contemporâneas, s.d [1954].

FONSECA, Gondin da. *Bolchevismo.* Rio de Janeiro, Edição do Autor, 1935.

GAMACHE, Ray. *Gareth Jones:* Eyewitness to the Holodomor. Cardiff, Welsh Academic Press, 2018.

HIDALGO, Diego. *Impressões de Moscou.* São Paulo, Pax, 1931.

HOLANDA, Nestor de. *Diálogo Brasil-URSS.* Rio de Janeiro, Civilização Brasileira, 1960.

_____. *O mundo vermelho:* notas de um repórter na URSS. Rio de Janeiro, Irmãos Pongetti, 1962.

HORVATH, George Paloczi. *Kruschev:* su camino hacia el poder. Buenos Aires, Plaza & Janes, 1963.

JONES, Gareth. *Tell Them We Are Starving:* The 1933 Soviet Diaries of Gareth Jones. Kingston (Canadá), Kashtan, 2015.

KHRUSCHOV, Nikita. Informe sobre a atividade do Comitê Central: discurso de encerramento ao XXII C. PCUS. Rio de Janeiro, Vitória, 1962.

_____. O desarmamento geral e completo, garantia da paz e da segurança dos povos. Discurso pronunciado em 10 de julho de 1962, no Congresso Mundial pelo Departamento Geral e pela Paz, realizado em Moscou. Rio de Janeiro, Aliança do Brasil, 1962.

Bibliografia 281

_____. Impedir a guerra é a tarefa fundamental: trechos de entrevistas, informes e discursos pronunciados nos anos 1956-1963. Rio de Janeiro, Vitória, 1963.

_____. O imperialismo, inimigo dos povos, inimigo da paz: trechos de entrevistas, informes e discursos pronunciados nos anos 1956-1963. Rio de Janeiro, Vitória, 1963.

_____. O movimento de libertação nacional: trechos de entrevistas, informes e discursos pronunciados nos anos 1956-1963. Rio de Janeiro, Vitória, 1963.

_____. O movimento revolucionário operário e comunista: trechos de entrevistas, informes e discursos pronunciados nos anos 1956-1963. Rio de Janeiro, Vitória, 1963.

KONDER, Victor Márcio. *Militância*. São Paulo, Arx, 2002.

KRAUSZ, Tamás. *Reconstructing Lenin:* An Intellectual Biography. Nova York, Monthly Review, 2015 [ed. bras.: *Reconstruindo Lênin:* uma biografia intelectual. Trad. Artur Renzo e José Baltazar Pereira Júnior. São Paulo, Boitempo, 2017].

LÊNIN, Vladímir I. *Contra la burocracia/Diario de las secretarias de Lenin*. Buenos Aires, Pasado y Presente, 1974.

LEONHARD, Wolfgang. *O futuro do comunismo soviético*. Rio de Janeiro, Nórdica, 1977.

LIMA, Benjamin. "São Paulo e a technocracia", *O Paiz*, Rio de Janeiro, 10 jul. 1934.

LOPES, Álvaro Augusto. "O mundo do socialismo", *A Tribuna*, 25 mar. 1962.

LOUREIRO, Orlando. *A sombra do Kremlin*. Porto Alegre, Globo, 1954.

MARION, Paul. *O paraíso moscovita*. Rio de Janeiro, Companhia Editora Nacional, 1931.

MAZZEO, Antonio Carlos. *Sinfonia inacabada:* a política dos comunistas no Brasil. São Paulo, Boitempo, 2022.

MCNEAL, Robert. "As instituições da Rússia de Stálin", em HOBSBAWM, Eric J. *História do marxismo:* o marxismo na época da Terceira Internacional, a URSS da construção do socialismo ao stalinismo. Rio de Janeiro, Paz e Terra, 1986.

MEDEIROS, Maurício de. *Rússia*. Rio de Janeiro, Calvino Filho, s.d.

MEDVEDEV, Roi A. "O socialismo num só país", em HOBSBAWM, Eric J. *História do marxismo:* o marxismo na época da Terceira Internacional, a URSS da construção do socialismo ao stalinismo. Rio de Janeiro, Paz e Terra, 1986.

MENDES, José Guilherme. *Moscou, Varsóvia, Berlim:* o povo nas ruas. Rio de Janeiro, Civilização Brasileira, 1956.

MILIBAND, Ralph. "Stalinism", em BOTTOMORE, Tom et al (eds.). *A Dictionary of Marxist Thought*. Cambridge, Harvard University Press, 1983.

MORÉL, Edmar. *Moscou, ida e volta*. Rio de Janeiro, Irmãos Pongetti, 1953 [1952].

NETO, João Pinheiro. *URSS, a grande advertência*. Rio de Janeiro, Irmãos Pongetti, 1961.

NOBRE, Freitas. *Visão atual da Rússia:* observações de um jornalista brasileiro. São Paulo, Saraiva, 1957.

NOVE, Alec. "Economia soviética e marxismo: qual modelo socialista?", em HOBSBAWM, Eric J. *História do marxismo:* o marxismo na época da Terceira Internacional, a URSS da construção do socialismo ao stalinismo. Rio de Janeiro, Paz e Terra, 1986.

O ESTADO DE S. PAULO, "Constituída a Sociedade Brasil-URSS". São Paulo, 25 jun. 1960,

O EXPLORADOR. "Octalles Marcondes Ferreira (1900-1973), diretor-geral da Companhia Editora Nacional". 23 set. 2010. Disponível em: https://www.oexplorador.com.br/octalles-marcondes-ferreira-1900-1973-diretor-geral-da-companhia-editora-nacional/.

PEARCE, Brian. "Trotsky", em BOTTOMORE, Tom et al (eds.). *A Dictionary of Marxist Thought.* Cambridge, Harvard University Press, 1983.

PEREIRA, Osny Duarte. *Juízes brasileiros atrás da cortina de ferro.* Rio de Janeiro, José Konfino, s.d.

PERICÁS, Luiz Bernardo. *Che Guevara:* apuntes críticos a la economía política. Havana, Ocean Sur, 2006.

_____. "Caio Prado Júnior: carta a correligionários do PCB (1932) e telegrama para a Embaixada da União Soviética (1968)". *Margem Esquerda*, São Paulo, Boitempo, n. 20, mar. 2013.

_____. *Caio Prado Júnior:* uma biografia política. São Paulo, Boitempo, 2016.

_____. *Che Guevara e o debate econômico em Cuba.* São Paulo, Boitempo, 2018.

PRADO JÚNIOR, Caio. *Evolução política do Brasil:* ensaio de interpretação materialista da história brasileira. São Paulo, Revista dos Tribunais, 1933.

_____. *URSS, um novo mundo.* São Paulo, Companhia Editora Nacional, 1934.

_____. "Através das democracias populares: Checoslováquia e Polônia". *Fundamentos*, n. 11, São Paulo, jan. 1950.

_____. "Através das democracias populares: Tchecoslováquia e Polônia", *Fundamentos*, n. 12, São Paulo, fev. 1950.

_____. "Convivência pacífica", *Revista Brasiliense*, n. 33, jan.-fev. 1961.

_____. *O mundo do socialismo.* São Paulo, Brasiliense, 1962.

_____. "O estatuto do trabalhador rural", *Revista Brasiliense*, n. 47, maio-jun. 1963.

_____. *A questão agrária no Brasil.* São Paulo, Brasiliense, 1979.

_____. A revolução brasileira. São Paulo, Brasiliense, 2004.

RAMOS, Graciliano. *Viagem (Tchecoslováquia-URSS).* Rio de Janeiro/São Paulo, Record, 1980 [1954].

REBELO, Marques. *Cortina de ferro.* Rio de Janeiro, José Olympio, 2014 [São Paulo, Livraria Martins Editora, 1956].

Bibliografia 283

REED, John. *Ten Days that Shook the World*. Nova York, Boni and Liveright, 1919 [ed. bras.: *Dez dias que abalaram o mundo*. Trad. Bernardo Ajzenberg, 7. ed., São Paulo, Penguin-Companhia das Letras, 2010].

SCHMIDT, Afonso. Zamir (viagem ao mundo da paz). São Paulo, Brasiliense, 1956.

SECCO, Lincoln. *A batalha dos livros:* formação da esquerda no Brasil. Cotia, Ateliê Editorial, 2017.

_____. *História da União Soviética:* uma introdução. São Paulo, Maria Antonia, 2020.

SILVEIRA, Ênio. "A URSS hoje: rumo ao cosmos e ao conforto pessoal", *Revista Civilização Brasileira*, caderno especial. *A Revolução Russa:* cinquenta anos de história, ano 3, n. 1, nov. 1967.

SOPS. Tópico do relatório n. 239, de 5 de abril de 1956, SOG, SS".

STOIANO, Constantino et al. *Operários paulistas na União Soviética*. São Paulo, Fundamentos, 1952.

TÔRRES, Raquel Mundim. *Transpondo a cortina de ferro:* relatos de viagem de brasileiros à União Soviética na Guerra Fria (1951-1963). Tese de doutorado, Departamento de História, USP, São Paulo, 2018.

TRAGTENBERG, Maurício. "De Lênin ao capitalismo de Estado (parte II)", em _____. *A falência da política*. São Paulo, Editora Unesp, 2009.

_____. "Evolução da Revolução Russa de 1917 até hoje", em _____. *Teoria e ação libertárias*. São Paulo, Editora Unesp, 2011.

TRÓTSKI, Leon. *The Revolution Betrayed*. Nova York, Pathfinder, 1970.

VEJA, n. 236, 14 mar. 1973. Disponível em: http://www.oexplorador.com.br/octalles-marcondes-ferreira-1900-1973-diretor-geral-da-companhia-editora-nacional/.

WILCZYNSKI, Josef. *An Encyclopedic Dictionary of Marxism, Socialism and Communism*. Londres, Macmillan, 1981.

WILLIAMS, Albert Rhys. *Through the Russian Revolution*. Londres, Labour, 1923.

XAVIER, Lívio. "URSS, um novo mundo", em MARTINEZ, Paulo Henrique. *A dinâmica de um pensamento crítico:* Caio Prado Jr. (1928-1935). São Paulo, Edusp/Fapesp, 2008.

CARTAS DO FUNDO CAIO PRADO JÚNIOR, IEB/USP

Caio Prado Júnior a Antonieta Penteado da Silva Prado e Caio da Silva Prado, Paris, 23 jun. 1933, CPJ-AAP207.

Caio Prado Júnior a Antonieta Penteado da Silva Prado e Caio da Silva Prado, Paris, 1º jul. 1933, CPJ-AAP208.

Caio Prado Júnior a Carlos Prado, São Paulo, 15 fev. 1933, CPJ-CA014.

Caio Prado Júnior a Roberto Nioac Prado, Havana, 3 jan. 1962, CPJ-RNP138.

284   Caio Prado Júnior

Caio Prado Júnior a Roberto Nioac Prado, Moscou, 27 jul. 1960, CPJ-RNP120.

Caio Prado Júnior a Roberto Nioac Prado, Pequim, 1º set. 1960, CPJ-RNP133.

Caio Prado Júnior a Roberto Nioac Prado, Wuhan, 21 ago. 1960, CPJ-RNP130.

Caio Prado Júnior aos diretores da Companhia Editora Nacional, s.d., CPJ-URSS-003.

Caio Prado Júnior aos diretores da Companhia Editora Nacional, São Paulo, 10 set. 1933, CPJ-URSS-002.

Convite enviado pela Embaixada da URSS (em nome de Sergei Mikhailov) a Caio Prado Júnior, 1966, CPJ-CP-EURSS001

Diretor da Companhia Editora Nacional a Caio Prado Júnior, São Paulo, 9 set. 1933, CPJ-URSS-001.

Diretor da Companhia Editora Nacional a Caio Prado Júnior, São Paulo, 17 jan. 1934, CPJ-URSS-005.

Diretor do departamento editorial da Companhia Editora Nacional a Caio Prado Júnior, São Paulo, 4 abr. 1934, CPJ-URSS-006.

Jacob Bazarian a Caio Prado Júnior, Moscou, 22 set. 1959, CPJ-CP-BAZ006.

Mario Fiorani a Caio Prado Júnior, Fazenda Santa Elza, Santa Cruz das Palmeiras, São Paulo, 24 mar. 1962, CPJ-CP-FIO003.

Moisés Gicovate a Caio Prado Júnior, São Paulo, 2 maio 1962, CPJ-CP-GIC001.

Sergei Mikhailov a Caio Prado Júnior, Rio de Janeiro, 30 abr. 1968, CPJ-CP-MIK001

BIBLIOGRAFICA CITADA PELO AUTOR

URSS, um novo mundo

BUKHÁRIN, Nikolai. *Teoria do materialismo histórico*. São Paulo, Caramuru, 1933.

HOERNLE, Edwin. *Educação burguesa e educação proletária*. São Paulo, Unitas, 1934.

MICHELS, Robert. *Les Partis politiques:* essai sur les tendances oligarchiques des démocraties. Paris, Flammarion, 1919.

O mundo do socialismo

BERLE JR., Adolf Augustus. *The 20th Century Capitalist Revolution*. Nova York, Harcourt Brace and Company, 1954 [ed. bras.: *A revolução capitalista do século XX*. s.l., Ipanema, 1954].

KEYNES, John Maynard. *The General Theory of Employment, Interest and Money*. Nova York, Harcourt, Brace and Company, 1936.

PARTINAIA ZHIZN, n. 10, maio de 1961.

SOBRE O AUTOR

Caio da Silva Prado Júnior nasceu em São Paulo, no dia 11 de fevereiro de 1907. Realizou seus estudos secundários no Colégio São Luís, passando um ano em Eastbourne (Inglaterra). Em 1924, ingressou na Faculdade de Direito do Largo São Francisco, onde tornou-se bacharel em ciências jurídicas e sociais em 1928, mesmo ano em que ingressou no Partido Democrático (PD). Ao fim de 1931, abandona o PD e, alguns meses depois, ingressa oficialmente no Partido Comunista do Brasil (PCB), atuando também no Socorro Vermelho Internacional.

Em 1933, publica seu primeiro livro, *Evolução política do Brasil*, e viaja para a União Soviética, país que será tema de sua obra seguinte, *URSS, um novo mundo*, lançada em 1934, época em que ajuda a constituir a Associação dos Geógrafos do Brasil (da qual tornou-se secretário). Em 1935, passa a ser o presidente regional da Aliança Nacional Libertadora (ANL) em São Paulo. Foi preso no fim do mesmo ano. Libertado em 1937, partiu para a Europa, de onde retornou apenas em 1939.

Em 1942 vem à luz seu clássico *Formação do Brasil contemporâneo* e, em 1943, Caio Prado Júnior, junto a outros, funda a editora Brasiliense. Eleito deputado estadual pelo PCB em 1947, tem seu mandato cassado no ano seguinte, sendo encarcerado por quase três meses. Em 1949, participa do Congresso da Paz em Paris e visita a Tchecoslováquia e a Polônia.

Em 1954, inscreve-se com a tese *Diretrizes para uma política econômica brasileira* para o concurso para a cátedra de economia política da Faculdade de Direito da Universidade de São Paulo (USP), pleito que só ocorre em 1956. Ele não terá êxito nesse caso, mas receberá o título de livre-docente. O historiador já havia lançado em 1955 a *Revista Brasiliense*. Faz uma nova viagem à União Soviética (e também à China) em 1960, e esta lhe rende mais um livro, *O mundo do socialismo*, editado em 1962.

Em abril de 1964, logo depois do golpe militar, ficou preso por quase uma semana. A *Revista Brasiliense* se viu obrigada a encerrar suas atividades. Em 1966, sai *A revolução brasileira*, trabalho com o qual ganhou, em fevereiro do ano seguinte, o prêmio Juca Pato (intelectual de 1966), da União Brasileira de Escritores.

Em 1968, estimulado por Sérgio Buarque de Holanda, inscreve-se no concurso para ocupar a cadeira de história da civilização brasileira da Faculdade de Filosofia, Ciências e Letras da USP, com a tese de livre docência *História e desenvolvimento: a contribuição da historiografia para a teoria e prática do desenvolvimento brasileiro*. A banca é cancelada por motivos políticos. Em 1969, é indiciado por "incitação subversiva". Depois de se exilar por poucos meses no Chile, retorna ao Brasil. Em 1970, é condenado a quatro anos e seis meses de prisão (sentença que depois será reduzida). Ficou no Presídio Tiradentes e, em seguida, foi transferido para o 16º Batalhão da Polícia Militar, em São Paulo, sendo libertado em agosto de 1971.

Em 1972, lança o opúsculo *História e desenvolvimento* e, em 1979, *A questão agrária no Brasil*. Caio Prado Júnior faleceu no dia 23 de novembro de 1990. Foi casado com Hermínia Ferreira Cerquinho (conhecida como Baby), com Helena Maria Magalhães Nioac (a Nena) e, em seus últimos anos, com Maria Cecília Naclério Homem. Teve três filhos: Danda, Caio Graco e Roberto. Também é autor de *História econômica do Brasil* (1945), *Notas introdutórias à lógica dialética* (1959) e *Esboço dos fundamentos da teoria econômica* (1957), entre outros.

Declaração e Tratado de Criação da URSS de 1922.

Finalizado cem anos após o Tratado de Criação da União das Repúblicas Socialistas Soviéticas e sessenta anos após a publicação de *O mundo do socialismo*, este livro foi composto em Adobe Garamond Pro, corpo 12/15, e impresso em papel Pólen Natural 80 g/m² pela gráfica Rettec, para a Boitempo, com tiragem de 3 mil exemplares.